本书受到以下项目的资助：

中央高校基本科研业务费专项资金项目（项目编号：18SZYB18）

国家社会科学基金重点项目（项目编号：12AZD110）

国家社会科学基金重大项目（项目编号：13&ZD044、15ZDA048）

国家"十二五"科技支撑计划项目（项目编号：2012BAI32B06-04、2012BAI32B07-02）

陕西省社科基金面向"十三五"重大理论与现实问题研究项目（项目编号：2016ZDA05）

新 型 城 镇 化 与 可 持 续 发 展

城镇化进程中
农民工的非制度化
利益表达

THE NON-INSTITUTIONALIZED EXPRESSION OF
AGRICULTURAL TRANSFER POPULATION
IN THE PROCESS OF URBANIZATION

牛静坤　杜海峰◎著

社会科学文献出版社
SOCIAL SCIENCES ACADEMIC PRESS (CHINA)

城镇化是伴随工业化发展，非农产业在城镇集聚、农业人口向城镇集中的自然历史过程，是人类社会发展的客观趋势，是国家现代化的重要标志。现阶段中国社会已经进入城镇化的中期阶段，加快城镇化进程是未来几十年中国最大的发展潜力所在。"三个一亿人"目标是新型城镇化国家重大战略实施的核心问题，而西部地区一亿农业转移人口的就地就近市民化又是其中的关键，这一问题还直接影响"一带一路"倡议及"精准扶贫"战略在西部地区的实施。西部地区农业转移人口的就地就近城镇化及社会治理体现了国家战略的重大关切和西部发展的重大需求。统筹区域发展，创新国际合作发展新方式，在更广阔的时空范围内创新社会治理模式，是"一带一路"倡议的重大命题。在"一带一路"倡议和新型城镇化时代背景下，深刻洞察中国，特别是西部地区社会发展的现状和规律，有利于创新和发展具有中国特色的社会治理理论与政策，有利于深化、推广和服务"一带一路"建设，有利于增强中国的道路自信、理论自信、制度自信和文化自信，为党和国家推进国家治理能力现代化、主导国际话语权提供高水平的决策建议。

笔者所在的课题组前期依托西安交通大学人口与发展研究所，在社会复杂问题以及复杂性科学研究领域，与美国斯坦福大学（Stanford University）、圣塔菲研究所（Santa Fe Institute）、加州大学尔湾分校（University of California, Irvine）等研究机构建立了广泛的学术合作网络。自 2004 年以来，课题组有关城镇化的研究，主要聚焦于农民工问题，研究包括了三个主题：农民工为什么会流动、农民工在流入地城市的生存与发展，以及农民工流动对流出地的影响。这三个研究主题力图全面反映在中国目前快速但仍然不充分的城镇化发展过程中，农民工的流动所表现出的"农村（流出地）→城市（流入地）→农村（流出地）"的循环特征。同时，课题组以农民工问题为背景，将以多学科交叉为特征的复杂性科学研究范式引入公共管理和社会科学领域，在社会系统复杂性、社会网络分析以及复杂系统建模等研究领域进行了一系列探索性研究。经过10余年的发展，形成了由30余人组成的稳定研究团队。其中，国外终身教授2人，国内教授2人、副教授3人、讲师4人，还包括博士生、硕士生20余人。研究团队与斯坦福大学、华盛顿大学、曼彻斯特大学、维多利亚大学等国外知名大学与研究机构建立了交流与合作关系；先后承担了30余项国家级、省部级重大科研项目；形成了与国家、地方各级政府的合作研究网络。基于前期工作积累，在国家社会科学基金重点项目（项目编号：12AZD110）、国家社会科学基金重大项目（项目编号：13&ZD044、15ZDA048）以及国家"十二五"科技支撑计划项目（项目编号：2012BAI32B06-04、2012BAI32B07-02）、陕西省社科基金面向"十三五"重大理论与现实问题研究项目（项目编号：2016ZDA05）等的联合资助下，团队自2012年以来深入工厂、农村基层，先后在西安市、深圳市、平顶山市、汉中市开展了5次大规模抽样调查，调查涵盖了16个村、29个社区居委会、39家企业、12所学校，调查对象超过2.8万人，形成了推动"以人为核心"的新型城镇化、实现农业转移人口市民化的"大数据"。

在中国城镇化的历史背景下，农业转移人口是阶段性产生的新群体。他们离开农村在城市中工作和生活，一方面难以被城市社会保障体系所容纳，另一方面长期处于农村治理体制之外，成为流动于城乡之间的群体。这是农业转移人口制度化利益表达渠道不足的结构根源，不可避免地造成长期以来农业转移人口的非制度化利益表达渠道补充以集群行为为其表现形式。笔者在本书中从政治过程论角度，使用2013年深圳坪山新区及2015年平顶山市叶县农民工调查数据，对农业转移人口在城镇化过程中的非制度化利益表达的理论渊源、现实特征、影响因素、治理策略分别进行了解读。

本书共包含七章内容。第一章是绪论，对农民工集群行为的现实和理论背景、本书基本概念和研究框架，以及所使用的数据来源进行了简要介绍；第二章是国内外相关研究综述，对集群行为相关理论和农民工集群行为现实研究进行了梳理；第三章是农民工集群行为理论框架，结合中国城镇化背景和农民工特征，对政治过程论进行了本土化修正，从理论上对农民工集群行为进行解读；第四章到第六章应用调查数据，对中国农民工集群行为的现状、参与意愿和参与行为的发生机制进行了探索；第七章是结论与展望，对本书获得的基本论点进行了归纳，同时给出了针对农民工集群行为治理的基本思路和政策。

笔者特别感谢靳小怡教授、刘朔副教授、杜巍副教授、刘茜博士等给予的全方位支持，也感谢深圳市坪山新区社会建设局和河南省平顶山市叶县政府在调查过程中的大力协助和积极配合。此外，笔者特别感谢西安交通大学人口与发展研究所所长李树茁教授，他是课题组的缔造者和研究方向的开启者。

由于笔者水平有限，书中不妥之处在所难免，恳请读者批评指正。

笔　者

2019 年 6 月于西安

目 录
CONTENTS

| CONTENTS |

农民工作为中国流动人口的主体，是新型城镇化的主要推动力。对农民工集群行为特征和影响路径的系统探索，是应对农民工集群行为、深化多元协作治理改革、推进城镇化进程的前提和关键。本章重点介绍问题研究的现实背景和理论背景、概念界定、研究目标、研究框架与思路、数据来源与研究方法、章节安排。

第一节　城镇化过程中的农民工集群行为

一　农民工集群行为的社会背景

城镇化是伴随工业化发展，非农产业在城镇集聚、农村人口向城镇集中的自然历史过程，是人类社会发展的客观必然，是国家现代化的重要标志[1]。改革开放以来，中国人口城镇化水平从 1978 年的 17.9% 提升至 2018 年的 59.58%，且未来 20 年内还将处于城镇化快速发展阶段[2]。城镇化过程中的大规模人口流动推动了社会变迁。截至 2017 年末，中国农民工共有 2.87 亿人，成为中国城镇化的主要推动力；与此同时，人口流动也产生了一系列社会问题，对现有城市社会管理体系形成了新挑战。

改革开放以来，农民工逐渐成为中国产业工人的主要组成部分，为城市第二、三产业的发展繁荣提供了充足的劳动力供给。由于资源禀赋的限制，且受到户籍等制度性因素和城乡二元社会差异等非制度性因素的影响，农民工大部分就业于"次级劳动力市场"，长期处于城市社会底层，无论是工作条件、工资待遇还是社会保障水平均不如城市居民[3]。由于长期游离于城市和农村的边缘[4]，农民工成为转型期城市社会的弱势群体和边缘人群，被排斥在城市公共服务体系和主流社会之外。他们掌握的话语资源有限，既无法主动地直接影响决策，也不能通过参与立法博弈获得利益分配权，通过群体性事件引发关注便往往成为其表达诉求的重要手段[5]。据统计，以农民工为主体的群体性事件在 2008 年后呈跳跃式增长，且规模不断升级[6]。如 2008 年广东省东莞某玩具厂因劳资纠纷导致的 500 多人聚集事件、2014 年东莞裕元鞋厂 3000 人罢工事件、2015 年广州日企西铁城上千员工追讨补偿事件等，这些事件一般都伴随着打砸车辆、设备和人员伤亡，严重妨碍企业生产，危害公共安全。

2014 年公布的《国家新型城镇化规划（2014—2020 年）》指出，要"加强和创新城市社会治理"，"完善城市治理结构"，而治理结构改革的基础是对社会问题的深刻把握。《国家新型城镇化规划（2014—2020 年）》强调，城镇化建设应"创新社会治理体制"，"规范社会行为，调节利益关系，协调社会关系，解决社会问题"，"以网格化管理、社会化服务为方向……及时反映和协调人民群众各方面各层次利益诉求"[7]。十九大报告进一步强调，"加强预防和化解社会矛盾机制建设，正确处理人民内部矛盾。……加强社区治理体系建设，推动社会治理重心向基层下移，发挥社会组织作用，实现政府治理和社会调节、居民自治良性互动"。农民工群体性事件通常是涉及农民工、企业、政府三方的群众内部矛盾。农民工管理问题属于"跨边界公共问题"。这挑战了传统划地为界的单边管理模式，使得传统流动人口管理无法适应新阶段新形势的需要，凸显了政府机构、非营利组织和营利组织间的相互依赖性[8]。对社会管理的要求逐渐跨越政府主导模式，而趋向于网络化的多元协作治理（collaborative governance）新范式[9]。要深化多元协作治理结构改革，就需要厘清政府、社会组织和企业的各自职责及合作关系，而这些需要以对社会问题的深刻把握为基础。因此，对农民工群体性事件特征和动因的探索，是规范社会行为，协调利益关系，完善城市治理结构，进而推进可持续发展的关键所在。

源于官方文件或新闻报刊中的"群体性事件"不是严格意义上的学术名词，其更一般化的概念是"集群行为"（collective behavior/action）[10,11]，泛指个体在特定群体情绪影响下，经由社会互动形成的具有某种社会共同性的行为[12]，该行为以改善群体现状及不利处境为目的[13,14]，表现形式多种多样，如集体上访、罢工、聚众、游行、示威等[15]。集群行为目前在国内称谓并未统一，collective behavior/action 有"集体行动""群体行为"等多种翻译，"集群行为"的表述和研究已广泛出现在社会学、政治学、管理学和心理学等领域。集群行为是群体性事件的核心机制，群体性事件是集群行为作为社会问题的外在表现形式[16]，是当下我国典型的集群行为[13,17]。

农民工集群行为是中国经济社会转型，特别是城镇化进程中产生的阶段性社会问题，随着城镇化进程不断推进，利益群体加速分化，使得社会格局愈加复杂，农民工集群行为逐渐呈现出不同以往的区域差异新特征。中国东部城镇化进程明显快于中西部，人口，特别是跨省流动人口在东部大量集中，给东部沿海城市的资源、能源和环境承载能力以及社会治理带来巨大挑战，以大城市为中心的传统城镇化模式受到挑战。为避免落入"中等收入陷阱"，2012 年党的十八大提出，中国未来要走"新型城镇化"道路。新型城镇化是以"人"为本，以可持续发展为内涵，以实现区域统筹与协调一体为重点内容的城镇化过程[18]，强调中小城市和小城镇的发展，"就近（地）城镇化"模式则成为新型城镇化建设的必然选择[19]。

在新型城镇化大力发展中小城市和小城镇的政策指导下，农民工也随之产生群体分化：一方面，区域贫富差距使得农民工群体继续向城市集中，东南沿海地区吸收了全国半数以上的农民工[20]，并以异地流动的年轻农民工群体为主，形成了异地城镇化地区；但农民工过度集中使得流入地的各种冲突矛盾加剧，对流入地的社会管理形成了挑战，成了农民工权益侵害和集群行为的重灾区。另一方面，农民工的流动模式开始向以东南沿海城市带为重点流入地区、内陆城市群为新的集聚地区的多中心模式转变，使得农民工就近市民化成为现实可能。以就近（地）城镇化模式为主的内陆中小城镇由于发展起步较晚，社会保障制度相对欠缺，使得该区域农民工面临权益受损而难以通过常规渠道维权的问题，形成农民工集群行为爆发的潜在风险。

实现农民工多元协作治理目标的前提是结合当前新型城镇化区域差异背景，对农民工集群行为进行现实动因的系统性把握。因此，对新型城镇化背景下农民工集群行为特征和影响路径的系统探索，是应对农民工集群行为、深化政企协作治理体系改革、推进城镇化进程的前提和关键。

二 政治过程论对农民工集群行为的解释

集群行为作为社会运动的开端，既是社会变革的核心机制[21]，又是社会变迁过程的产物。在社会变迁过程中，原有稳定秩序被打破，通过集群行为的社会群体间互动过程推动社会形成稳定秩序。因此，集群行为通常被认为是区别于制度内行动的一种制度外利益表达形式[22]。社会变迁过程是公众通过低制度化集群行为走向高制度化，从而形成稳定社会秩序的过程[23]。因此，农民工集群行为可以被视为我国城镇化过程中，在制度化利益表达渠道相对不足的现实条件下，农民工采取的非制度化维权手段。

政治过程论是较好结合变迁过程解释集群行为的产生机制的理论。政治过程论开创了社会运动的历史过程视角，认为绝对封闭和绝对开放的社会制度中都不容易爆发集群行为，但社会从封闭到开放的混合体制可能加剧集群行为。因此，集群行为集中产生于诸如战争、城市（镇）化等影响社会制度变革的宏大社会经济变迁过程中。中国现阶段城镇化过程作为重要的社会变迁背景，不可避免地影响当前农民工集群行为，对农民工集群行为的探索离不开结合新型城镇化背景的结构必然性分析；同时，政治过程论在研究对象上严格区分了体制内成员和体制外群体，聚焦于体制外群体集群行为的研究，认为集群行为是体制外群体为了获取利益分配而进行的抗争行为；此外，政治过程论指出，社会运动的产生是结构和意识的共同作用，社会变迁过程中不断扩张的政治机会结构（expanding political opportunities structure）、群体内生组织（indigenous organizational level）和认知解放（cognitive liberation）会影响社会运动。在我国城镇化过程中，伴随着宏观政治结构、中观组织结构、微观意识的变革，集群行为同样是结构要素和个体要素的综合作用结果[22,24]，它们相互影响、共同作用，导致了集群行为频发的局面。因此，集群行为分析既要考虑结构和意识的直接作用，又要考虑其相互影响。政治过程论在研究对象上适用于农民工群体特征，在研究背景上适用于中国现阶段城镇化进程，可以作为农民工集群行为问题研究的基础理论。

集群行为的产生过程并非一蹴而就的，其内涵需从单一维度研究扩展至意愿产生和行动实施两个阶段。集群行为的爆发是从萌芽到实施的连续过程，现有研究尚未充分细化分析集群行为的发生路径。根据集群行为两阶段理论，其发生通常需经过意识动员和行动动员两个阶段：意识动员是促使一般群众产生参与意愿，转变为动员潜势的行动待发状态（action readiness）的动员活动，行动待发状态的群众即构成集群行为的"风险人群"，需要在研究中加以重视；其次才是集群行为行动动员，即经过资源整合后，使得待发状态的群体最终参与到集群行为中的动员过程[25]。根据资源动员论，集群行为动员资源通常以个体和群体的社会网络为基础。由此可将集群行为单一维度扩展为意愿产生和行动实施两个阶段。两阶段作用机制不尽相同，需分阶段分别考察集群行为的发生机制。对集群行为现实情况的把握是影响机制探索的前提，而当前农民工集群行为研究尚处在起步阶段，影响了符合实际、有针对性政策建议的提出。

针对农民工集群行为的研究需结合中国新型城镇化发展背景，综合结构和个体要素构建系统性分析框架，在解读农民工集群行为现状和分析特征的基础上，分维度深入剖析农民工集群行为的影响机制。

三 农民工集群行为的研究意义

本书旨在结合城镇化社会变迁进程中产生的宏观政治结构、中观组织结构和微观意识的变革，构建针对农民工集群行为的分析框架，进而结合实地调查数据，系统探讨农民工集群行为的现状和产生原因，为社会治理提供参考和助益。

第一，深化对城镇化内涵的理解。城镇化是人类社会变迁的必经过程，内容不仅涉及人口居住环境、职业地位、产业结构、区域空间的调整，还伴随着公民文化意识的现代化，是全方位、多层次的社会结构转变。一方面，农民工集群行为频发的背后透露出城镇化进程中利益群体分化的社会现实。改革开放以来，中国的社会结构从初期的"两阶级一阶层"逐渐转变为"多利益主体并存"的社会结构；各利益主体为追求自身利益最大化而导致冲突，如何达到利益分配的相对均衡成为社会治理的难题；在多利益主体中，农民工群体由于自身资源禀赋的限制，成为转型社会中的弱势群体，他们掌握的话语资源有限，难以通过常规渠道直接或间接地影响决策，获得利益分配权，因而通过公开集群行为往往成为其利益诉求表达的唯一手段[5]。另一方面，由于城镇化进程中公民文化意识得到不断提升，无形中加剧了农民工集群行为爆发的可能。中国农村乡土社会建立在两千多年的封建制度下，臣民文化是其政治文化的核心[26]；农民工在城市务工过程中受到城市公民文化的浸润，城市的经济环境、文化环境、组织环境对农民工的价值观念产生了极大影响，公民权利意识得到快速培育和萌发[27]；权利意识日趋强烈的同时，由于农民工法律知识匮乏，难以通过合法途径维护权益；在政治活动中缺乏真正的利益代表，利益表达的民主渠道过于狭窄[28]，导致大多数农民工不能通过制度性渠道解决问题，从而加剧了集群行为爆发的可能性。

第二，明晰农民工集群行为爆发的过程机制。集群行为的发生不是一蹴而就的，而是一个动员过程。个体参与集群行为需要两个动员过程[25]：首先是共识动员，在公众中凝聚共识，达成一般化信念；其次是行动动员，发起行动，推动公众的实际参与行动。因此，公众的集群行为参与过程中存在两种状态：行动待发状态和实际参与状态[29]。处于行动待发状态的公众为"动员潜势"，构成集群行为爆发的潜在风险，并在资源进一步整合后真正实施集群行为。因此，对集群行为的系统研究不能忽视个体所处的状态，且两种状态的影响路径存在差异。理论上，集群行为的发生是结构和认知的双重作用[30]。作为心理意识的集群行为参与意愿的产生，直接受到公众所处社会场域及其意识观念的交互影响；参与意愿到参与行动阶段的资源整合取决于个体所占有的社会资本存量。在整个动员过程中，不同层级因素的影响效用及作用路径如何运作需进一步细化分析。

第三，推动政企结合的多元协作治理模式改革。改革开放初期的社会治理体系是以政府为主导的"强国家—弱社会"模式。强有力的政府在组织机构不健全、工业化快速发展的城镇化初级阶段较好地把握了发展方向，实现了经济崛起。随着中国社会经济的发展，特别是城镇化进程的平稳推进，中国社会逐渐从追求高速经济发展向高品质城镇化建设转变，力求从结构上达到质量全面提升，并最小化社会矛盾的目标。与此同步的是，社会治理目标和机制逐渐从以政府为主导，转变为政府、组织、企业协作的新型社会治理模式。在社会治理模式转型中，将体制外集群行为进行制度内消化是理论上可证实的弱化利益群体间矛盾的有效途径。由于话语权的缺失造成底层矛盾积压，形成集群行为集中爆发的社会风险。因此，应建立自下而上的正式利益表达渠道，加强上层权力结构和底层民众间的沟通，设置社会矛盾的减压阀；同时，充分重视和引导存在于非政府组织和企业内部的农民工群体利益代表组织所扮演的沟通者角色，为防治集群行为做出贡献。总之，通过对新型城镇化背景下宏观政治结构和中观组织结构的集群行为动因分析，可以为构建适用于新型城镇化阶段的社会治理体系提供理论思路。

第二节　基本概念

一　城镇化

城镇化，即城市化（urbanization），是伴随工业化发展，非农产业在城镇集聚、农村人口向城镇集中的自然历史过程。我国的城镇化过程经历了传统城镇化和新型城镇化两个阶段。在改革开放初期以工业化为直接动力，依靠政府的行政力量迅速建立起独立的工业体系，奠定了中国城镇化的基础。东南沿海和大城市在快速的经济发展下形成了城市化迅速扩张的局面，建立起数个城市群，吸引了大量农民工前往务工。但由于城市能源资源和环境承载能力的限制，传统的以东南沿海城市为中心的城镇化模式受到挑战。为避免落入"中等收入陷阱"，推动国家经济持续增长，2012 年党的十八大首次提出中国未来要走"新型城镇化"道路，并在《国家新型城镇化规划（2014—2020 年）》中明确了中国未来城镇化发展路径是要走中国特色新型城镇化道路。《国家新型城镇化规划（2014—2020 年）》指出，新型城镇化发展道路不再是传统城镇化中单纯的城市扩张，而是倡导大城市、中小城镇和农村地区的协调发展[7]，力图从产业、环境、社保、生活方式等方面实现全方位由"乡"到"城"的转变，最终达成可持续发展[31]。

在新型城镇化的城乡一体化发展思想下，就近（地）城镇化模式成为其必然选择[19]。随着中西部中小城镇的就近城镇化发展，农民工也随之产生群体分化，形成两个结构性的变化趋向：区域贫富差距使得农民工群体继续向城市集中，东南沿海地区吸收了全国半数以上的农民工[20]，形成以农民工异地城镇化模式为主的地区；人口流向的转变将从以往大规模向东南沿海集中的单向流动模式，开始向以东南沿海城市带为重点流入地区、内陆城市群为新的集聚地区的多中心模式转变，形成农民工就近（地）城镇化地区。

现阶段新型城镇化发展过程中形成的异地城镇化和就近（地）城镇化差异性区域并存的现实背景，是研究农民工问题时必须纳入考虑的社会情境。结合这一特殊的社会情境，本书需要重点强调农民工、集群行为等基本概念。

二　农民工

农业转移人口，泛指农业部门向其他产业部门转移的人口，主要包括两类：其一是户籍仍在农村，但主要在城镇工作生活，或流动在两地之间的农业人口，即"农民工"；其二是户籍已在城镇，是在城市扩张过程中，由于土地被征用等制度性原因而完成的户籍转变，较为被动地从农村居民转变为城镇居民的人口。本书将研究对象界定为第一类农业转移人口，即城市外来农村流动人口。

目前学术界对城市外来农村流动人口仍缺乏统一定义，有"农民工""进城务工人员""乡城流动人口"等不同称谓，其中"农民工"的称呼广泛应用于社会各界。"农民工"实际是"农民合同制职工"的简称[32]，是指在地域上从农村向城市、从欠发达地区向较发达地区流动，在职业上从农业向非农产业流动，在阶层上从低收入的农业劳动向较高职业收入的工业及服务业流动的群体[33]，属于正在崛起的新工人阶层[34]。

本书对农民工的定义为离开农村而流入城市或城镇的人口，他们依旧持有农村户口，但在城镇就业或居住。

三　集群行为

集群行为（collective action）是群体性事件的核心机制[13,17]，群体性事件是集群行为作为社会问题的外在表现形式[16]。集群行为的概念最初由

美国社会学家帕克于 1921 年提出，是与"个体行为"相对应的概念，指
"个体在集体冲动影响下，经由社会互动而形成的具有某种社会共同性的
行为"[12]。在社会变迁的宏观历史视角下，集群行为被视作社会运动的开
端，推动着转型阶段被破坏的社会结构从无序到有序的社会变迁过程。因
此，集群行为原概念本身并不具有明显的正面或负面价值倾向，是一个价
值中立的概念。从短期来看，集群行为影响社会生产、危害公共安全；而
从长期的历史视角来看，集群行为则是特定社会结构中推动体制发展和社
会变迁的内在力量。

在中国情境下，集群行为是一个与制度化行为相对的概念，通常被认
为是民众非制度化利益表达的一种形式。农民工集群行为往往是权益受损
后采取的非制度化维权手段。因此，本书将农民工的集群行为定义为农民
工在遭受权益侵害或产生权利诉求后，由利益相关者临时聚集形成的偶合
群体，为维护利益目的或表达利益主张，而采取的诸如签名请愿、罢工抗
议、聚众闹事等以获取相应利益或达成利益表达的制度外群体抗争行为。

集群行为不是一蹴而就的，而是经由共识动员和行动动员两个过程逐
步形成的，即经过共识动员阶段使普通民众具备集群行为的参与意愿；在
具备意愿以后，在行动动员阶段通过资源整合使民众实施集群行为。在以
往的研究中往往较多关注集群行为的实际行动，但具备参与意愿则已形成
风险人群，也应纳入研究。因此，本书中的集群行为包括参与意愿和参与
行动两个阶段：第一阶段农民工集群行为的参与意愿，是指农民工在遭受
权益侵害或产生权利诉求后，基于怨愤心理，经由他人动员和自身抗争意
识而产生的通过群体抗争来维权或表达利益诉求的群体一致性意愿；第二
阶段农民工集群行为的参与行动，是指农民工基于偶合群体的一致性意
愿，经由资源动员和策略制定，采取集体上访、集体罢工、聚众闹事、暴
力冲突等方式，实施维权或利益表达行动的群体一致性行为。

四　政治过程论

政治过程论是由艾辛杰[35]、梯利[36]、麦克亚当[30]三位学者共同提出
的，开创了社会运动的历史过程视角，同时区分了弱势群体的抗争与精英
阶层的社会运动，聚焦于体制外弱势群体的抗争行为。在研究对象上适用

于农民工群体特征，在研究背景上适用于中国现阶段的城镇化进程。

政治过程论认为社会运动始于宏大的社会经济过程，如战争、工业化、城市化、大规模人口迁移等。在社会变迁过程中，旧有社会制度被破坏、新的秩序还未建立时，被排斥群体重新获得利益分配的政治机会突然出现[37]，促使其通过社会运动形式达成公民参与[38]，最终在宏观上实现国家从威权主义向民主政权的转型[36,39,40]。政治过程论认为，宏观社会经济变迁过程中产生的三个要素导致了社会运动的集中爆发：外部政治环境中不断扩大的机会（expanding political opportunities structure）、群体内生组织（indigenous organizational level）和认知解放（cognitive liberation）。政治机会指各利益团体获取权利并影响政治系统的可能性和能力[35]；群体内生组织是被排斥群体发动社会运动需要动员到的资源，以来自个体社会关系的人际资源为主，同时还有时间、金钱等其他形式的资源；认知解放是被排斥群体开始把自身不公平遭遇归因于主流政治制度时，即对不公平处境形成集体性的一致认知，认为需要通过群体行动来改变不利处境[30]。其中，政治机会和群体内生组织构成社会运动的结构潜能，结构潜能经过主观认知解放过程转换为社会运动。

第三节　本书研究框架与结构

一　研究目标

农民工集群行为作为城镇化进程中产生的阶段性社会问题，涉及多方利益相关主体，挑战了传统的单边管理模式，凸显了多元协作治理的重要性。而应对农民工集群行为、深化多元协作治理体系改革、推进城镇化进程的前提和关键是结合当前新型城镇化区域差异背景，对农民工集群行为的现实动因进行系统性把握。本书试图从社会变迁视角切入，综合结构和意识要素，将政治过程论引入农民工集群行为的问题研究中，结合新型城镇化社会情境和农民工群体特征，构建农民工集群行为研究的理论框架，探究城镇化进程中农民工集群行为的特征和发生机制，以期为理解新型城镇化进程中制度结构、组织结构、意识形态变迁对农民工集群行为的影响作用奠定基础，并为实现多元协作治理、推进城镇化建设提供政策建议。具体目标如下。

第一，提出一个针对农民工集群行为的分析框架。一方面，扩展农民工集群行为的概念维度，明确集群行为的产生机制；另一方面，基于新型城镇化社会情境和农民工群体特征选择适用的基础理论，通过对基础理论的本土化修正，构建一个适用于新型城镇化背景的农民工集群行为解释框架。

第二，基于抽样调查数据总结农民工集群行为的现状和特征。从代次、区域、流动距离的时空维度切入，描绘农民工集群行为的现状，识别出高风险人群。通过深入剖析农民工集群行为的总体和高风险群体特征，总结集群行为的发展趋势，推测高风险群体集群行为的高发原因。

第三，探讨农民工集群行为参与意愿的影响路径。分析政治机会、社会控制的结构维度和认知觉醒的意识维度对农民工集群行为参与意愿的影响作用，识别出其中的关键影响因素，并明确宏观结构和微观意识的作用关系。

第四，剖析农民工集群行为参与行动的动员结构。引入资源动员论，结合制度结构维度和组织结构纵向、横向关系整合对农民工集群行为参与行动进行影响因素分析，识别出关键影响因素，发掘出农民工集群行动实施的综合动员结构。

第五，在完成上述目标的基础上，根据理论和实证研究，从社会治理层面探讨可行的政策改进建议和干预路径。

二　研究框架

基于现实背景和理论背景得出的针对农民工集群行为问题研究的可行性研究思路是：综合归纳和演绎的逻辑推理方法，选取适用性社会运动理论，结合新型城镇化背景和农民工群体特征对其进行本土化修正，构建适用于农民工集群行为的分析框架；再通过实地调查数据进行验证，以探究农民工集群行为的发生规律。

根据研究目标，结合新型城镇化社会情境和农民工群体特征，构建针对农民工集群行为的分析框架，如图1-1所示。具体研究内容如下。

第一，对目前集群行为理论、有关研究进行分析、比较和总结，指明进一步研究的可能空间。首先，分析研究新型城镇化的相关理论和背景，农民工集群行为作为城镇化社会转型期产生的"跨边界社会问题"，挑战了传统的单一管理模式，呼吁多元协作治理的制度改革，而现阶段就近城镇化和异地城镇化区域的差异是农民工集群行为研究中必须考虑的现实背景；其次，梳理研究主题集群行为重点理论，指明可借鉴的理论及其修正方向，为概念扩展和框架构建提供理论基础；最后，梳理国内外集群行为的研究现状，发现现有研究之不足，指出未来研究空间。

第二，在明确研究空间的基础上，结合新型城镇化社会情境和农民工群体特征，提出适用于农民工集群行为的分析框架。首先，将研究主体集群行为从一个维度扩展为意愿产生和行动实施两个阶段，明确集群行为产生机制；其次，结合新型城镇化背景，辨析已有集群行为理论的适用性和可行性，结合农民工群体特征对适用理论进行本土化修正；最后，提出适用于新型城镇化区域差异背景的包含制度结构要素、组织结构要素和个体意识要素的宏中微观三重影响的农民工集群行为分析框架。

第三，农民工集群行为的现状研究。首先选取异地城镇化地区和就近城镇化地区典型城市深圳市坪山新区①和河南省叶县的抽样调查数据进行现状探索。从代际、流动、区域、流动距离四个维度分析农民工集群行为参与的时空差异特征，描述农民工集群行为参与现状，推测其未来发展趋势；识别农民工集群行为高风险群体是远距离流入异地城镇化地区的80后农民工群体；对农民工总体和高风险群体进行分析，推测其集群行为高发原因。

第四，农民工集群行为参与意愿的影响路径分析。在研究框架指导下提出集群行为参与意愿的分析框架和研究假设，利用实际调查数据，对已有框架和假设进行实证检验。探讨宏观制度结构上的政治机会、社会控制，以及微观意识要素中的公民权意识觉醒在农民工集群行为参与意愿中的作用，识别农民工集群行为的关键影响因素；重点分析利益表达渠道通

---

① 2016年9月12日经国务院批准，以坪山新区为基础新组建了行政区——坪山区；但由于本书所使用有关坪山区的调查是在2013年进行的，所以本书沿用了"坪山新区"的称谓。

过公民权意识的中介作用，对农民工产生集群行为参与意愿的影响路径，明晰结构要素和意识要素的共同作用机制。

第五，农民工集群行为参与行动的影响因素分析。在本书研究框架指导下提出集群行为参与行动的分析框架和研究假设，利用实际调查数据，对已有框架和假设进行实证检验。探讨宏观制度结构上的政治机会、社会控制，以及中观组织结构上的动员资源在农民工集群行为行动实施中的作用，识别关键影响因素；重点探讨农民工与流入地政府和正式组织纵向关系整合的社会控制作用，以及农民工个体社会网络和非正式组织的"草根动员"的资源支持作用。

第六，总结现状和影响路径的研究发现，提出针对农民工集群行为应对、多元协作治理改革和公民社会建设的政策启示，并指明有待于进一步研究的方向。

三 章节安排

本书根据研究框架共分为7章，其中第三章至第六章构成本书的核心内容。

第一章绪论是对本书内容的整体设计。介绍选题背景，提出研究问题，明确研究目标；进行概念界定，确定研究思路、数据和方法。

第二章对本领域已有的国内外研究进行评述。回顾集群行为研究的关键理论，总结国内外集群行为的研究现状。对已有研究的贡献及不足进行总结和评述，根据研究不足，提出研究空间。

第三章构建农民工集群行为的理论框架。辨析农民工集群行为的概念，完成对概念的维度扩展；选取适用性基础理论，结合中国新型城镇化社会情境和农民工群体特征对其进行本土化修正，提出针对农民工群体的集群行为系统分析框架。

第四章为农民工集群行为的现状与特征研究。从流动差异、代际差异、区域差异和流动距离差异的时间和空间区域维度，揭示农民工集群行为的参与现状，并归纳现阶段农民工集群行为的参与特征及发展趋势，识别农民工集群行为的高风险群体，并做出群体特征分析，推测其集群行为高发原因。

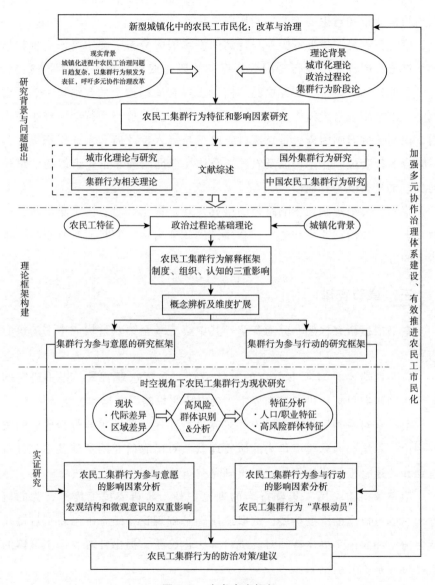

图1-1 本书内容框架

第五章为农民工集群行为参与意愿的影响路径研究。基于第三章设计的总分析框架，提出集群行为参与意愿的研究框架和研究假设，利用 2013 年深圳市坪山新区和 2015 年河南省叶县农民工抽样调查数据，对农民工集群行为参与意愿进行影响因素分析，识别关键影响因素以及影响路径，为农民工集群行为防治提供政策干预方向。

第六章为农民工集群行为参与行动的影响因素分析。基于第三章设计的总分析框架，提出集群行为参与行动的研究框架和研究假设，利用2013年深圳市坪山新区和2015年河南省叶县农民工调查数据，对农民工集群行为参与行动进行影响因素分析，识别关键影响因素，为制定农民工集群行为应急预案指明方向。

第七章为结论、政策建议和展望。归纳本书研究中的主要结论，指出本书的主要贡献；结合目前流动人口服务管理政策的现状，提出针对性的政策建议；最后指出研究的局限性和未来的研究方向。

第四节　数据来源简介

本书所使用的抽样调查数据来自西安交通大学"新型城镇化与可持续课题组"于2013年12月在广东省深圳市坪山新区和2015年6月在河南省平顶山市叶县进行的两次大规模农民工抽样调查。本节对数据只简要介绍，具体数据采集策略见第三章第五小节。

中国城镇化发展表现出很强的地区差异，尤其是在十八大提出"新型城镇化"的战略目标后，异地城镇化地区和就近城镇化地区并存：前者集中了大批异地流动（跨省流动）的农民工群体，后者以就近流动（县域内流动）的农民工为主。农民工集群行为离不开社会场域的影响，因此，在研究的操作中必须考虑新型城镇化背景下的区域差异，需在异地城镇化地区和就近城镇化地区同时选取代表城市作为调查地，以此全面把握特定社会情境下的农民工问题。

因此，本书选择深圳市坪山新区作为农民工异地城镇化代表地区，河南省叶县作为农民工就近城镇化代表地区进行抽样调查。深圳市是中国最早的移民城市，流动人口与户籍人口比例倒挂现象明显，是十分典型的异地城镇化城市；河南省是中国人口大省，自新型城镇化战略实施以来，成为发展就近城镇化的重要战略地区，吸引了大量回流农民工。两地的城镇化进程既有相似之处，又存在差异。两者结合进行综合分析更加贴近现阶段新型城镇化的现实情况。

调查经过抽样方式、调查员培训、调查过程、问卷审核、数据录入和清洗等一系列过程控制，保证了数据的信效度。在抽样方式上，考虑到农民工流动性强、难以进行完全随机抽样的特点，灵活根据农民工的分布情况采用了整群抽样和方便的配额抽样相结合的方式，即在农民工较为分散的居住地，按社区流动人口总量进行配额抽样；在农民工较为集中的工厂、工地，采取整班组整群抽样的方式。同时，抽样严格控制样本的性别、年龄、婚姻状况等具有相对均匀地分布，尽可能地保证样本的代表性；在调查执行过程中，由 20 位调查指导员首先对 50~100 名当地政府配合人员进行调查员培训，以 1 名调查指导员带领 2~3 名调查员的方式展开调查，其间穿插跟访、复访、问卷审核等控制手段；在数据录入时，以5% 的比例等距抽样进行双工检验，并对数据库的逻辑一致性进行清洗。调查控制贯穿调查过程始终，有效地保证了数据具有较高质量。

2013 年广东省深圳市坪山新区"农村流动人口发展状况调查"的调查地点包括深圳市坪山新区农民工聚集的 3 家工厂，以及碧岭、汤坑、沙湖、江岭、沙坣、金龟、石井、田头、田心、竹坑、南布、坪山、六和、和平、六联、坪环、马峦、坑梓、秀新、老坑、龙田、金沙、沙田等 23 个社区，基本覆盖了整个坪山新区，最终样本量为 2082 人。2015 年河南省叶县"就地就近城镇化调查"分为农民工调查和农村居民调查。本书主要应用农民工调查数据进行分析，调查地点包括叶县下辖的 7 个县城居委会：东菜园居委会、北关居委会、北街居委会、南大街居委会、南关居委会、西李庄居委会及西菜园居委会，以及农民工较为聚集的 10 家工厂、工地，最终样本量为 1647 人。根据研究主题对样本进行筛选，最终进入本书的样本量为 2940 个农民工样本，339 个农村居民样本用于对比分析。

两次调查的对象范围、调查设计相同，抽样方法、调查目的和研究内容等基本一致，在内容上保证了两次调查数据可以进行合并分析。社会调查的复杂性决定了大规模抽样调查需经过长时间的筹备，并动用大量人员、经费投入，由于这些限制，难以保障同时在两地调研，获取完美数据。因此，本书的两次调研数据存在一定的时间差。但人口系统本身是一个相对稳定的系统，与其他系统不同的是，它通常是缓变的而非突变的。

影响人口系统的诸如户籍、改革开放等国家政策均在2013年以前提出，在2013年以后并未出现大的政策调整。根据笔者所在的课题组与深圳市坪山新区政府的后续合作经验表明，调查地2013年以后并未发生重大结构性转变。同时，从深圳市2013年和2015年的《深圳市统计年鉴》和《全国流动人口监测》官方数据对比来看，在宏观和微观结构上均印证了在该时间段内调查地社会场域相对稳定的客观结论（具体数据分析见第三章）。因此，2013年深圳市调查数据在对农民工集群行为的解释上是具有显著代表性的，可以与2015年河南省叶县数据进行合并对比分析。

综上所述，调查地选取的典型性、抽样调查过程的严谨性、确保数据的时效性共同保证了研究所使用的调查数据在农民工集群行为问题研究上具有很好的代表性，可以投入研究并产出具有现实意义的结论，为农民工社会治理提供思路。

本章小结

本章从社会背景出发，对本书所展示的研究脉络做出了初步说明。首先，本章梳理了农民工集群行为的现实背景和理论背景，指明了研究意义；其次，对城镇化、农民工、集群行为和政治过程论这些贯穿本书的基本概念给出界定；再次，基于研究目标初步设置了本书的研究内容框架；最后，对于研究所使用的数据来源做出了初步介绍。通过对本章的阅读，读者可以对本书关于城镇化进程中农民工集群行为研究的内容和结构有初步了解。

第二章

农民工集群行为相关研究及述评

农民工集群行为作为城镇化进程中产生的阶段性社会问题，其研究分析应有效整合国内外有关理论、问题研究的最新成果和中国城镇化的特定社会历史背景。本章从城镇化进程中的农民工管理问题研究、国外集群行为相关理论和研究，以及中国农民工集群行为研究三方面对现有理论和国内外相关研究进行整理和归纳、比较和述评；进而通过综合述评现有研究，探讨研究的不足与进一步研究的空间。

第一节　城镇化进程中的农民工管理问题

城镇化，即城市化（urbanization），是伴随工业化发展，非农产业在城镇集聚、农村人口向城镇集中的自然历史过程[41]，其内容涉及人口学、地理学、社会学、经济学和城市规划等不同学科，是全方位的现代化过程。若以人口聚集为标准，则城市化发展可以划分为两个阶段，分别是人口不断集中、城市空间扩大[42]、劳动力从第一产业向第二、三产业流动[43]的城市化第一阶段[44]，以及城市文化观念和生活方式扩张的城市化第二阶段[45]。

一　中国的城镇化

改革开放以来，随着经济的崛起中国的城镇化飞速推进，总体城镇化水平从 1978 年的 17.9%升至 2018 年的 59.58%，并在未来一二十年还将处于城镇化快速发展阶段[46]。与城市化理论中的第一阶段城市扩张和第二阶段城市结构转型的城市化发展阶段相对应，中国的城镇化进程总体上可以分为传统城镇化和新型城镇化两个阶段。在不同阶段发展中，存在城市和农村、沿海和内陆的城镇化进程地域性差异，对人口集中过程产生了影响，形成了人口净流入区和人口净流出区的区域差异。

在改革开放初期的城镇化第一阶段，以工业化为直接动力的传统城镇化以自上而下的发展模式为主，依靠政府的行政力量迅速建立起独立的工业体系，从而奠定了中国城镇化的基础[47]。在传统城镇化过程中，东南沿海地区和大城市在经济快速发展的带动下形成了城市化迅速扩张的局面，建立起数个城市群。其中，京津冀城市群、长三角城市群、珠三角城市群、辽中南城市群、山东半岛城市群、中原城市群、成渝城市群、长江中游城市群等较大规模的城市群，以不足一成的土地面积承载了全国将近四成的人口，并承担了一半以上的GDP[48]。这些城市群的大规模工业和制造业中心吸引了大量外来人口前来务工[49]。外来人口比例不断攀升，部分城市外来人口数量远超本地居民数量，出现了"人口倒挂"现象[49]。部分核心城市也成为中国典型的移民城市，如深圳市是中国人口倒挂最严重的城市，也是中国最大的移民城市。

传统由政策自上而下主导的城镇化迅速奠定了中国城镇化中经济结构转型的基础，实现了经济社会的迅速崛起，但也出现了小城市、小城镇和农村地区发展不足，区域发展失衡，城乡二元分化加剧的局面。同时，由于城市资源能源和环境承载力的限制，相对发达的大城市已无力容纳几千万仍待流动的农村剩余劳动力。费孝通最先指出，如果继续延续过去粗放的城镇化模式，维持不均衡发展，势必发生产业升级缓慢、资源环境恶化、社会矛盾增多的城乡两僵局面。[50]为规避这些风险，避免落入"中等收入陷阱"，促进经济转型升级，我国的城镇化发展必须进入以提升质量为主的转型发展新阶段，而其关键就是在原有县城乡村集镇的基础上全力发展中小城镇。如此一来，不仅能够缩短区域经济差距，还可以发挥中小城镇的人口"蓄水池"作用，一方面不致人口全部涌进大城市，缓解城市资源环境压力；另一方面可以避免农村人口空心化造成的广大农村地区凋零的局面。

城镇化第二阶段强调人口、经济、社会、文化的可持续发展，是大力推动大中小城市和小城镇协调发展的中国特色新型城镇化模式。针对不同国家城镇化模式的优缺点以及中国城镇化过程中的现实问题，党的十八大提出中国要推进"新型城镇化",并在《国家新型城镇化规划(2014—2020年)》中明确了中国未来的城镇化发展路径是要走中国特色新型城镇化道路。《国家新型城镇化规划(2014—2020年)》指出,中国特色新型城镇化道路要高举中国特色社会主义伟大旗帜,以邓小平理论、"三个代表"重要思想、科学发展观为指导,紧紧围绕全面提高城镇化质量,加快转变城镇化发展方式,以人的城镇化为核心,有序推进农业转移人口市民化;以城市群为主体形态,推动大中小城市和小城镇协调发展;以综合承载能力为支撑,提升城市可持续发展水平;以体制机制创新为保障,通过改革释放城镇化发展潜力,走以人为本、四化同步、优化布局、生态文明、文化传承的中国特色新型城镇化道路。十九大进一步强调,"加强社区治理体系建设,推动社会治理重心向基层下移,发挥社会组织作用,实现政府治理和社会调节、居民自治良性互动"。

新型城镇化以科学发展观为统领,以可持续发展为内涵,追求经济、社会、自然的协调发展,以实现区域统筹与协调一体为重点内容,追求城乡一体化发展[51]。新型城镇化以发展农村乡镇企业、农村剩余劳力就近转化为主要内容[52],由村民和基层政府自发推动,以促进农村非农产业发展为主,从而建立起以中小城镇为中心、农村人口就近流动的新型城镇化发展道路[19],大大改善了城镇经济社会结构,吸纳了大量农村剩余劳动力。这种城镇化模式一方面缓解了大城市人口过剩的压力,另一方面打破了城乡二元隔离,推动了中小城镇经济发展,使得大量农村剩余劳动力有了新的出路。就近城镇化模式下的农村剩余劳动力"离土不离乡,进厂不进城",使得中小城镇发挥出对农村流动人口层层截流的作用,将大量的剩余劳动力就地消化,从而减轻了大城市的人口压力[50]。

在传统城镇化和新型城镇化思路上,中国城镇化模式的相继发展形成了现阶段异地城镇化和就近城镇化并存的现实情境。随着中小城镇的就近城镇化发展,农民工也随之产生群体分化,形成了两个结构性的变化趋向:首先,区域贫富差距使得农民工群体继续向大城市集中,东南沿海地区吸收了全国半数以上的农民工[20],并以异地流动的年轻农民工群体为主,形成了异地城镇化地区;其次,人口流向的转变将从以往大规模向东南沿海集中的单向流动模式,开始向以东南沿海城市带为重点流入地区、内陆城市群为新的集聚地区的多中心模式转变，形成了就近城镇化地区。这种趋向加强了中小城镇的"人口蓄水池"功能，缓解了大城市人口过度集中所带来的各种社会问题。因此，新型城镇化背景下形成了异地城镇化和就近城镇化差异性区域并存的现状。在新型城镇化背景下研究农民工问题，就必须同时纳入不同区域的农民工群体进行综合分析。

二　城镇化进程中的农民工管理

（1）城镇化产生的社会后果

城镇化过程中的经济过快增长引起了社会结构各方面不同程度的变化，表现为民众价值观念的现代化转化[53]，建立非政府社会组织，以及政治的民主化[54]。城镇化造成的国家政治结构转变，可能形成农民工集群行为爆发的结构性条件。

首先，经济增长带来公众价值观念的现代性发展，主要表现就是公民权利意识的提升。与经济发展相伴随的政治现代性发展，即由封建社会走向民主社会的过程，在客观上包括民主制度的构建，在主观上包括国家政治价值观念的进步。在政治现代化过程中，政治体由封闭走向开放、民众由臣民走向公民，并催生出公民权利意识。"公民"是与"臣民"相对应的概念，是社会民主化进程中公众的角色转变，是对国家政治事务的执行具有参加讨论或决断权利的国民[55]。拥有公民权意识的人更加积极主动地争取或享有权利[56]。公民权意识的产生与发展是民众在城镇化进程中意识形态的现代化趋势[57]。

其次，社会组织日益发达，促进了城市以契约关系为主的陌生人社会一体化发展。城镇化初期，中国是典型的农业社会，传统的农业生活方式决定了以血缘和地缘关系为主的初级群体形式会形成结构松散的社会关系结构。随着城镇化发展，人口总量增加并伴随大规模流动，在城市中形成了以契约关系为主的陌生人社会[58]，人类共同活动的次级群体——社会组织应运而生并日益发展壮大，成为现代社会重要的结构要素[54]。社会组织的发展程度代表着整个社会的一体化程度，其中以国家政权组织尤为重要。国家政权组织的渗透力能够实现国家功能，民主的政治制度使更多的社会成员参与到国家社会生活的管理中，带来现代社会管理的必然变化[54]。随着利益群体不断分化，非政府社会组织也随着发展，在中间阶层起到政府和民众的连接沟通作用。

第三，在城镇化进程中不可避免地存在阶段性区域发展不均衡的问题。在城镇化发展的一定阶段内，城市人口的规模结构变动具有大城市超先增长的客观必然性，即大城市由于其产业布局的集聚效应和规模经济效应，城市化和经济发展相互促进[59]，促成大城市以更快速度发展的普遍性规律。区域发展不均衡造成城市劳动力需求和农村劳动力剩余，引起大规模人口流动。一方面，农村人口大量流入城市、城市边界不断扩张，且伴随着经济结构转型中的利益团体分化，带来流动人口管理问题；另一方面，农村青壮年劳动力外流造成农村"空心化"，对广大农村地区的经济、文化、基层组织建设形成不同程度的冲击。

最后，伴随城镇化的社会变迁过程会加剧社会冲突，易发生社会动乱[60]。城镇化中的民主化过程是政体从威权主义向民主主义的转型，代表了不同利益群体的利益博弈过程[61]。公民社会包含多方组织，这些组织由同质性的个体组成，如工会、学生组织、非政府组织、自发应急协会等。公民社会的民主化程度取决于各类组织之间协商机制的完善性[62]。协商机制将现实社会中的各类问题由私人层面上升到公共层面进行多方博弈[63]。在公民社会形成过程中，各利益群体为争取公共权力进行抗争。在抗争过程中，社会结构趋于多元化，公民民主文化觉醒，共同促进社会民主化转型[64]。因此，社会民主化过程不可避免地伴随着社会冲突和动乱，在城镇化过程中公众公民权益意识的提升、社会组织的构建、社会分层的加剧等均可构成不同利益群体集体抗争的条件[65]，形成的诸如集群行为等社会冲突在短期内造成社会动乱，在长期来看将推动社会变迁。

综上所述，城镇化过程在微观上引领公众从臣民意识向公民意识的转变，主要表现是公民权利意识的觉醒；在中观上，城镇化引起社会组织的变革，促使次级群体组织代替血缘、地缘的初级社会关系，逐渐成为城市社会关系的主体；在宏观上，政治结构中产生自下而上的沟通渠道加强政治组织的渗透力。城镇化引发社会全方位的结构转型，在此过程中利益团体不断分化，不可避免地滋生动乱。在各利益团体为争取公共权力而进行的抗争中，由于区域发展失衡形成的大规模流动人口群体引发的社会问题尤为凸显，形成城镇化过程中的农民工管理困境。

（2）城镇化中的农民工管理困境

自 1978 年以来，经济的高速发展形成了大规模的农业转移人口，他们从农村向城市转移，从第一产业向第二、三产业转移，使得中国转变为移居活跃型社会[66]。国家统计局监测数据显示，截至 2017 年末全国农民工总数接近 2.87 亿人，为城镇化过程提供了巨大的人口红利，成为中国城镇化发展的主要推动力。人口迁移是任何国家在城镇化过程中都会遇到的问题，但与发达国家不同的是，中国的城市和农村、沿海和内陆存在着显著的地域性差异，东南沿海地区和大城市的经济快速发展形成了城市化迅速扩张的局面，工业和制造业中心聚集了大量前来务工的外来人口，但由于制度、社会排斥和自身资源禀赋的限制，几乎所有的农民工仅能就业于城市中的非正式部门[67]，流动于城市社会管理体系之外，形成社会管理难题。

首先，基于二元户籍制度的社会保障制度、用工制度等对农民工形成制度隔离，造成农民工处于城市社会控制体系之外，形成社会风险。长期以来的二元户籍制度及建立于其上的社会保障、用工制度等对城市中的农民工形成制度排斥。在非均衡的人口流动模式下，经济发达的大城市出现了严重的"人口倒挂"现象，即外来人口数量远远超过本地居民数量[49]。而城市的公共物品和公共服务提供往往根据户籍人口数量进行配备，如警力、公务员数量、学校、医院等。流动人口虽在数量上占多数，但在公共服务的享有和选举等政治权利结构中处于劣势，被排除在民主和公共服务体系外，成为被治理对象而非政治主体。这导致农民工群体被过度商品化，而忽视了其作为公民对权力的需求，形成了城市内部的新二元结构[68]。与传统地理区隔的二元结构不同，新二元结构中的本地居民和外来流动人口两类群体同处一个社会场域，形成阶级身份的不平等社区[69]，因而劳资冲突、群体矛盾频发，为区域社会治安带来风险，形成社会治理的压力。

其次，不完善的制度环境和农民工群体权利意识觉醒间的矛盾，是造成社会冲突的根源。城市化进程中，经济发展促进了民主发展[70]，与城市化发展相伴而生的社会民主化过程促使广大民众萌生了公民权利意识，形成了群体利益主张。中国农村社会以传统的"臣民文化"的政治价值观为主，农民工在城市流动的再社会化过程中，受到城市公民文化的浸润，催生出公民权意识[71]，进而产生在城市的利益诉求。然而，现阶段中国自下而上的制度化利益表达渠道存在面向群体的开放程度差异[68]。由于户籍制度限制，农民工参加社会选举等均需在其户籍所在的农村进行，但其主要生活场域是在城市，虽然部分城市实行居住证制度，即在城市居住半年以上的农民工可以参加城市的社区选举。但农民工作为城市社会中的弱势群体，利益表达的民主渠道相对狭窄[28]，在城市中的政治参与率极低。在无法通过制度性渠道进行利益表达，不满情绪聚集到一定程度时，往往引发诸如集群行为的群体冲突。

再次，城镇化初期的经济发展快于体制建设，造成政府较多扮演经济管理者的角色，而忽略了社会管理职能，加快暴露了潜在的社会问题。改革初期，基于发展策略考量，国家以经济发展为主，以经济发展带动社会发展。各级政府的主要考核标准以国民生产总值的增长为指标，这带来了经济崛起，但也暴露出政府管理职能方面的问题。对 GDP 的过度追求使得政府较多发挥招商引资、经济管理职能，而忽略了其社会管理职能，社会问题不断积累。其中最为关键的就是流入地政府疏于对流动人口管理体制的建设[72,73]，将流动人口置于流入地城市社会管理体系之外。规模庞大的农民工缺乏合理引导，不仅致使他们被排斥在城市制度和社会之外，难以达成社会融合，还令政府在农民工群体冲突时难以发挥第三方事前控制和事后调解功能，形成社会冲突的潜在危机。

因此，在城镇化发展过程中，农民工被排斥在城市的制度和社会之外，成为城市新二元结构中的弱势群体。与城乡二元的区域隔离相比，新二元结构中的城市居民和农民工共处同一社会场域，使得城市成为一个大的阶级身份不平等社区。随着农民工公民权意识的觉醒，不完善的制度环境难以及时疏通该群体不断膨胀的利益诉求。相对滞后的社会管理机制不能有效引导群体行为，因而形成潜在的社会风险，迫切需要制度改革。

三 多元协作治理

随着城镇化的推进，社会管理问题的复杂性日益凸显。作为社会建设的流动人口主体，农民工管理问题属于典型的"跨边界公共问题"，其挑战了单边管理模式，凸显了政府机构、非营利组织和营利组织间的相互依赖性[8]。政府和学界认清形势，呼吁构建与现代社会发展相适应的管理体制，形成利于调动各方参与的社会治理新格局。2014 年公布的《国家新型城镇化规划（2014—2020 年）》指出，要"加强和创新城市社会治理"，"完善城市治理结构"。《国家新型城镇化规划（2014—2020 年）》强调，城镇化建设应"创新社会治理体制"，"规范社会行为，调节利益关系，解决社会问题"，"以网格化管理、社会化服务为方向……及时反映和协调人民群众各方面各层次利益诉求"[7]。十九大报告进一步强调，"加强预防和化解社会矛盾机制建设，正确处理人民内部矛盾。……加强社区治理体系建设，推动社会治理重心向基层下移，发挥社会组织作用，实现政府治理和社会调节、居民自治良性互动"。社会治理发展随之逐渐跨越官僚主导模式而倾向于多部门协作模式（Collaborative Governance），形成多元协作治理的新范式。

多元协作治理是为达成共同目标，一个或多个公共机构与非国家利益相关者一起参与集体决策过程的治理安排[74]，是共识导向和协商的联合结构。通过政府间关系、政府与非政府组织关系形成社会管理网络的协作模式，达成网络化多元协作治理[9]，从而进行有效的城市管理，促进城市发展。一方面，多元协作治理强调政府对社会组织或企业营利组织的引领作用，在政府内部突破传统的单一边界治理模式，达成政府间横向协作、纵向协作和斜向协作的社会管理网络[75]。另一方面，呼吁发挥社会组织的结构连接功能。改革开放以来随着人口大规模流动，次级组织层出不穷，包括基层社区服务组织、各类志愿者组织、行业组织、慈善组织、民办非企业单位等社会组织。各类社会组织的迅速发展源于社会结构的分化、社会生活的组织化，已在过去二十年间渗透进民众工作和生活的方方面面中，同时深刻影响着社会管理新格局的形成[76]。发达的社会组织发展促进了政府社会管理职能的转变和企业自我管理机制的形成，提高了全社会的组织化程度，对不同利益群体的利益表达和公民政治参与的有序化具有根本性的意义。另外，针对农民工问题的协作治理还需强调企业和农民工自身所扮演的角色。农民工群体作为流动人口和城市生产建设的主体，以农民工为主体的群体性事件均涉及农民工、企业、政府三方，给协作治理带来了新挑战。

由于农民工集群行为的复杂性呼唤对城市治理结构的多元协作治理模式优化改革，而明确各方责任是多元协作治理面临的重要问题[77]。多元协作治理改革不仅需在政府内部构建网络化协作治理机制，还需将企业和社会组织纳入管理体系中，赋予其更大管理责任。要进行治理模式改革，就离不开对农民工集群行为现实问题的理性认知，需要借鉴多方经验。西方针对集群行为的研究起步较早，理论和研究相对完备，选取适用性理论进行针对农民工问题的本土化修正是可行的研究路径。

第二节　集群行为相关理论

集群行为在西方一直属于社会运动研究范畴，被认为是社会现代化过程中产生的现象[36,78]，是推动社会变迁的力量[79,80]。社会运动通常从小规模、非正式的集群行为开始，进而发展到高度组织化的社会变迁过程[81]。因此，集群行为是初级的、少组织化的社会运动形式，是社会运动的开端，两者在某种意义上遵循相似的规律，并无绝对界限。社会运动被公认是社会现代化过程中利益群体不断分化而造成的各利益群体对资源的动态争夺过程，其定义包括工人阶级获得自我意识和权利的、长期的、单一的过程[82,83]，或者是文化场域不同立场持有者的冲突和互动[84]，抑或政治社会场域下的资源流动[85]。

西方学者从社会结构、国家—社会关系、政治文化以及民间文化等不同角度对集群行为的产生原因进行了深入系统的阐释，并应用社会冲突论、政治参与理论、集体行动理论以及危机生命周期理论等对集群行为的形成机制及其处置进行了系统、深刻的理论解读。针对集群行为的诸多理论，笔者从"微观—宏观"角度对不同理论的研究取向、重点关注的集群行为类型等进行了分类梳理（见表2-1）。

其中较为关键的理论是学者们针对社会运动产生的动因，从情感取向和理性取向分别构建的四种解释理论，包括集体行动论[86-91]、资源动员论[39,92]、政治过程论[30,93,94]和框架建构论[95]。集体行动论和框架建构论是基于情感取向的集群行为研究；资源动员论和政治过程论是基于理性取向的集群行为研究。集体行动论是早期的群体行为理论，基于非理性假设[96]，衍生出符号取向、结构取向和相对剥夺取向三类理论；将集群行为看作社会结构崩溃、社会整合不完整而引起的失范行为，强调其非理性、自发性、非组织性和破坏性，认为集群行为是内在紧张心理的集体宣泄[24]。集体行动论最早对集群行为的发生进行了解读，为集群行为的后续理论发展做出了有力铺垫。但完全无组织的集群行为在现实社会中鲜有发生，大多数集群行为都带有一定程度的组织性和理性。因而，目前得到广泛认可的社会运动解释理论以资源动员论、政治过程论和框架建构论为主。

表 2-1　集群行为理论

宏观		微观	
理论	观点	理论	观点
资源动员理论	不满情绪或剥夺并不必然转化为社会运动；集体行动是对成本—收益的权衡；资源占有决定行为成败；动员资源的组织	突生规范理论	集群中由于成员间的相互影响，从少数人的可见行为中会形成新的约束或规范，这些规范明确了群体环境中适当行为的标准；在一些含糊不清的情况下，少数行动者便可为大多群体成员确定规范，而群体成员一旦觉察到指导其行动的新规范产生，就会感觉到执行该规范的压力
政治过程理论	社会运动是被主流政治排斥在外的群体为了捍卫自身利益而发起的抗争行为。强调社会运动的爆发受三方面因素的影响：政治机会的出现、认知解放、动员资源	社会感染理论	参与集群行为的个体是非理性的，无所谓个体的职业、性格、智力等特征因素，只要其参与到聚众之中，就将共生出一种集体心智，而集体心智所表现出的便是集群行为
价值累加理论	导致集群行为的六个必要且充分条件：结构性紧张，即使人们感到压抑、紧张的社会结构或背景；环境条件；诱发因素；普遍情绪或共同信念；行动动员，即领头人物出现并鼓励他人采取行动；薄弱的社会控制机制	社会聚合理论	社会聚合理论也被称作倾向性假设，即群体中的个体在面对一定的社会刺激时，会同时表现出相似的反应，进而产生趋同的行为表现

续表

	宏观		微观
框架建构理论	框架建构理论认为社会运动的动员过程是成员的框架建构过程，它与资源动员和政治机会结构一样共同决定社会运动的发生、发展。框架通过聚焦（Focusing）、连接（Articulation）和转变（Transformation）三个过程引导个体的思维模式	社会认同理论	社会认同是指个体在确认其获得社会群体隶属身份后，该群体身份能够给予个体某种情感或价值意义。个体对群体隶属身份的意识是产生群体行为的基础原因，群体的分类和身份认同的获得将影响个体对于群体间关系的态度，进而引发个体所采取的行为

一　集体行动论

集体行动论有很多相关理论，是一系列理论的统称，这些理论包括符号导向的集体心智理论、循环反应理论和突生规范理论，结构导向的价值累加理论和大众社会理论，以及相对剥夺取向的 J 曲线理论和相对剥夺论。符号互动取向的集体行动理论更关注"个体性紧张"，而结构功能取向的集体行动理论关注的是"结构性紧张"，相对剥夺取向的集体行动理论强调心理落差的作用。这些理论之所以被学者归结为统一的集体行动论是由于它们具有两个共同特征：一是倾向于把集群行为看作由于社会结构崩溃、社会整合不完整而引起的失范行为，强调其非理性、自发性、非组织性和破坏性，其核心关切是社会秩序的形成和维持；二是倾向于用情感的心理因素解释集群行为，认为集群行为是内在紧张心理的集体宣泄。所以集体行动论又被称为"崩溃论"（Breakdown Theories）或"紧张—崩溃论"（Strain and Breakdown Theories）。

（1）符号导向的集体行动论

集体心智理论最早由心理学家勒庞提出，他认为人类处于群体中时会通过无意识、传染和暗示等过程使心理趋向统一，形成集体心智（Collecitve Mind）。集群行为的产生过程就是处于人群中的个体丧失独立意识，而通过心理趋向统一培养出集体心智，从而引导集群行为的过程。这虽是早期对于集群行为较为粗糙的解读，却也是最先探索集群行为发生机制的研究。

随后，布鲁默将集群行为细分为初级的集群行为和组织化的集群行为，并提出了循环反应理论，认为集群行为的起因是个人烦躁情绪，经过三个阶段，即磨动、集体兴奋、社会感染的扩散反应，形成社会化的集体行为。通过这个循环反应过程，个体烦躁最终演变为社会性骚动，导致集群行为。循环反应理论是集群行为的首个社会学理论，该理论认为集群行为不仅是普通的聚众，也可以有一定组织。

特纳和克利安追随布鲁默的脚步在 1987 年提出了突生规范理论，认为集群行为并非完全无序的、盲目的，而是有组织的，且该组织是在集体行动进行过程中突生出的一个规范，临时给参与者提供一个关于现实和趋势的共同理解，可以在社会常规被打破或失效的情境下赋予集体行动一定程度的秩序。

符号导向的集体行动论以群体心理的形成为基础，致力于揭示集群行为中从个体心理到集体心理的演变过程，主要应用于初级集群行为的研究上，虽然涉及一部分组织化集群行为，但却研究不多。

（2）结构导向的集体行动论

与符号导向的集体行动论不同，结构导向的集体行动论试图从社会结构上寻找社会心理的根源。这一导向的集体行动理论包括价值累加理论（Value-added Theory）和大众社会理论（Mass Society Theory）。

价值累加理论由斯梅尔塞于 1962 年提出，试图从结构角度解读集群行为的发生。他认为集群行为的发生同时受六个因素的影响：结构性有利条件、结构性紧张、一般化信念的形成和传播、诱发因素、参与者的行动动员、社会控制（见图 2-1）。前五个因素之间存在递进关系，只有在前一个因素已经存在的条件下，后一个因素才可能发生。而社会控制因素可以从以上五个因素中任何一个环节入手进行阻碍集体行动的发生，只有五个促进因素同时具备，并与社会控制角力胜出后，集体行动才有可能发生。这其中最重要的要素是一般化信念的产生，认为一般化信念最为关键。价值累加理论迈出了集群行为由心理解读倾向向结构解读倾向转变的重要一步，但一般化信念的强调使得价值累加理论虽在往结构的解读上靠拢，但并未脱离以个体意识为中心的困境。

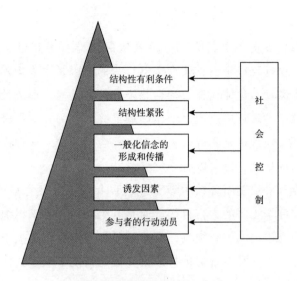

图 2-1　斯梅尔塞的价值累加理论

资料来源：冯仕政：《西方社会运动理论研究》，中国人民大学出版社，2013。

　　同为结构角度解读集群行为的理论还有康豪瑟在 1959 年提出的大众社会理论。大众社会理论认为一个理想的社会应该有三层结构：第一层由高度个人化和原生性的所有社会关系构成，如家庭；第二层是所有的中层关系（Intermediate Relations），如各类社团等；第三层由所有社会关系构成，如国家。以中层精英的可涉入性（Accessibility of Elites）和非精英的可俘获性（Availability of Non-elites）两个维度为依据，将社会分为如图 2-2 所示的四种类型：共同体社会、多元社会、极权社会和大众社会。社会结构不同，该社会中易产生的运动类型也不同：共同体社会易产生复活运动，多元社会产生改革运动，极权社会产生极权运动，而大众社会易产生的就是集群行为。大众社会的精英可涉入性高，非精英的可俘获性也高，"在该社会中，精英很容易被非精英的影响力所涉入，而非精英也很容易被精英的动员所俘获"。大众社会理论认为社会之所以易发生集群行为，是因为中间群体（Intermediate Groups）的缺乏。康豪瑟还分析了大众社会与民主制度的关系，认为民主化的过快或过慢都会引发集群行为，城市和工业化的快速推进可能会破坏原来的社会纽带，造成大批"被连根拔起的人"（Uprooted Population），增加了集群行为产生的风险。

图 2-2　康豪瑟的大众社会理论

结构导向的集体行动论把集群行为看作特定社会结构作用下的产物，但在其理论模型中仍未摆脱对心理演变过程的强调，心理学变量仍是其重要的中介变量，社会结构通过该中介变量而发生。

（3）相对剥夺导向的集体行动论

相对剥夺论的开端是由戴维斯提出的 J 曲线理论。J 曲线理论始于戴维斯对革命的研究，他认为政治上是稳定还是动乱，不取决于物质的实际满足状况，而取决于人们对需求满足状况的主观感受和期望，最容易发生动乱的时刻不是经济和社会发展最为困顿的时候，而是在经过长期发展滞后突然发生逆转的时候。如图 2-3 所示的 J 曲线是从经济社会发展中的公众期望与分配的比较角度对公众的社会心理进行解读的，描述了公众期望的需求满足（Expected Need Satisfaction）与实际的需求满足（Actual Need Satisfaction）之间的关系。当期望的需求满足和实际得到的需求满足之间的差距增加到一定程度时，会产生集体的相对剥夺情绪，爆发动乱。

格尔在心理比较的基础上扩展了 J 曲线理论，提出了相对剥夺理论。相对剥夺理论的基本假设是：个人价值期望与其价值能力之间的落差会使人产生相对剥夺感，相对剥夺感是集群行为必不可少的前提。个体根据认为自己应得的价值（价值期望）和实际得到的价值（价值能力）之间的比较产生相对剥夺感。根据如图 2-4 所示的价值期望和价值能力之间的曲线关系，分为递减型剥夺、追求型剥夺和进步型剥夺，进步型剥夺也就是戴维斯提出的 J 曲线理论。相对剥夺理论也是迄今在心理学领域对集群行为进行解读时应用最为广泛的理论。

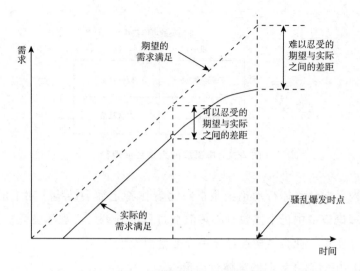

图 2-3　戴维斯的 J 曲线理论

资料来源：冯仕政：《西方社会运动理论研究》，中国人民大学出版社，2013。

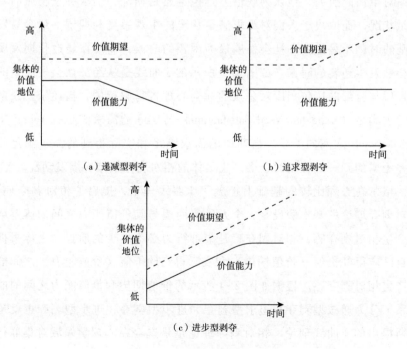

图 2-4　格尔的相对剥夺理论

资料来源：冯仕政：《西方社会运动理论研究》，中国人民大学出版社，2013。

集体行动论最早对集群行为的发生进行解读，对集群行为的后续理论发展做了有力铺垫。然而，集体行动论将集体行动认为是非理性的、破坏性的，是社会病态和失序的表现，因而存在以下不足：（1）倾向于只关注抗争群众的破坏性，而忽略集群行为的有效性和理性。（2）倾向于把集群行为描述为非理性、无组织、无节制的行为。然而，抗争群众的骚乱行为并不是天然的，而是很大程度上取决于他们是否有别的可采取的手段。（3）倾向于把集群行为的产生归因于社会整合失败、社会控制崩溃所导致的紧张和失范。事实上若从政治角度观察，考虑到不同社会群体面临的政治不平等，所谓的非正常的社会病态就可理解为正常行为和正常社会现象。集体行动论对初级的无组织的集群行为具有很好的解读功能，然而，完全无组织的集群行为在现实社会中很少发生，大多数集群行为都带有一定的组织性和明确的目的，因而集群行为的集体行动论在其后期受到很多理论的挑战。

二　资源动员论

麦克亚当和左尔德在其 1977 年所做的《资源动员与社会运动》一文中探讨了美国 20 世纪 60 年代集群行为增多的原因在于可利用的资源的增加，是资源动员论的开创性研究[39]。资源动员论（Resource Mobilization Theory）认为仅有怨愤情绪并不能直接导致社会运动的爆发，社会运动实施的关键在于组织者是否能够动员到足够多的资源[24]这一理论从结构角度解释了社会运动发生的结构必然性[97,98]，批判了集体行动论的非理性假设。

资源动员论首次将社会运动作为一种通过非制度渠道表达抗争的行为来研究。研究重点不再是心理机制，而是动员结构（Mobilizing Structures），即"人们赖以发动和加入社会运动的集体性载体，分为正式的和非正式的"[99]。资源动员论认为在社会运动的心理条件具备后，问题的关键就变成了如何动员公众参与其中。梯利发展了资源动员论，认为社会运动发生过程中的重要资源是社会关系[36]，包括正式的社会运动组织和非正式的社会网络（Social Networks）。

集群行为的动员组织来自事先存在的网络以及公开招募的成员[100]。麦克亚当扩大了社会联系的范围[101]，强调非正式网络的资源动员能力。

非正式关系网络结构包括各种基于血缘之外的社会关系，如朋友关系、邻里关系和宗教关系等。与正式的社会网络相比，非正式的社会网络在动员过程中独具优势[102]。非正式的社会网络具有协同行动和促进联合斗争的能力，有助于抗议行为的传播和扩散，具有较高的动员效率[103]；非正式的社会网络使得参与者有更加充分的准备，来应对外部的威胁和强制力量[104]；非正式的社会网络具有更强的隐蔽性，不容易暴露[105]；非正式的社会网络更容易积累丰富的社会资本，利于促进社会动员[106]。

欧伯箫在其《社会冲突与社会运动》一书从更为宏观的角度对社会网络和社会运动间的关系提出了开创性观点[24]。欧伯箫将社会关系结构分为纵向整合和横向整合两方面[107]：所谓纵向整合，即普通民众与权力结构之间的整合；所谓横向整合，即普通民众内部的整合。一个社会的纵向整合越差，横向整合越好，越容易发生社会运动[108]。

其后很多学者讨论了社会网络对集群行为的促进作用，认为一个人的社会网络越丰富，则参与集群行为的可能性越大[109,110]。帕希针对社会网络对集群行为的影响机制做出了详细说明，揭示了社会网络的三种功能可以对集群行为产生影响[111]。一是社会化功能（Socialization Function），认为公众参与集群行为的重要原因在于对该行为价值规范的认同，而社会认同是基于社会网络互动形成的，因而社会网络对参与集群行为具有重要的促进作用。二是结构连接功能（Structural Connection Function），把社会网络视作个体间的连接桥梁，网络中个体的行为促进与之相连接的个体的行为同化。一个人的社会网络越丰富，该网络中他人的集群行为参与越会促进本人参加的可能。三是决策塑造功能（Decision Shaping Function），认为基于社会网络的互动影响个体的短期认知，并对其行为决策造成重大影响[112]。后续还有学者补充了遵从压力功能（Conforming Pressure Function）机制，认为社会网络会对参与其中的成员构成压力，迫使他们遵从该网络中大多数人的行为模式[24]。

资源动员论的贡献在于考虑到社会运动参与者的理性，基于理性选择假设开始关注动员结构和社会运动组织[113]；从客观角度解读了社会运动的发生过程，分析焦点放在了社会运动的组织、领袖以及动员策略上。资源动员论将社会视为各类社会运动的自由竞争市场，但变迁中的社会存在某种不平等的统治性关系，并不能完全自由竞争。因而，"资源动员理论只能解释由政治精英所发起的有组织的变革"[37]。事实上，精英群体和被排斥群体在社会运动的目标、策略上有本质不同。麦克亚当指出，资源动员论存在三个不足[30]。（1）高估了精英支持社会运动的意愿。社会运动作为被主流政治体制排斥在外的社会群体发起的集群行为，对当前体制构成一定的威胁，而精英作为当前体制的主要成员，支持社会运动的可能性不大。（2）低估了群众依靠自身资源发起社会运动的能力。被排斥群体虽资源有限，但他们的存在和活动对于政体成员赖以生存的政治结构的维持是不可或缺的，可以通过负面刺激迫使政体成员让步，如罢工、抵制、静坐这类方式。（3）结构上的不平等也许是常量，但群体对不平等的主观感受不同，其程度依赖于群体认知水平，而资源动员模型忽略了认知解放的作用[113]。

资源动员论的解释模型试图在单个历史截面中寻求社会运动的因果关系，而忽略了历史演变的逻辑[113]。政治过程论很好地考虑了社会变迁进程的影响。

三　政治过程论

政治过程论（Political Process Theory）批判资源动员论未将社会运动群体进行分类，认为精英群体和底层发起的社会运动是截然不同的。政治过程论将社会运动纳入历史的动态发展视角来研究，认为社会运动是社会民主变迁过程中，旧有社会制度被破坏、新的秩序还未建立时，政治资源和机会突然出现的后果[36,39,40]。社会底层或边缘群体通过参与社会运动的形式达成公民参与[38]，最终实现国家从威权主义政权向自由民主政权转变的民主转型。政治机会的出现，使得"被排斥群体能够动员足够势力通过非制度化途径追求集体利益"[37]。

政治过程论由三个学者的共同努力而确立。艾辛杰首先提出的"政治机会结构"（Political Opportunity Structure）是该理论的核心概念，梯利其后提出了政治过程论的理论原型——"政治体模型"（Polity Model），麦克亚当最终明确提出了政治过程论[24]。

艾辛杰在《美国城市中抗争行为的条件》一文中首次提出了"政治机会结构"的概念，奠定了政治过程论的基础[35]。艾辛杰指出，"政治系统中的个体或群体的行事方式，不仅决定于其所拥有的资源，更是政治系统本身开放性的产物"。他将政治环境理解为一种"政治机会结构"，以此分析抗争事件与政治环境之间的关系[24]。不同开放程度的政治环境为社会运动提供的政治机会不同。在最开放和最封闭的政治体制两端均不容易爆发抗争事件，而最容易引发抗争行为的是正在从封闭走向开放的"混合"政治体制[35]。随着政治体制的逐渐开放，使得原本没有话语权的群体开始有机会获得影响，但通过常规政治手段获得影响的过程通常较慢，于是这些群体转而使用社会运动的方式实现利益。

1978年梯利在其《从动员到革命》一书中提出的政治体模型奠定了政治过程论的基本框架[36]。政治体模型将人群分为政体内成员（Member）和政体外挑战者（Challenger）两类（见图2-5）。根据政治体模型，人群中的所有人都在为自己的利益而斗争；为了保证自己的利益，他们必须与管制机构和其他斗争者争夺权力，以确定自己的付出能取得更多的回报。成员处于政治体内，能够以便利、低成本的方式通过常规渠道影响政治体，获得资源；而挑战者是政治体外成员，难以通过常规渠道影响政治体。因此，挑战者想要影响政治体只有三种途径：（1）设法进入现有政体，成为体制内群体，如成为公务员等；（2）改变现有政体以便把自己包容进去；（3）打破现有政体。由于这三种选择成本较高，事实上在一个相对稳定的社会环境中，政体外成员往往选择更为缓和的方式来表达自己的利益诉求[114]，通过参加社会运动成为其获得利益分配的最优路径。

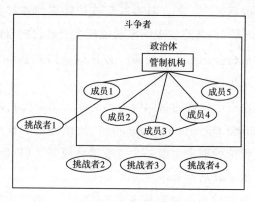

图 2-5 政治体模型

麦克亚当于 1982 年出版的《政治过程与 1930～1970 年黑人起义的发展》一书中提出了政治过程论[30]，认为社会运动是被主流政治排斥在外的群体为了捍卫自身利益而发起的抗争行为。麦克亚当认为，传统社会运动理论忽视了宏观的政治环境因素对塑造社会运动的作用。同时，社会运动并不是异常心理在行为上的反应，也不是异常心理的宣泄，而是一个理性的政治行为，是社会政治变迁的重要动力[30]。政治过程论强调社会运动的爆发受三方面因素的影响（见图 2-6）。首先是政治机会的出现，即政治系统对抗议群体的接受或脆弱程度[115,116]。其次是认知解放，即特定社会成员建立起来的集体不公平感受，以及群体成员认为"通过集群行为可以解决这个问题"的反叛意识[92]。反叛意识是决定抗争者能否利用政治机会的关键[30]。再次是动员资源，这个因素来自资源动员论，认为社会运动的产生需要合理组织和足够的动员资源[40]。

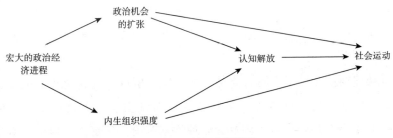

图 2-6　政治过程模型

政治过程论同样基于理性选择假设，将分析重点放在了政治机会结构中，因而对政治机会的测度成为该理论的关键。政治机会结构的研究存在两种倾向：比较不同政体差异和比较一国内部政体与社会群体关系[106]。在比较不同政体差异时，学者们通过政治系统的开放程度、政治联盟的稳定性、支持群体、精英分化程度、政府制定政策的能力和国家镇压能力对政治机会结构进行测量[30]。而对于国内政治机会结构的分析是从国家—社会关系（State Society Relations）视角切入的，其主要观点是集群行为的发生和发展在很大程度上取决于国家政治体制的开放性，在社会结构变迁过程中产生的半开放、半封闭的政治体制最容易引发集群行为[22,35]。艾辛杰对政治机会结构的定义是各种团体的权利结构[35]，如地方政府的正式结构、选举制度、正式的政党制度等，根据这些指标将政治制度分为开放型、封闭型和混合型；麦克亚当对政治机会的定义包括四个维度，即制度化政治系统的开放程度、精英联盟的稳定程度、从精英中获得盟友的可能、国家镇压能力和倾向[30]；梯利认为政治机会结构是指各类可以促使或阻碍行动者参与集群行为的制度特征及其变迁过程，如国家的形成过程、民主化程度、国家能力强度、精英团结程度以及其他具体战略；库普曼斯和克里希从国家的正式结构和非正式结构两个维度，使用国家的强弱性、非正式结构的排斥和包容性等指标进行了探讨[117]。总体而言，对政治机会结构的测度可以包括制度化政治系统的开放性、社会纵向关系结构的整合程度以及国家控制能力三方面。

四 框架建构论

框架建构论是与资源动员论和政治过程论鼎足而立的社会运动理论支柱，由斯诺于 1986 年提出[95]。其基本观点是思想动员与资源动员和政治机会结构一样共同影响社会运动的进程，重点研究观念塑造与社会运动之间的关系[24,118]。

框架建构论探讨了不同人群对社会现实的解读和建构过程。框架建构（Framing）指的是通过概念框架塑造人们对现实世界解读的过程。框架（Frame）的概念最初来自美国社会心理学家戈夫曼的定义，指个体对生活空间中事件的定位、感知、识别和标记的理解图式[119]，个体意识中的框架赋予事件意义，从而影响其行动[118]。框架建构论认为社会运动的动员过程是成员的框架建构过程，它与资源动员和政治机会结构一样共同决定社会运动的发生、发展。框架通过聚焦（Focusing）、连接（Articulation）和转变（Transformation）三个过程引导个体的思维模式。所谓聚焦，是指在思维框架作用下，人们对发生事件的关注点有所区别，会注意某些事件而忽略另一些事件；所谓连接，是指个体通过差异性的构建联系的方式，将对外部世界的离散的片段感知连接起来，从而形成对外部世界差异性的整体认知；所谓转变，是指通过框架转移人们的注意力，或改变特定事物对个体的意义。个体通过聚焦、连接和转变的框架形成其对外部世界的特定感知，认知框架的不同决定了个体在行动上的反应方式也不尽相同。

但框架建构论忽视了社会结构，走向了意志决定论。个体意识因环境而变，框架建构过程处于社会和政治结构场域中，受到当下的政治、经济、文化、社会的影响。首先，文化作为一种价值信仰，制约着框架建构的方向和策略[120]；其次，框架建构的过程和结果受特定社会政治结构制约，框架建构是在特定人群中建立群体的界限，而社会运动成功与否在于其框架与核心成员的结构特征的契合度，以及有无清晰的框架边界[121]；最后，社会运动所遵从的主体框架之所以被选中，依赖于资源提供者的偏好。因此，框架的构建除社会文化的作用外，还是政治机会结构和资源动员的结果。

基于以上分析，国外关于社会运动的各种理论相对成熟，麦克亚当提倡社会运动研究要把政治机会结构、动员结构和框架建构有机结合，构建整体分析框架。而政治过程论就是可以基本涵盖资源动员论和框架建构论的较为系统的社会运动理论。但集群行为的发生离不开当下的社会情境。农民工作为中国城镇化特定时空变迁过程中的特殊群体，其集群行为具有不同于国外社会运动的新特性。若要将政治过程论引入对农民工集群行为所进行的研究，则需要结合中国城镇化社会情境和农民工群体特征做出较大的本土化修正。

第三节　农民工集群行为

国内有关集群行为的研究主要集中在群体性事件。集群行为是群体性事件的核心机制，群体性事件是集群行为作为社会问题的外在表现形式[122]，是我国当下典型的集群行为[123]，"集群行为"已经受到社会学[124]、政治学[125]、管理学[126]和心理学[127]等学科领域的广泛关注。

一　农民工集群行为的特征

农民工群体通常采取围堵政府机关、集体罢工、聚众闹事、围堵交通，甚至打砸破坏、暴力冲突等诸多方式来维护自身权利、发泄心中的不满情绪[129]。根据处理方式的理性程度可以分为两大类[164]。一类集群行为兼具非组织性、对抗性和暴力性，行为方式具有非理性。冲突的一方是以直接利益相关或非直接利益相关的农民工，另一方则是政府或企业。利益冲突一旦达到特定的临界点，便可能产生失去个体意识、形成集体心理的局面，进而诱发难以控制的集体暴力。诱发原因如拖欠工资、新政策出台的负向效应，以及对判罚处理不服等。另一类集群行为更具组织性和计划性，行为方式具有一定理性。行动过程受具备高水平组织协调能力和判断力的意见领袖的引领和控制，其行动目的明确，分工细致，形成了稳定的组织体系。这一类集群行为更加注重利益诉求的法律依据，倾向于采用"依法抗争"的形式（如罢工）来维护其政治权利和经济利益。农民工集群行为依动因和形式而采取多种不同措施，但总体上的行为方式兼具两类集群行为的特点，既有非理性成分，又兼具理性；群体既可以相对分散，又可以具有较强的组织性；抗争方式在初期能够依据法律，但也会诱发集体暴力。

中国当前的集群行为基本上可按其性质分为三种类型：理性维权、泄愤事件、骚乱[128]。理性维权是群体将获得具体利益作为行动目标，是基于利益的群体冲突，属于被动反应式的集群行为，政治性不强；参与者在权益得到满足时，事件即会平息；如农民征地抗争、农民工讨薪等。泄愤事件多由突发事件引起，参与者基于高亢情绪，采取过激行为进行宣泄，如打砸车辆、阻塞交通等。骚乱对社会秩序的破坏性最大，在其发生过程中极易将对象扩展到非利益相关者，如反日游行中的破坏行为，骚乱可发展成大规模的社会动乱。

总体上，中国当前的集群行为在内容上与利益密切相关，大部分集群行为涉及社会转型期利益格局的调整；在组织上有较强的聚合性，参与者基于亲缘、业缘或地缘关系，通过群内认同迅速聚集；在性质上以人民内部矛盾为主。农民工作为利益分化群体中的一类，其集群行为具有现阶段中国一般集群行为的特征，以经济利益纠纷为主，多是利益受损后的被动反应式维权，并有逐渐从被动式维权走向主动化争取权利的趋势[130]。

同时，农民工集群行为还具有其特殊性[128]。（1）地域、行业集中性。农民工集群行为多集中在以广东为主的沿海经济发达地区，这些地区人口流动性高，人员构成复杂，社会多元化利益格局形成了农民工集群行为爆发的环境基础。而制造加工和建筑行业工作环境差、工资低，工伤侵权事件频发，因而农民工集群行为在该行业也较为多见。（2）参与主体特征。参与集群行为的农民工以男性为主，具有教育程度低、政治资本少的特点，新生代农民工较老一代农民工参与风险更高。（3）持续时间短。大部分事件在 1 天内就能够得到处理和平息，几乎全部事件可以在 7 天内得以解决，即一周是农民工集群行为的阈值。（4）媒体作用增强。随着大众媒体的普及化与社会影响力的扩大化，以及新生代农民工对于网络和媒体的熟知程度，较之早些年的农民工集群行为，近年来侵权事件更多地借助于媒体力量来扩大事件的影响力，从而督促企业或政府及时采取有效而公正的解决措施。

二　农民工集群行为的影响因素

针对当前社会弱势群体集群行为的发生动因研究，可以分为宏观、中观、微观三方面。其中，中观层面的研究集中于集群行为的动员机制上，将在下节进行讨论。

首先在宏观上，学者们从政治系统的结构角度通过质性分析探讨了农民工和农村集群行为的产生原因[131]。普遍的观点认为，集群行为是利益受损群体在制度化利益表达渠道缺失的背景下[132]，采取的非制度化利益表达方式[133]，是公民与政府的理性互动[134]。经济转型过程为中国社会中弱势群体的集群行为提供了结构性的缘起[135]。自 20 世纪 90 年代中后期的以国有企业重构为代表的经济社会转型开始，集群行为参与者的主导形象由社会精英逐渐转向下岗工人和抗税农民等社会弱势群体[135]，并在其后 20 年一直维持高爆发频率。随着城镇化进程中人口的大规模流动，集群行为的爆发也突破了传统的都市/乡村空间界限[136]，成为普遍性的弱势群体抗争行为，其中，农民工成为集群行为主体。政府，尤其是基层地方政府，日益成为集群行为的主要利益相关者，而不再仅仅是扮演仲裁者和社会控制者角色[135]。基于互动建立起来的政府信任直接影响公众的态度和合作行为[137,138]。集群行为可以看作社会矛盾的突出表征，也是政府公共管理失误和公众对政府信任下降的重要结果，是不信任政府的突出表现形式[139]。底层民众缺乏对政府的信任，将会导致其选择制度化方式维权的可能性变小，从而选择集群行为的非制度化方式，试图通过"小闹小解决，大闹大解决"来解决权益损害的问题。[128]也有学者考察了"央强地弱"的政治信任结构对民众利益表达的影响[114]。

宏观层面的研究揭示了中国社会民主化过程中，在制度化利益表达渠道尚未完善的背景下，民众，尤其是个体和社会资源匮乏的弱势群体倾向于采取集群行为作为非制度化利益表达的方式进行维权或表达利益诉求。在此过程中，民众与政府的交互，即对政府信任起到关键的影响效用。

在微观上，广泛接受的观点是集群行为的直接心理动因来自相对剥夺感或不公平感。中国城镇化发展背景下的经济急速增长，但巨大的区域经济发展差距造成了资源分配不均的社会现状，使得底层民众满意度急剧下降，导致现阶段社会公平失衡[140]。中国民众对于公平有着根深蒂固的精神追求，自古就有"不患寡而患不均"的思想，"均分"的口号是历代起义者能够一呼百应的法宝[141]。对社会公正的期望，成为中国情境下个体参与集群行为的诱因。有学者通过分析社会公平感及通过不平等产生的相对剥夺感对极端表意行为支持率的影响，认为现阶段集群行为增多的原因就在于大众对于社会不平等有着越来越多的不满[142]。城镇化背景下的集群行为折射出大众在利益格局变迁中对社会资源和财富分配的不公产生不满[142,143]。特别是在城镇化的利益格局变迁中的弱势群体极易产生不公平感[144-146]，渴求通过集群行为来实现他们的利益目标[144]，以弱化不公平的社会分配现状。

集群行为的另一个重要心理因素是社会民主化进程中公民权利意识的觉醒。随着经济的发展以及教育水平的提高，公众的权利意识和政治参与意识不断提高，渴望获得平等对话的机会与权力[147]。在制度上的政治权利兑现不及时的情况下，如果公众的权利长期得不到满足，易产生不满情绪，影响社会稳定[148]。而在此过程中，平等的权利意识一方面直接作用于个体的行为，促使公众参与或组织集群行为；另一方面通过放大公众的不公平感知，进而影响集群行为的爆发[130]。在心理学领域，学者们还关注了群体认同、群体效能、群体愤怒等群体心理对集群行为参与的影响[123,127,149]。一般的观点认为，群体成员所处的群体关系结构特征会对个体集群行为造成影响，具体地说，就是群体边界的可渗透性和群际关系的稳定性影响个体的集群行为参与。此外，成员的群体认同通过群体效能的中介作用，影响其集群行为参与[123]。

综上所述，集群行为在宏观上的影响研究普遍认为现阶段中国集群行为频发是由社会转型阶段制度不健全引发的，利益表达渠道的缺失使得底层群体无从释放不满情绪。民众与政府的信任关系在集群行为中发挥着重要作用。但结构转型引发集群行为的影响机制不明，因此也就难以提出有效的管理改进建议。微观影响因素研究认为，集群行为由不公平感而引发，在集群行为过程中群体心理发挥着主要作用。公民权利意识的影响作用是城镇化过程中集群行为频发的关键变量，但在目前的研究中尚未得到验证。

三　农民工集群行为的动员机制

集群行为动员机制研究中，较为统一的观点是认为动员资源来自社会互动形成的社会网络，一个人的社会网络越丰富，则参与集群行为的可能越大。在有关中国城市街区集群行为的相关研究中，均强调维权精英或积极分子善于运用关系网络，包括正式关系、非正式关系等社会资源，增加集群行为过程中的博弈力量[150]。

弱势群体抗争的动员方式研究集中于中国农民群体。中国农民的抗争方式众多，如依法抗争[151]、以法抗争[152]、关系网络抗争[153,154]、因气抗争[155]、依势博弈[156]等。学者们从事件过程的工具理性和价值理性角度分析了农民抗争过程中的动员和抗争的运作过程及逻辑[150]，认为农民集群行为动员网络的特质是集群行为成功与否的决定要素。外显型网络容易被各个击破，网络中的实际行动参与者规模过小，动员网络效力较低，而非正式网络在弱势群体抗争中可发挥有效的动员作用。

当农民流入城市中务工，基于意识和行为方式的稳定性，其抗争方式延续了农民群体的组织形式，又因关系结构的改变而具有了新的特点。在有关中国农民工的集群行为研究中，应星针对西方的"精英动员"，提出了"草根动员"的概念，认为城市底层群体的动员资源来自周围与其具有同样利益的人[157]。草根型意见领袖的集群行为动员并非像精英型意见领袖一样依靠权威和魅力实现影响的扩散，而是充分运用社会关系和社会资源，在潜在的社会网络上赋予共意框架，将影响力向工具性目标群体和有共同价值性目标群体扩散，从而形成集群行为的临时社会网络[150]。还有学者从地缘关系、宿舍制度等对农民工集群行为的动员能力进行了分析，认为非正式社会网络关系规模越大，则农民工参与集群行为的程度越高[158]。

这些学者基于理性人假设，对中国农民工的集群行为动员机制给出了一定解释，推动了中国针对农民工集群行为的探索。而农民工在流动过程中伴随着社会网络的再构建，新构建的社会网络不同于常驻一地的农民，其网络结构更加复杂，需要进行细化研究。同时，网络结构和社会资本存量对集群行为的动员作用并未得到实证验证，难以确定其效用。因此，需要对农民工赖以动员的流入地社会网络进行细化分析，探索网络结构和网络中资本存量对其集群行为的动员效用。

综合以上研究，国内学者对于中国现阶段集群行为的解读为系统研究农民工集群行为奠定了基础。但目前的研究多集中于微观层面，缺乏结合新型城镇化社会变迁的结构性动因，在一定程度上忽略了现阶段社会情境。更为重要的是，农民工集群行为现状研究还相对缺乏，虽有一些对集群行为的现状描述，但多止步于探讨集群行为的一般化内容。

第四节　现有研究启示

城镇化理论指出，城市化是伴随工业化、市场化、民主化发展的综合社会变迁过程。在旧有制度被破坏、新的秩序还未建立的城镇化过程中，无序状态引发了一系列社会后果，给社会治理带来挑战。

首先，城镇化社会变迁过程引发了农民工集群行为，挑战了既有管理模式，需要多元协作的治理结构改革。对新型城镇化现实情境下农民工集群行为现状和动因的系统把握是寻求管理改革的前提。新型城镇化发展中存在异地城镇化和就近城镇化并存的阶段性区域差异，在农民工集群行为研究中需全面考虑这一特定的社会情境。

城镇化过程从意识转变、组织变革和政治结构变革的微观、中观、宏观三方面对社会系统造成影响。在此过程中利益团体不断分化，不可避免地滋生动乱。在各利益团体中，农民工群体作为流动人口主体，处于城乡二元社会的夹层，他们引发的社会问题尤其关键。农民工在城市中遭受制度和社会的双重排斥，形成新二元结构。与城乡二元相比，新二元结构中的城市居民和农民工共处一处，形成身份和阶级的不平等社区。随着农民工公民权意识的觉醒，不完善的制度环境难以及时疏通该群体不断膨胀的利益诉求。落后的社会治理机制不能对其进行有效引导，因而形成潜在的社会风险，尤其是现阶段农民工群体性事件频发，动因日益复杂，挑战了传统划地为界的单边管理模式，需要多元协作治理的改革。而改革前提是对新型城镇化现实背景下农民工集群行为现状和动因的系统把握。

中国的城镇化过程具有与其他国家城市化相似的规律，同时又存在一些差异。中国现阶段存在两种并行的城镇化模式。一方面，农民工远距离流入沿海大城市，形成异地城镇化模式。改革开放"逐步富裕"的政策使得区域经济发展具有较大差距，东南沿海地区和大城市经济发展飞快，而内陆地区的中、小城镇，以及广大农村地区则发展缓慢，区域发展具有阶段性差距。区域经济差距使得农村剩余劳动力大规模流入城市务工，由于二元户籍制度以及建于其上的社会保障和用工等特殊性制度排斥，造就了中国城镇化进程中特有的"半市民化"农民工群体。农民工群体在城市中大规模的"流而未迁"，形成潜在的社会风险。另一方面，随着新型城镇化战略的推进和县域经济的发展，中西部农民工就近流动，形成就近城镇化模式。学者们在80年代就开始强调发展小城镇的重要性，建议大城市和小城镇同时发展、扩大城市边界、缩小区域鸿沟。同时，党在十八大提出了新型城镇化战略，旨在走出一条以人为本、区域协调的可持续发展的城镇化道路。中西部地区中小城镇在发展中吸引了大量就近流动农民工，形成了就近城镇化模式。就近城镇化保证了农民工社会关系不会有太大变化，同时不存在文化冲突，社会秩序相对稳定，但由于就近城镇化地区发展起步较晚，制度建设并不完善，农民工在权益受损后存在投诉渠道不畅的困境。

两种城镇化模式并存是现阶段中国的现实情境，在新型城镇化背景下农民工问题研究中需全面考虑。但目前相关研究尚未系统考虑城镇化背景，也未形成不同城镇化模式下社会问题的比较研究，特别是在现阶段农民工分流过程中，针对不同区域农民工群体集群行为的差异分析。因此，结合城镇化背景的农民工集群行为研究，以及不同城镇化背景下农民工集群行为的现状比较，是对当前中国城镇化问题研究的重要补充。

其次，西方已有成熟的社会运动理论体系和研究，对中国农民工集群行为研究具有借鉴意义；但解释框架均是基于西方特殊的制度、社会、文化背景构建而来，用之解释中国的农民工集群行为需进行较大的本土化修正。

集群行为在西方属于社会运动研究范畴，学者们从宏观政治过程、中观资源动员和微观社会心理上形成了较为系统的社会运动理论及研究，这对中国农民工集群行为的研究具有一定的参考价值。但是，集群行为的爆发离不开当下的社会情境。中国农民工作为城镇化特定时空变迁过程中的特殊群体，其集群行为具有新的特性，宏观原因涉及经济、社会、法制和社会等多个方面。

在宏观上，西方社会多是多党制国家，存在政治制度多样化的模式，政治过程产生的政治机会是频繁且多样的。但中国的政党和政治制度较为稳定，农民工集群行为的产生在很大程度上受到城镇化中社会经济变革的影响，不能简单套用西方社会运动结构要素的研究。

在中观上，西方社会以民主协商制为主，各个群体有广泛的利益表达渠道，因而产生了层出不穷的专业社会运动组织。在这些专业社会运动组织中包括正式的组织结构、明确的规章制度和领袖人物。而中国的非政府组织还在逐步壮大中，农民工的集群行为动员资源主要来自其现有的社会关系。因此，若通过资源动员论对中国农民工集群行为的动员机制进行研究，需要进行较大的理论修正。

在微观上，西方社会运动的心理动因往往强调对群体权益的主动诉求，因而群体的一致性价值观念发挥了重要作用。农民工作为城市中的边缘群体，现阶段仍在为温饱奋斗，经济利益的绝对剥夺和相对剥夺是造成该群体集群行为爆发的主要原因。虽然随着社会发展，农民工主动争取权利的意识在逐渐增强，但目前集群行为仍以"被动反应式"的抗争为主。由于体制等方面的原因，现阶段中国常规利益表达渠道尚未完善，以农民工为主体的体制外弱势群体难以通过常规渠道施加影响。一旦遭受权益损害，集群行为便成为农民工进行利益表达的重要渠道，在一定程度上成为其"理性"选择。因而，农民工集群行为的心理因素与西方主动式维权不尽相同。

因此，西方集群行为的研究理论虽然完善，但大部分理论是基于西方特殊的制度和社会文化背景建立的。在中国农民工研究中需要结合新型城镇化社会背景和农民工群体特征，对成熟集群行为理论进行本土化修正，以适用于中国城镇化社会发展背景和农民工特殊群体。

最后，国内学者对中国现阶段集群行为的动因做出了多方面解读，为集群行为系统研究奠定了基础；但目前研究多集中于微观层面，并未成体系，且缺乏结合新型城镇化等特定背景从而针对农民工群体的集群行为系统解释框架。

在宏观层面，普遍认为现阶段中国集群行为频发的主要原因是社会转型阶段制度不健全，利益表达渠道的缺失使得底层群体无从释放不满情绪。但结构转型引发集群行为的影响机制不明，因而难以提出有效的管理改进建议。

在中观层面，学者基于理性人假设，对中国农民工的集群行为动员机制给出了一定解释，推动了针对农民工集群行为的探索。而农民工在流动过程中伴随着社会网络的再构建，新构建的社会网络不同于常驻一地的农民，其网络结构更加复杂，需要进行细化研究。同时网络结构和社会资本存量对集群行为的动员作用并未得到实证验证，难以确定其效用。因此，需要对农民工赖以动员的流入地社会网络进行细化分析，探索网络结构和网络中社会资本存量对其集群行为的动员效用。

在微观层面，研究认为集群行为爆发的直接心理动因是不公平感（或相对剥夺感），在集群行为过程中群体心理发挥了主要作用。公民权利意识的影响作用是城镇化过程中集群行为频发的关键变量，但在相关研究中并未得到强调。

国内学者对于中国现阶段集群行为的解读开创了本土化研究的新局面，为对农民工集群行为进行系统研究奠定了基础。但目前研究多集中于微观层面，缺乏结合新型城镇化背景的系统解释框架。同时，虽有一些对集群行为的现状描述，但多止步于探讨集群行为的发生率、发生模式等一般化内容方面，并未结合中国的城镇化情境进行分析，也未见针对农民工这一特殊流动群体的集群行为现状分析。

城镇化过程伴随着诸多社会风险，大规模"半市民化"的农民工在城市中的集群行为频发挑战了现有社会管理系统。针对农民工集群行为的现状和动因研究可以为新型城镇化进程中社会管理改革提供参考和实证依据。集群行为的发生离不开特定的社会情境，农民工集群行为研究不能直接套用西方社会体系下的解释框架。要从根源上解决农民工集群行为问题，把握城镇化发展方向，需从新型城镇化的时空背景出发，构建包括宏观制度层面、中观组织层面、微观意识层面的系统解释框架。同时，要针对当前异地城镇化和就近城镇化并存、大城市和小城镇差异化发展并存的现实背景，进行农民工集群行为现状的区域差异比较分析；深入分析农民工集群行为产生的结构和意识动因，并给出相应政策建议。

本章小结

本章主要从城镇化理论、国外社会运动相关理论和研究以及对中国农民工集群行为的研究三方面进行了文献梳理，发现当前集群行为研究有如下特点。

首先，本章在梳理了相关城市化理论和中国城镇化研究成果后发现，中国的城镇化过程与世界各国的城市化过程具有相似性，均是分阶段推进的；同时，由于城乡分割的二元体制以及经济社会发展所处的特定历史阶段，因此又具有特殊性和特有的复杂性。城镇化过程造成社会在结构和意识上的转型，导致了社会冲突，表现为集群行为的集中爆发。城镇化过程中的利益分化挑战了现有流动人口管理制度，因此需要构建多元协作治理体系。

其次，本章回顾了西方社会运动的主要理论。政治过程论、资源动员论和框架建构论是社会运动的基础理论，其中政治过程论考虑了社会变迁的历史进程，并且系统地将其他理论纳入其框架下。根据中国社会的现实情况和研究目标，本书认为政治过程论理论更符合农民工集群行为的研究需要，可以作为农民工集群行为的基础解释框架。西方社会运动理论是基于西方特殊的政治环境展开的，虽然理论相对成熟，却难以直接借鉴到中国城镇化背景下的集群行为解释中，因此需要进行本土化修正。尽管如此，西方社会运动相关研究在概念研究和实证检验中仍为中国农民工集群行为研究奠定了重要的基础。

最后，本章梳理了农民工集群行为的研究现状。现阶段中国集群行为研究的实证分析多集中于微观层面的动因研究，在宏观层面以质性研究为主，缺乏结合中国新型城镇化社会情境的系统解释框架；同时，也相对缺乏深层次的规律总结。

第三章

农民工集群行为的理论框架

对于农民工群体的维权抗争虽有很多学者从制度层面或心理层面进行了探讨，但集群行为的发生离不开社会环境，它是从社会环境到群体行为的一系列影响导致的后果。只有结合社会环境和一系列影响因素，构建出一个系统的解释框架，才能从根源上分析农民工集群行为的发生机制。本章通过对集群行为的概念辨析，将集群行为从单一维度扩展为意愿产生和行动实施两个阶段；引入政治过程论，结合新型城镇化社会情境和农民工群体特征对其进行本土化修正，构建适用于解释农民工集群行为的系统分析框架；最后，将框架落实到操作层面，给出该框架的具体验证思路。

第一节　农民工集群行为的概念辨析

一　集群行为的一般概念

集群行为在国内一般作为群体性事件来研究，特指因人民内部矛盾而引发的，由部分公众参与并形成有一定组织和目的的集体上访、集会、阻塞交通、围堵党政机关、静坐请愿、聚众闹事等对管理和社会造成影响的群体行为[159]。"群体性事件"不是一个严格意义上的学术名词，其更一般化的概念是集群行为。集群行为是群体性事件的核心机制，群体性事件是集群行为作为社会问题的外在表现形式[122]，是我国当下典型的集群行为[123]。

集群行为目前在国内的称谓并未统一，有"集体行动""群体行为"等多种翻译，"集群行为"的表达形式已广泛应用于社会学、政治学、管理学和心理学领域。集群行为的概念最初是由美国社会学家帕克于1921年提出的，是一个与"个体行为"相对应的概念，指"个体在某种具有共同性和集体性的冲动影响下做出的群体行为"[23]，包含一切经由社会互动而形成、具有某种社会共同性的行为[24]。广义的集群行为并不具有反社会性，研究内容范围十分广泛；但在实际研究中，集群行为的研究范围特指以群体形式出现、旨在提升群体不利处境的群体行为[14,160]。

集群行为通常被认为是民众非制度化利益表达的一种形式。公众影响社会政治结构的方式一般分为体制内和体制外两类，两者用制度化（Institutionalization）的维度进行区分。体制内政治行为包括选举、谈判、人大代表会议等常规政治（Routine Politics）行为，公众通过法律规定的正式渠道影响社会政治结构的变革。而集群行为是在原有秩序被打破、稳定状态被破坏后，使被破坏的社会结构从无序逐渐到有序的行为过程。集群行为的基本特征是混沌无序和不确定性，与制度化行为的有序和可预测性截然相反，是与体制内行动相区别的体制外行为[22]。社会变迁过程即是由较低制度化程度的集群行为通过社会互动过程走向较高程度的制度化，从而形成稳定的社会秩序[23]。因此有学者将集群行为定义为基于特定事件或目标，由不确定的多数人临时聚集形成的偶合群体实施的请愿、游行、示威等体制外群体行动[161]。

与集群行为有关的概念是社会运动。赵鼎新对集群行为、社会运动的概念进行了辨析，认为集群行为和社会运动都是一种由多个个体参加的制度外政治行为，不同的是集群行为带有很大的自发性，而社会运动是具有一定组织化的政治行为[22]。社会运动介于集群行为和常规政治之间，包含范围较广，其组织化程度可高可低，所追求的社会变革可大可小，体制化程度也高低不等，一个社会运动的制度化程度越高，也就越接近常规政治[22]。在社会变迁过程中，集群行为是社会运动的开端，两者在某种意义上遵循相似的规律，并无绝对界限[162]，因此可被纳入统一的框架加以研究[22]。

二 集群行为两阶段发生机制

集群行为参与不是一蹴而就的，而是基于动员的过程。奥格玛和克兰德曼斯根据对荷兰某次反核武器示威活动的跟踪调查[163]，发现集群行为并不是一个"是否"的问题，而是一个逐步深入或逐步淡出的过程，即在"参与"和"不参与"这两个最终状态之间还有很多中间状态。

在集群行为参与过程中民众会经历三种状态：日常生活状态、行动待发状态（Action Readiness）和实际参与状态[29]。在稳定的环境中，一般群众处于日常生活状态；当民众产生集群行为的念头时，他们的状态从日常生活状态转变为行动待发状态。处于行动待发状态的民众被称为"动员潜势"（Mobilization Potential），即社会控制视角下的"风险人群"。民众最终实施集群行为时才由风险人群转变为集群行为参与者。

因此，集群行为从开始到实施需经过两个动员过程[25]。首先是共识动员（Consensus Mobilization），即在公众中凝聚共识，达成具有集体性的一般化信念，让公众接受并支持集群行为发动的观念。共识动员的意义在于使民众走出日常生活状态，转而进入行动待发状态，成为集群行为的资源储备。其次是行动动员（Action Mobilization），其意义在于经过一定程度的资源整合和排除障碍后，发起行动，推动公众的实际参与行动。由于并不是所有处于行动待发状态的公众最终都会参加集群行为，在整个过程中不断出现人员流失，具备行动待发状态的公众中只有一部分会真正参与集群行为[29]。集群行为的整个发生机制如图3-1所示。

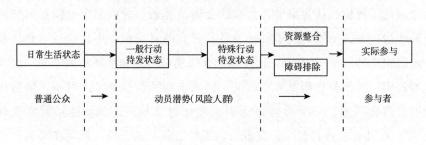

图3-1 集群行为参与状态的转换进程

资料来源：冯仕政：《西方社会运动理论研究》，中国人民大学出版社，2013，第13~94页。

农民工集群行为参与同样分为两个阶段。第一阶段，具备集群行为的参与意愿，即农民工在权益受损后，形成不公平处境的集体性归因时，产生了通过集群行为维护权益的意愿；具备参与意愿的农民工已经形成集群行为潜在风险，是集群行为预防的关键节点。第二阶段，是集群行为参与行动的实施阶段，在集群行为参与意愿的基础上，经过人际、组织资源整合，行动待发状态的农民工最终参与到集群行为中。因此，需将农民工的集群行为分别通过参与意愿和参与行动两阶段来考察。

三　农民工集群行为概念细分

农民工群体通常采取围堵政府机关、集体罢工、聚众闹事、围堵交通，甚至打砸破坏、暴力冲突等诸多方式来维护自身权利、发泄心中的不满情绪[129]。根据处理方式的理性程度可以分为两大类[164]。一类集群行为兼具非组织性、对抗性和暴力性，行为方式具有非理性。冲突的一方是直接利益相关或非直接利益相关的农民工，另一方则是政府或企业。利益冲突一旦达到特定的临界点，便可能产生失去个体意识、形成集体心理的局面，进而诱发难以控制的集体暴力。诱发原因如拖欠工资、新政策出台的负向效应，以及对判罚处理不服等。另一类集群行为更具组织性和计划性，行为方式具有一定理性。行动过程受具备高水平组织协调能力和判断力的意见领袖的引领和控制，其行动目的明确，分工细致，形成了稳定的组织体系。这一类集群行为更加注重利益诉求的法律依据，倾向于采用"依法抗争"的形式（如罢工）来维护其政治权利和经济利益。农民工集群行为依动因和形式而采取多种不同措施，但总体上的行为方式兼具两类集群行为的特点，既有非理性成分，又兼具理性；群体既可以相对分散，又可以具有较强的组织性；抗争方式在初期能够依据法律，但也会诱发集体暴力。

梯利将集群行为分为"竞争性"、"反应性"和"主动性"三种类型[165]。竞争性集群行为是群体间为争夺同一资源发生的冲突；反应性集群行为是资源不平等的相对弱势群体的抗争；主动性抗议是抗议者积极主动地保护自身权益不受侵害，或要求新的权利的行为。农民工的集群行为以经济利益纠纷为主，目前多是权益受损后的维权抗争行为，属于"反应性"集群行为。随着民主化进程的推进，公民权利意识的觉醒使得新生代农民工集群行为表现出从"反应性"向"主动性"转变的趋势[130]。由于现阶段制度化维权渠道的欠缺，农民工集群行为往往是权益受损后采取的非制度化维权手段。

因此，本书将农民工集群行为定义为：农民工在遭受权益侵害或产生权利诉求后，由利益相关者临时聚集形成的偶合群体，为维护利益目的或表达利益主张，而采取的如签名请愿、罢工抗议、聚众闹事等以获取相应利益或达成利益表达的制度外群体抗争行为。

农民工集群行为不是一蹴而就的，而是经由共识动员和行动动员两个过程逐步形成的。经过共识动员阶段使普通民众具备集群行为的参与意愿；在具备参与意愿以后，在行动动员阶段通过资源整合使民众实施集群行为。在以往的研究中往往较多关注集群行为的实际行动，但本书认为具备参与意愿则已形成风险人群，也应纳入研究范畴。因此，集群行为应包括参与意愿和参与行动两个阶段，在一系列影响因素作用下，农民工产生集群行为参与意愿，然后经过资源整合最终实施集群行为，其发生机制如图 3-2 所示。农民工在集群行为过程中存在具备参与意愿和实施参与行动两种状态，对农民工集群行为的参与意愿和参与行动分别定义如下。

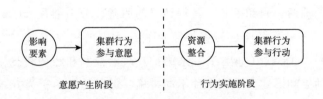

图 3-2　农民工集群行为概念细分

农民工集群行为的参与意愿：农民工在遭受权益侵害或产生权利诉求后，基于怨愤心理，经由他人动员和自身抗争意识而产生的通过群体抗争来维权或表达利益诉求的群体一致性意愿。

农民工集群行为的参与行动：农民工基于偶合群体的一致性意愿，经由资源动员和策略制定，采取集体上访、集体罢工、聚众闹事、暴力冲突等方式来实施维权或利益表达行动的群体一致性行为。

第二节　政治过程模型及适用性分析

一　政治过程模型

（1）政治过程论基础思想

政治过程模型是政治过程论解释社会运动发生机制的核心框架，起源于政治体模型。政治体模型是政治过程论的第一个理论模型，其突出贡献是将弱势群体的抗争与精英阶层的社会运动区别开来，是专门针对弱势群体的社会运动研究模型[36]。

图 2-5 所示的政治体模型包括三大要素：政治体（Polity）、管制机构（Government）和斗争者（Contender），斗争者又分为成员（Member）和挑战者（Challenger）。政治体模型认为在一个政治体中，所有人都在为自身利益而斗争。政治体内的成员可以通过管制机构的常规渠道对政府施加影响，因而获得较高回报的资源；而被政治体排除在外的挑战者接近管制机构的渠道有限，难以影响管制机构，在资源分配中处于弱势地位。于是挑战者为争取资源而进行抗争，抗争途径有三种：（1）设法进入现有政体，成为体制内群体，如公务员等；（2）改变现有政体以便把自己包容进去；（3）打破现有政体。由于这三种选择成本都较高，事实上在一个相对稳定的社会环境中，民众更常采用的是相对缓和、组织化的方式，如通过集群行为进行抗争[114]。

（2）政治过程模型

基于政治体模型区分政治体内成员和政治体外挑战者的思想，麦克亚当构建了政治过程模型，用以解释被排斥群体的社会运动。

政治过程模型认为社会运动的形成是在一个宏大的社会经济过程（Broad Socioeconomic Processes）中产生的，如战争、工业化、城市化、大规模的人口迁移以及国际政治的变化等能够导致社会变迁的历史背景。宏观社会经济变迁过程中产生的三个要素导致社会运动的集中爆发：外部政治环境中不断扩大的机会（Expanding Political Opportunities Structure）、群体内部组织（Indigenous Organizational Level）和认知解放（Cognitive Liberation）。

其中，政治机会和群体内生组织构成社会运动的结构潜能，结构潜能经过主观认知解放过程转换为社会运动。只有三要素共同作用，社会运动才会发生[24]。政治过程模型如图2-6所示。

1) 政治机会的扩张

政治机会结构（Political Opportunity Structure，POS）指的是社会变迁过程中较为常规、稳定的政治环境结构[166]，以"各利益团体获取权利并影响政治系统的可能性和能力"为表征[35]。

在宏观社会经济过程的影响下，政治结构不断变动，从而产生政治机会。社会变迁从四个方面造成政治机会结构的变化[24]。第一，原来被政治体排除在外的社会群体，在结构转型过程中对政治体的影响力突增。如专制体制国家在改革开放时，政府为保证经济改革成功，改革其执政方式。政治松动打开了底层群体的利益表达缺口，为各类集体性抗争行为提供了政治机会。第二，旧的政治平衡被破坏，新的政治平衡还未建立。变迁社会中某一特殊群体（如农民、黑人、中产阶级）的崛起会打破固有社会阶层结构，新阶层为维护自身权益开始表达利益诉求，产生社会运动。第三，政治精英的分裂，如国家党派之争导致各党派为拉拢社会各群体的支持而为其提供政治发言权，产生政治机会。第四，社会上有势力的团体组建了新的社会运动联盟。

宏观政治机会结构的变动给社会运动爆发造成契机。政治机会的产生一方面缩小了抗争群体与其他群体之间的力量差距，另一方面显著增加了政府对社会运动的控制成本[24]。因此，社会运动发生的宏观结构要素是社会变迁过程中产生的政治机会。

2) 群体内部的组织

政治环境变动仅仅是为特定群体提供了有利的抗争机会，而群体内部资源的运用才能使其真正抓住有利机会以达成利益诉求。抗争群体必须通过动员将有利的政治机会结构"转化"为有组织的社会抗争行为。

在动员过程中，精英阶层作为政治体内部的获益群体通常并不直接参与抗争，而是扮演保守的支持者角色[37]。社会运动的真正原动力植根于底层群体本身的内生组织和网络[113]。内生组织从三方面为社会运动的产生提供资源：首先，内生组织中现有网络成员和领导者为社会运动的发生提供人员基础；其次，内生组织为参与其中的成员提供实质性诱因结构（Established Structures of Solidary Incentives）以及提供人际交往的满足感以使公众乐于参与其中；最后，内生组织为社会运动的迅速扩张提供传播网络[37]。因此，社会运动的动员成败取决于底层群体内生组织的强度[37]。

此外，内生的正式组织绝不是抗议动员结构的唯一组成部分，其他非正式组织包括宗族和友谊关系，以及参与者之间的非正式网络，同样构成动员的重要组成部分[92]。因此，社会运动发生的中观结构要素是底层群体内部的组织和社会关系网络。

3）认知解放

政治机会结构和群体内生组织共同形成社会运动的结构诱因。在具备有利的宏观政治机会和中观的内生组织后，社会运动就形成了"结构潜能"[37]。但结构诱因不足以引发社会运动，麦克亚当引入了主观"认知解放"过程的文化主义视角[113]。只有当被政治体排斥的群体开始把自身的不公平遭遇归因于主流政治制度，即"对不公平处境形成集体性的一致认知，认为需要通过群体行动来改变不利处境"时[30]，社会运动才能真正发生[24]。认知解放在结构潜能到社会运动中间扮演着关键的转化角色。因此，社会运动发生的微观意识要素是底层群体对其弱势处境一致性认知的认知解放过程。

综上所述，社会运动的发生首先是基于社会变迁过程中产生的结构条件：一是不断扩张的政治机会发出信号，使公众意识到通过社会运动影响政治体制、获得利益诉求的可能性；二是底层群体内生组织和人际网络，聚合了大量同质化的个人（Homogeneous Individuals），通过互动使得网络内部群体构成社会运动动员的重要组成。其次，结构条件通过底层群体对其不利处境产生集体性认知的认知解放过程发展为真正的社会运动[113]。

二　政治过程模型对农民工集群行为的适用性分析

（1）农民工集群行为的现实情境

农民工是城镇化过程中阶段性区域发展不均衡产生的特殊群体。随着社会经济的发展，生产效率的提高使得农村大量剩余劳动力溢出，由第一产业向第二、三产业转移。但由于长期的二元隔离，农民工虽在城市中流动却难以定居，处于"流而未迁"的状态，造成其客观和主观的双重不稳定。由于长期居于弱势地位导致的资源禀赋匮乏，使得农民工的权益易遭侵害，却难以通过正式渠道维权，只能通过同乡会、同业组织等形式，形成影响越来越大的社会动员力量[167]。近年来以农民工为主体的群体性事件频发，不能简单归结为偶然问题，应该综合社会转型中的结构性等因素进行深入探讨。

首先，由于中间组织效用不足，以农民工为代表的弱势群体利益诉求难以进入政治系统。现有的如工会、妇联、居委会、行业协会等组织基本按照国家正式模式组织。在常规组织中自上而下的传达非常通畅，而自下而上的沟通存在阻碍[168]。由于长期实行的二元户籍制度，以及建于其上的表达机制使得农民工虽然常年在城市中工作、生活，但其所享受的政治权利仅在农村范围内执行。"半市民化"状态下的农民工群体处于城乡夹层，匮乏的话语权无形中堵塞了该群体自下而上的利益表达，使其诉求不被上层组织所完全了解。底层不满情绪不断积累，在超过一定阈值的条件下可能集中爆发，形成自下而上的压力释放。

其次，城镇化进程中国家法律制度不断完善，但农民工维权的法律保障体系依旧不完备。虽然目前立法、司法等部门以及信访、诉讼等有效维权机制已经日趋完善，但对于农民工来说，目前的正式渠道仍存在耗费过大、耗时过长的问题。农民工由于收入、教育不足的生计资本弱势性，在实际中难以通过制度化渠道进行维权。总体上的制度结构因素使得农民工易形成集群行为高风险群体。

再次，政府应对冲突的处理方式不当，在一定程度上助长了民众的"闹大"习惯。政府对冲突的处理在很多时候是非制度化、非程序化、非普遍性的，处理问题的程序取决于民众的反应，即"闹大"的程度。结果便是鼓励了机会主义，使得民众习得遇到问题便采取"闹大"方式的惯性。在权益遭受侵害时，倾向于通过非制度途径把问题扩大化到政府不得不解决的程度，迫使政府出面干涉，形成恶性循环。

适度冲突有助于社会系统的良性发展，集群行为作为社会运动的开端，是社会变迁过程中利益分化群体以冲突形式表达其诉求，以获得更多利益分配的群体行为。转型阶段频发的农民工集群行为偶然事件背后透露出结构上的必然性。以农民工为主体的集群行为频发，其背后深层次的原因是农民工群体的权利诉求表达渠道不畅，而有效地协调机制能够保证冲突对社会系统不造成重大损伤。因此，农民工集群行为研究离不开对社会变迁历史背景的考量，若要对农民工集群行为进行全方位系统的研究，需从社会运动的系统解释框架入手。

（2）政治过程论的适用性分析

1）政治过程论的一大突出贡献是区分了精英阶层和弱势群体的集群行为，重点关注的是弱势群体的抗争，适用于农民工的社会角色。

政治过程论基于政治体模型提出，其突出贡献是将弱势群体的抗争与精英阶层区别开来，是专门针对弱势群体的社会运动解释模型[36]。该模型将人群分为政治体内成员和政治体外被排斥群体，认为政治体内的成员可以通过常规渠道对政府施加影响，从而获得较高利益分配；而政治体外被排斥群体接近管制机构的渠道非常有限，难以影响政府，在资源分配中处于弱势地位。被排斥群体想要影响政府可以有三种选择：其一是进入政治体内部，成为体制内成员；其二是改变现有政体结构，将自身容纳进去；其三是打破并重构现有政治体。由于这三种选择成本较高，在一个相对稳定的社会环境中，民众更多选择相对缓和、组织化的方式来表达利益诉求[114]。于是，弱势群体为维护自身利益进行抗争便产生了社会运动。

政治过程模型的理论核心就在于区分成员和被排斥群体的区别，认为政治体内的成员是相对保守的、在体制内受益的，他们不会主动挑战政治体制，而政治体外的被排斥群体不得不通过发起群体抗争来维护自身利益[24]。这一模型认为社会运动是被排斥群体通过非制度化手段，动员足够多的筹码以推进集体利益的努力[30]。因此，政治过程论在理论出发点和研究对象上均适用于针对农民工等弱势群体的集群行为研究，可以用作农民工集群行为研究的基础理论。

2）政治过程论着眼于社会变迁进程，认为社会运动集中爆发于诸如战争、城市化等宏大的社会经济进程中，在研究视角和研究背景上适用于中国现阶段的城镇化历史发展背景。

社会经济变迁过程本身伴随着政治体制从封闭走向开放的过程。政治过程模型指出，社会运动的形成是在一个宏大的社会经济过程中产生的，如战争、工业化、城市化、大规模人口迁移以及国际政治变化等能够导致社会变迁的历史背景。基于这个产生背景，政治过程论认为在完全封闭或完全开放的政治体制下都不容易发生集群行为，只有在政治体制从封闭走向开放的半封闭半开放过程中，才会引起集群行为的集中爆发。

改革开放以来，中国逐渐从较封闭的威权社会走向更加开放的民主社会。中国政治制度发展随着经济社会的不断开放，原本集权的系统被打开，以完善法律体系、人民代表大会制度、信访诉讼制度，以及法院、信访办等部门建设为基础，将权力逐级下放，赋予民众更多话语权，政治体制逐渐由封闭走向开放。但由于传统二元制度对农民工利益表达阻碍具有持续性影响，使其在制度体系中处于相对排斥地位，因此，现阶段政治体制对于农民工群体而言是一个半开放半封闭状态，农民工权利保障和利益表达仍相对困难。当下半开放半封闭的制度环境是农民工集群行为集中爆发的社会背景。因此，政治过程论的理论背景适用于中国现阶段的城镇化转型的发展背景。

3）政治过程论中的三要素基本可以涵盖其他社会运动理论，是一个更加系统性的解释框架。

资源动员论和框架建构论是当下与政治过程论鼎足而立的社会运动三大解释理论。政治过程模型认为，在宏观社会变迁过程中产生的三个要素共同影响集群行为的发生，其分别是：政治机会结构、内生组织和认知解放。政治机会结构是宏观制度层面的因素，用于描述社会民主化进程中制度结构变化的场域背景；内生组织指的是底层抗争群体内部的社会组织和网络，可以涵盖资源动员论对于集群行为动员机制的解释；认知解放是个体及群体意识的变化过程，本质上是一个框架建构的过程，与框架建构论的内容相契合。因此，政治过程模型可以涵盖目前针对社会运动研究的主流理论模型，是一个包含多层因素的系统分析框架。

由于任何社会现象的产生都不是单一要素的结果，尤其是农民工集群行为这样的复杂问题，必然是宏观制度、中观组织和微观意识共同作用的结果，在研究过程中需要构建系统的解释框架。而政治过程论正是这样一个涵盖宏观、中观、微观视角，更能够囊括其他关键理论的系统分析框架，从其理论构成的系统性上来看，可以作为农民工集群行为研究的基础理论。

政治过程论一方面在其研究视角和研究对象上与中国城镇化社会情境和农民工的弱势群体社会角色相契合，另一方面由于其理论系统性，较为适用于解释农民工集群行为这类涉及多层因素的复杂社会问题。综合来看，政治过程论作为农民工集群行为研究的基础理论，是具有优势的。但由于政治过程论是基于西方特殊社会、政治、文化背景提出的，若用于中国农民工群体的分析，需结合中国城镇化社会情境和农民工群体特征做出较大本土化修正。

第三节　农民工集群行为发生机制的概念框架

一　城镇化结构转型的社会情境

中国城镇化越来越成为推动社会变迁的重要动因，随着城镇化进程的推进，人口在空间和产业上发生大规模流动，中国从传统农业社会不断向现代城市社会转型。根据政治过程模型，社会运动的集中爆发始于宏观社会经济进程产生的一系列社会结构变迁，即在社会结构从一个稳态到另一个稳态的变迁过程中往往引发大规模社会运动。作为社会运动的开端，农民工集群行为不可避免地受到中国城镇化社会变迁引起的结构性诱因影响。

首先，城镇化进程中的阶段性区域差异造成大规模人口流动，城市地区流动人口聚集在宏观上弱化了城市治理能力，在一定程度上增加了农民工集群行为发生的可能。伴随着城镇化进程的推进，东南沿海地区和部分大城市迅速崛起，拉大了国内区域差距。随着社会生产效率的提高，农村劳动力得到解放，释放出大量农村剩余劳动力，形成了农村人口流动的农村推力；城市第二、三产业发展较快，劳动力需求迅速增加，形成了农村人口流动的城市拉力。区域、产业间经济发展的不均衡使城乡劳动力供需失衡，在城市拉力和农村推力的综合作用下，农村剩余劳动力从内陆欠发达地区流向经济较发达的东南沿海地区和大城市，从第一产业向第二、三产业转移，形成了城市地区人口聚集的态势。大规模流动人口聚集于城市，一方面，挑战了城市环境资源的承载力和政府治理能力，使得原本根据户籍人口分配的管理资源和社会保障资源相对不足，弱化了城市社会系统的管控和服务能力；另一方面，制度、社会和文化区隔造成城乡人口群体分化，形成城市内部的新二元社会，与传统城乡二元的群体区隔不同的是，新二元社会下不同群体处于同一社会场域，群体内部凝聚力很强而群体间距离较远，为农民工同质性群体聚集提供了动员资源。

其次，与城镇化发展相伴而生的社会民主化在宏观上为农民工集群行为创造了政治机会，在微观上催生了农民工的公民权利意识。随着城镇化进程的推进，制度和法律法规不断完善，不同利益群体的话语权逐步实现。与此同时，民众的公民权意识也不断进步。和谐的社会民主化进程是制度与公民意识的同步发展，但现阶段民众公民权利意识的提升速度快于制度建设，表现为公民对平等权利的诉求越来越强烈，而现有制度自上而下传达通畅、自下而上反馈堵塞，造成了制度与公民意识发展不匹配的矛盾。这个矛盾在农民工群体中尤为突出。农民工在流动过程中实现了再社会化过程，由于受到城市公民文化的浸润，其政治意识从传统的臣民意识转变为更为现代化的公民意识。在城市制度和社会双重排斥下，农民工群体对平等的权利诉求更为强烈。作为城市社会的底层，农民工不仅话语资源有限，向上反馈的渠道也相对较少，产生了常规渠道利益表达困难、仅能寻求制度外利益表达方式的后果，构成了集群行为爆发的重大隐患。

因此，在新型城镇化社会背景下，以人口大规模流动和社会民主化进程为表征的社会结构变迁是农民工集群行为集中爆发的结构性缘起。具体地，城镇化进程中的人口大规模流动与社会民主化进程引起的社会场域和农民工群体在宏观结构、中观组织以及微观意识三方面的变革后果，共同导致了农民工集群行为的产生。

二 农民工集群行为概念框架构建

城镇化进程中的人口大规模流动和社会民主化进程引发了宏观制度变革、中观组织变革和微观意识变革的全方位结构转型。在宏观制度变革中，政治结构的不断开放为集群行为的产生提供了政治机会，人口的大规模流入对城市社会管控和服务能力形成了新的挑战；在中观组织变革中，农民工的流动过程造成其群体内生组织的变化，在流入地重构的同质性社会网络为其集群行为的实施提供了动员资源；在微观意识变革中，农民工流动的再社会化过程影响其政治意识的现代化，催生出公民权利意识，提高了农民工群体权益保护的抗争意识。社会变革产生的政治机会、社会控制、认知觉醒和动员资源四类因素以特定的影响路径共同作用，造成了农民工集群行为频发的社会后果，如图3-3所示。

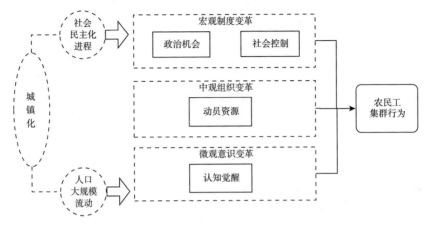

图3-3　城镇化进程中的社会变革

（1）宏观制度变革

城镇化过程中的宏观制度变革引起了政治机会结构和社会控制能力两方面的变化。

一方面，社会民主化过程中的利益表达渠道不断完善，为农民工进行制度外利益表达提供了政治机会。改革开放以来，中国民主协商的政治结构不断完善，正式渠道不断放开，使得底层民众通过选举、信访等渠道表达利益诉求的机制愈加完善；同时，媒体在政治社会中的影响力越来越大，社会大众可以通过媒体在一定程度上影响政策的制定。正式渠道的完善和媒体的影响力扩大在一定程度上赋予农民工更多的话语权，为农民工进行利益表达提供了机会，即政治系统论中所谓的政治机会，为农民工集群行为的发生提供了可能。一方面，政治机会对农民工集群行为有直接促进作用。农民工群体直接的政治参与机会相对较少，难以通过常规渠道来影响上层决策而获得利益分配。这在一定程度上促使农民工选择通过非制度化方式解决问题的策略。这一策略倾向于采取激烈的方式，通过协商性强的非正式渠道进行利益表达，形成集群行为[24]。另一方面，政治机会通过提升公民权利意识，进而间接影响农民工的集群行为参与。政治机会是随着政治系统开放过程赋予农民工话语权而产生的。话语权在某种程度上增强了农民工的权利意识，使其产生了利益表达愿望。但由于农民工作为底层群体难以通过常规渠道进行利益表达，因而寻求集群行为的制度外方式解决问题。因此，政治机会从直接作用和间接作用两方面来影响农民工的集群行为参与。

另一方面，人口大规模流入弱化了城市社会的管控和服务能力。欧伯萧认为一个社会的纵向整合越差，越容易发生集群行为[107]。所谓纵向整合，即普通民众与权力结构之间的整合，能够起到社会控制的作用，纵向整合越差，民众积累的怨气就越多。通常社会通过权力结构与民众间的纵向整合进行社会控制。在一个相对稳定的社会中，所有民众都被纳入控制范围之内，形成有序的稳定体系。而当农民工流入城市社会，断开原有纵向关系，在流入地与当地权力机构重新进行纵向整合时，就需要城市社会具有足够的吸纳能力将其纳入社会控制范围内。然而，长期以来实行的户籍制度及附着其上的社会保障、用工等一系列制度使得农民工被排斥在城市制度体系之外。加之农民工普遍处于城市社会底层，往往被城市主流社会排斥在外，从而在城市中受到制度和社会的双重排斥。这使得农民工在流入地难以构建强有力的纵向整合关系，在很大程度上弱化了流入地政府和社会对农民工的社会控制能力，使其无法对农民工集群行为形成事前预防和有力的事后控制，不仅增加了集群行为潜在风险，还难以控制集群行为的社会影响。

因此，城镇化进程中的宏观制度变革通过增加政治机会和弱化社会控制，构成农民工集群行为的制度结构动因。

（2）中观组织变革

城镇化进程中针对农民工群体的组织结构变革，是其在流动过程中的社会网络重构，为农民工集群行为提供了动员资源。根据资源动员论，集群行为的实施成功与否取决于能否动员到足够多的资源，包括人力、物力、时间等各类可以为集群行为提供支持的资源，其中以社会关系网络为主。在集群行为发生的两个阶段中，动员资源并不直接影响集群行为参与意愿的产生，而是在已具备集群行为参与意愿的抗争群体实施集群行为的第二阶段动员过程中发挥作用。农民工集群行为通常是其在城市中面临劳动权利侵害时的抗争行为，在形式上属于初级聚众行为，因而在组织集群行为时最重要的资源便是人员配置。个体社会网络因此成为农民工集群行为最重要的资源。与常驻一地的居民不同,农民工的流动过程伴随着原有社会网络资源的断裂,以及在城市中社会网络的再构建过程。农民工集群行动实施过程所需要的资源,一般来自其在城市中新构建的社会关系。

因此,城镇化进程中的中观组织变革通过改变农民工的内生组织,构成中观上农民工集群行为参与的组织结构动因。动员资源的作用是在农民工具备集群行为参与意愿后,影响农民工集群行为的实际行动。农民工的流动造成其内生组织发生变化,在城市中进行社会网络再构建,集群行动实施过程中的动员资源来自其在城市中重构的社会关系。

(3)微观意识变革

城镇化过程中的微观意识变革是农民工公民权意识的觉醒。由于历史上长期处于封建帝王统治之下,所以中国社会以传统的臣民文化为主。与城镇化进程相伴随的社会民主化过程强化了公民的权利意识。公民意识是公民对宪法和法律规定的权利和义务的认知、理解和态度,以及对实现自我权利的方式选择的心理反应,包括权利认知、权利主张和权利要求[169]。平等的权利意识的形成,是权利认知、权利主张和权力要求的逐步实现。当公众的权利认知达到一定程度,有了一定权利主张后,便容易识别出自身遭受的不平等待遇,进而提出权利要求。在制度上的政治权利兑现不及时的情况下,便会爆发抗争性的维权活动,如集群行为。农民工在流动过程中受到城市公民文化的浸润,由传统乡村社会的臣民文化逐渐向公民文化转变,公民权意识逐渐增强。公民权意识促使农民工形成对其不公处境的一致性归因,促使其通过集群行为表达权利平等意愿。

因此,城镇化进程中的微观意识变革通过促进农民工公民权意识的觉醒,构成微观上农民工集群行为参与的意识动因。

(4)农民工集群行为概念框架

农民工集群行为分为意愿产生和行为实施两个阶段,对农民工集群行为产生影响的政治机会、社会控制、认知觉醒和动员资源四类要素,分别作用于集群行为发展的不同阶段。

农民工集群行为第一阶段——意愿产生阶段受到认知觉醒的直接影响。根据前文提到的农民工集群行为概念维度扩展,农民工集群行为首先需要产生参与意愿,即农民工在权益遭受侵害或产生权利诉求后,基于怨愤心理,经由他人动员和自身抗争意识而产生的通过群体抗争来维权或表达利益诉求的群体一致性意愿，这是农民工集群行为的第一阶段。在意愿产生阶段，认知觉醒作为意识要素直接作用于农民工个体心理，在公民权意识的作用下，农民工形成对自身不公平处境的集体性归因，产生了通过集群行为达成权利平等的意愿。因此，认知觉醒因素单独影响农民工集群行为的参与意愿。

农民工集群行为第二阶段——行为实施受到动员资源的直接影响。农民工集群行为在参与意愿产生的基础上进一步实施行动，即农民工基于偶合群体的一致性意愿，经由资源动员和策略制定，采取集体上访、集体罢工、聚众闹事、暴力冲突等方式，实施维权或利益表达行动的群体一致性行为。在农民工组织集群行为的过程中，以社会网络为基础的动员资源是发挥资源配置作用、决定集群行为能否成功实施的关键。因此，动员资源因素仅在意愿产生后进行行动动员的过程中发挥作用。

政治机会和社会控制贯穿两阶段的影响。宏观制度变革产生的政治机会和社会控制因素作为集群行为发生的结构动因，既作用于集群行为参与意愿，又作用于集群行为参与行动。政治机会一方面直接促使农民工产生集群行为参与意愿，另一方面通过认知觉醒的中介作用作用于集群行为意愿。影响机制如图3-4所示。

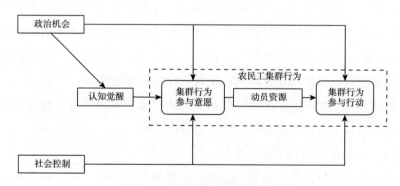

图3-4 农民工集群行为影响机制

综合以上分析，现阶段城镇化进程是农民工集群行为发生的特定社会情境。城镇化进程中的人口大规模流动和社会民主化产生的宏观制度变革、中观组织变革和微观意识变革共同作用，形成政治机会、社会控制、认知觉醒和动员资源四类要素影响农民工集群行为。因此，农民工集群行为概念框架如图3-5所示。

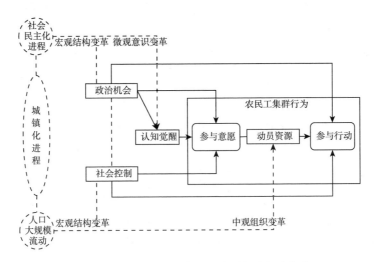

图3-5 城镇化进程中农民工集群行为概念框架

第四节 农民工集群行为发生机制的分析框架

一 新型城镇化区域差异的社会情境

基于前文论证，城镇化的社会变迁进程从宏观制度变革、中观组织变革和微观意识变革三方面为农民工集群行为集中频发提供了结构性根源。但在新型城镇化战略提出后，中国城镇化社会情境产生了新的变化，主要表现为城镇化模式存在区域差异。中国城镇化进程存在城市和农村、沿海和内陆的显著地域性差异。以农民工流动距离为标准，在改革开放初期经济迅速崛起中发展起来东南沿海地区和主要大城市以农民工异地流入为主、就近流动为辅；而在新型城镇化提出以后发展起来的内陆中小城镇以农民工就近流动为主。随着新型城镇化的发展，农民工产生了群体分化：一方面，区域贫富差距使得农民工群体继续向大城市集中[20]，该地区虽也存在部分就近流动的农民工，但农民工主体以跨省的异地流入为主，可以简要称为异地城镇化地区；另一方面，人口流向开始向以东南沿海城市带为重点流入地区、内陆城市群为新的集聚地区的多中心模式转变，形成农民工就近城镇化为主的地区。因此，新型城镇化背景下形成的异地城镇化和就近城镇化差异性区域并存的现实背景，成为研究农民工的集群行为必须考量的特殊社会情境。

异地城镇化地区农民工以远距离流动为主，流入地是在改革开放初期以工业化为直接动力的传统城镇化中发展起来的东南沿海地区和主要大城市。传统的"自上而下"的城镇化发展模式依靠政府的行政力量迅速建立起独立的工业体系，形成了城市化迅速扩张的局面，从而奠定了中国城镇化的基础[47]，建立起数个城市群。其中，京津冀城市群、长三角城市群、珠三角城市群、辽中南城市群、山东半岛城市群、中原城市群、成渝城市群、长江中游城市群等较大规模的城市群，以不足一成的土地面积承载了全国将近四成的人口，并承担了一半以上的GDP[48]。这些城市群的大规模工业和制造业中心吸引了大量远距离流动的外来人口前来务工[49]。这些城市外来人口数量远超本地居民数量，出现了严重的"人口倒挂"现象[49]。部分核心城市也成为中国典型的移民城市，如深圳市是中国最大的移民城市，也是中国"人口倒挂"最严重的城市。由于社会保障、基础设施等社会治理体系主要依据户籍人口规模建立，流动人口比例过高导致农民工被排斥在流入地社会治理体系之外，在一定程度上弱化了流入地的社会控制能力。一方面，基于户籍制度等一系列制度性障碍的存在使得大部分农民工主要集中在次级劳动力市场[170]，并使得农民工停留在"流而不迁"的状态，难以成为流入地的永久居民[171]，这造成在制度性根源上难以保障农民工的权益；另一方面，制度化利益表达渠道虽不断完善，但对农民工等弱势群体而言仍相对欠缺，造成了其进行集群行为的制度外维权的潜在社会风险。异地城镇化地区较远空间距离的迁移使流动者脱离了原本熟悉的关系网络。面对社会场域的变化，农民工不仅需要重构社会关系，凝聚新的社会资本，还需要适应流入地的生活方式和社交模式。一些原有的语言、生活习惯等与流入地的主流社会也会存在明显差异，加之制度隔离与主观歧视，他们中的绝大多数必然会经历一个包含经济利益[172]、社会交往[173]、身份认同[174]的隔离过程。重新融入的过程、速度和结果，都会影响他们的心理和行为[175]，形成集群行为的潜在风险。

就近城镇化地区是在新型城镇化战略提出后发展起来的内陆中小城镇。针对不同国家城镇化模式的优缺点以及中国城镇化过程中的现实问题，党的十八大提出中国要推进"新型城镇化"，并在《国家新型城镇化规划（2014—2020年）》中明确了中国未来的城镇化发展路径是要走中国特色新型城镇化道路。新型城镇化战略以科学发展观为统领，以可持续发展为内涵，追求经济、社会、自然的协调发展，以实现区域统筹与协调一体为重点内容，追求城乡一体化发展[51]。新型城镇化自下而上的城镇化模式以发展农村乡镇企业、农村剩余劳力就近转化为主要内容[52]，就近（地）城镇化模式则成为新型城镇化建设的必然选择[19]。由于农村劳动力的剩余情况取决于农时，农闲时进厂务工的农村剩余劳动力体现了农民向工人转化的特有过程。以农村人口就近就地转移与空间集聚为表征，形成了以中小城镇为中心的就近城镇化过程[176]。随着中小城镇经济的发展，吸纳了大量就近流动的兼业农民工，他们在农闲时进厂务工，"离土不离乡，进厂不进城"，是独存于中小城镇中农民向工人转化的特有城镇化过程，形成了与大城市相区别的农民工劳动力队伍。与远距离流动不同的是，就近流动的农民工已有的社会关系仍能保持紧密联系，文化及生活习惯变化不大。因此，就近城镇化地区的社会场域更加稳定，不容易爆发大规模集群行为。但在从传统农业社会向新型工农模式转变的过程中，一些隐在的社会问题逐渐暴露，原有管理制度难以适应新的社会结构转变，基层政府管理模式受到挑战，尤其是农民工权益保护制度匮乏，易形成集群行为爆发的潜在危机。

综合以上分析，现阶段新型城镇化进程中存在异地城镇化和就近城镇化差异性区域并存的社会现实背景。一方面，基于传统城镇化发展起来的沿海大城市城镇化率达到70%以上，这些区域的流动人口持续增加，并以异地流动的中青年劳动力为主，形成了异地城镇化地区；另一方面，在新型城镇化战略提出以后中西部地区中小城镇通过经济发展吸引了大量就近流动的农民工群体，形成了就近城镇化地区。由于城镇化进程是造成农民工集群行为的结构性根源，那么在新型城镇化背景下的不同城镇化模式区域差异则是在农民工集群行为问题研究中需要纳入考虑的操作化社会情境因素。

二 政治机会结构

（1）基于政治系统论的利益表达机制

政治系统论将政治过程视为外界环境与政治系统之间通过要求输入、输出不断互动的过程[177]，如图3-6所示。政治系统内成员的要求或支持通过沟通渠道不断地输入系统内部，经过政治系统处理，最终以决策和行动的形式输出，以满足系统成员的期望[177]。输出以反馈形式返回给系统成员，继而产生新的要求并再次输入政治系统内部，如此循环往复，政治系统得以可持续发展。

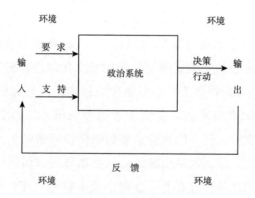

图 3-6 政治系统分析

资料来源：〔美〕伊斯顿：《政治生活的系统分析》，王浦劬等译，华夏出版社，1989。

政治系统的循环过程就是系统中两个重要主体——公众和政治系统的互动过程。公众的利益表达属于要求的输入，通过特定的自下向上的沟通渠道进入政治系统。国家的政治沟通渠道分为正式渠道和非正式渠道[178]，正式渠道是国家的正式制度安排，是政体内部设置的利益表达渠道，如人大、信访等制度化利益表达渠道能起到疏通民意的作用；非正式渠道包括自发组成的非正式、非营利组织和近年来新兴的各类媒体。在转型期阶段，国家政体结构处于不断调整的状态，正式渠道往往不能完全覆盖整个人群。当正式渠道无法将要求变为政策输出时，民众通过非制度化方式，经由非正式渠道，以压力形式直接引起政府部门的关注[131]。

公众与政治系统的互动过程产生政府信任，政府信任又是公众与政治系统下一阶段互动模式的前提。公众与政治系统过去的互动过程不断构建公众对政府的信任关系。政府信任是民众基于理性思考、实践感知、心理预期等对于政治系统的信赖[179]。由于互动持续进行，公众的政府信任水平也随之不断更新。公众与政府的互动建立在公众对政府信任的基础上，而互动的结果产生新的政府信任。

政府信任程度决定公众选择何种输入渠道。政府作为政治系统的正式渠道代表，基于对政府的信任使得公众对正式渠道的信息传递作用更加认可，进而倾向于选择正式渠道进行制度化利益表达。反之，若在前期互动中未构建出有效的政府信任，则公众对正式渠道的信息传递作用持怀疑态度，从而倾向于选择非正式渠道进行制度外利益表达试图影响政治系统，如发起集群行为。

基于政治系统论的利益表达过程机制如图3-7所示，在社会变迁过程中政治机会就是产自此互动过程。

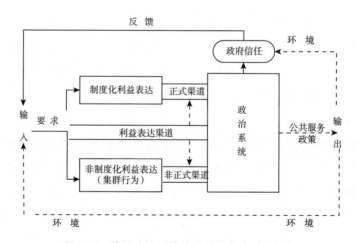

图3-7 基于政治系统论的利益表达过程机制

（2）政治机会的产生

城镇化的发展促使社会利益群体不断分化，政治结构随之向协商民主的公民社会发展。民主协商的前提是各利益团体沟通渠道的构建，通过完善自下而上的利益表达渠道，政治体制由传统中央集权体制逐渐走向开放[22]。政治机会结构通常以国家—社会关系（State-Society Relations）为基础视角，认为集群行为的发生和发展在很大程度上取决于国家政治体制的开放性。在社会结构变迁过程中产生的半开放半封闭的政治体制最容易引发集群行为[22,35]。

伴随着新型城镇化进程的社会经济结构转型，旧有社会结构逐渐向新型经济社会结构完善，当下处于发展阶段过程中的社会形成一个半开放半封闭政治体制。新中国成立以来的中央集权路线很好地保证了国内社会的稳步发展。随着市场化制度建立以来，权力逐渐下放，建立了听证会、人大公民旁听制度、群众信访、新闻舆论监督、民主对话与协商等各种新的公民参与形式。现阶段大多数民众的政治参与以间接参与为主，通过结构相对统一的利益代表团体进行利益表达，赋予底层群体更多话语权，产生了利益表达的政治机会。

在政治机会结构的操作化上，通常用政治决策的输入过程和输出过程来衡量，即"政治输入结构"的开放程度和"政治输出结构"的有利程度共同决定集群行为的爆发[180]。政治输入结构开放程度包括选举制度和政党制度两方面的测量[35]，具体有政党团体数目、立法机关的独立性、利益集团及其中介渠道、民意表达渠道；政治输出结构主要是政策制定和执行能力[180]。归纳所有政治机会结构的测量，大致可分为沟通渠道的政治系统开放性测量和政治系统的包容性测量两方面的内容。

首先，促使农民工集群行为爆发的政治机会，来源于以沟通渠道为代表的政治系统开放性。沟通渠道作为政治系统在群众中的渗透性指标，其有效性代表了当下中国政治体制的开放程度。农民工要求输入取决于他们对于所有可用的利益表达渠道有效性的判断和理性选择，包括正式渠道和非正式渠道。正式的利益表达渠道包括现有的诉讼、信访等制度和机构；非正式利益表达渠道主要是媒体、网络发挥的监督作用。正式和非正式渠道的不断显现增加了农民工表达利益诉求的欲望。由于中国政治制度相对稳定，城镇化的社会变迁过程中产生的正式和非正式利益表达渠道打开了原本封闭的政治系统，形成了半开放半封闭的政治体制，提供了农民工集群行为产生的结构动因——政治机会。

其次，政治系统的包容性对集群行为产生的是社会控制作用。根据政治过程论的原始理论政治体模型，被包容进政治系统的社会成员拥有通过制度化渠道影响政治系统的能力，而不需要通过集群行为的非制度化方式进行利益表达。只有被政治系统排斥在外，无法通过常规渠道影响政治系统的群体，才不得不采取集群行为的非制度化方式进行抗争。事实上，大部分社会内的成员不会被完全包容或完全排斥，其政治参与程度取决于该群体被政治系统的包容程度，政治系统的包容性越大，则社会成员的政治参与度越高，集群行为的参与就越低，进而能够发挥有效的社会控制作用。

三　纵向关系的社会控制作用

欧伯箫辩证地探讨了社会整合和集群行为之间的关系，认为社会的纵向整合越差，则集群行为的发生就越多[107]。所谓纵向整合即公众与权利结构之间的整合，反映政治系统的包容程度，对公众的行为起控制作用。

政治系统对农民工的客观包容程度以其正式组织参与为表征。中国的政治系统以政府为主导，其他正式组织辅助。由于农民工主体基数较大，直接利益表达的机会相对较少，以间接参与为主。政治系统中农民工群体的政治参与程度主要体现在其党团组织参与中。党团关系伴随农民工流动过程而迁移，在流入地的党团组织参与是与政党纵向整合关系的表现。除此之外，工会是直接整合大多数集体务工农民工的正式组织，工会一方面代表工人阶层的利益，另一方面扮演政府部门与底层工人之间上传下达的角色，是农民工与政府交互的渠道。因此，农民工在流入地结构上的纵向整合关系，主要体现为其在党团组织和工会等正式组织中的参与，代表了农民工被政治系统客观包容的程度。

农民工与政治系统在互动过程中产生的政府信任，代表了农民工对政治系统包容程度的主观认知。由于我国具有统一的政治制度[181]，政治系统便成为在此制度下的政府机构。政府信任既是农民工与政治系统的互动前提，又是其互动结果。农民工的政府信任一方面是政治系统对其包容度的衡量，对农民工集群行为产生控制作用；另一方面又直接影响农民工下阶段的要求输入方式选择，对政府的信任使其更倾向于选择制度化表达方式，而非集群行为参与。

因此，在农民工集群行为过程中扮演社会控制角色的是农民工在流入地的正式组织参与，以及其对流入地政府的信任水平。

四 横向关系的动员资源作用

根据资源动员论，怨愤心理不足以引发集群行为，能否动员到足够丰富的资源才是决定集群行为成败的关键[39]。在具备群体心理基础后，集群行为成败的关键便在于其动员结构（Mobilizing Structures）[24]。

欧伯箫将社会关系结构分为纵向整合和横向整合[35]，认为一个社会的横向整合越好，越容易发生集群行为。所谓横向整合，即普通民众内部关系的整合，为集群行为的组织提供资源支持。因此，集群行为动员过程中的重要资源便来自参与其中的个体既有的社会网络[146]，个体的社会网络越丰富，则集群行为参与的可能性越大[182]。

并不是所有的社会网络都构成集群行为的动员资源。农民工的集群行为动员与西方的"精英动员"完全不同，属于"草根动员"[157]，动员资源来自周围与其具有同样利益的人。从农村到城市的流动过程造成了农民工与其先赋性乡土社会关系的断裂，通过在城市的就业生活和社会交往，农民工逐步建构出新的社会关系。学术界将这种基于工具性的目标，主动与资源拥有者建立亲密关系的过程称为"社会关系再构建"。农民工集群行为动员资源来自他们在城市中新构建的社会关系，包括社会网络和非正式组织参与。

社会网络的关系规模和关系结构共同组成动员资源，关系规模衡量资源的数量，而关系结构代表了资源的质量。第一，农民工在城市的人际关系有地缘、亲缘性突出的特点，新构建的个体社会网络以基于地缘、业缘的老乡、同事为主，辅以少量具有血缘关系的亲属[183]。根据费孝通的"差序格局"理论[184]，国人的社会关系通常呈现由近及远的环状放射分布，距离圆心越远则关系越疏远。处于不同层次的人际关系，对于个体的影响效应也不同，社会学中对强关系和弱关系对人类行为的影响进行了充分探讨，认为强关系虽对群体具有很强的凝聚性，但弱关系在信息交换上更具优势[185]。近年来整家迁移的农民工越来越多，以血缘关系为基础的强关系不容置疑地可以为农民工集群行为提供强有力的支持；但"在家靠父母，出外靠朋友"，流动中的农民工往往不得不依赖于基于地缘和业缘建立起来的弱关系[158]。因此，以亲缘关系为代表的强关系，和以地缘、业缘关系为代表的弱关系，决定了农民工在城市中通常处于同一阶层且关系具有同质性。参与其中的个体通常具有同质性的情感感受和利益关联，是真正为农民工集群行为的"草根动员"提供资源的社会关系。第二，个体社会网络中的资本存量通过网络的达高性（网顶）、广泛性和多样性来衡量[186]，即个体所有社会关系中职业阶层越高、跨度越大、种类越多，则其社会网络的资本含量越高，越可以为集群行为的动员提供高质量的资源[187]。因此，关系规模和关系结构共同决定了个体为集群行为可调动的资源。

除个体社会网络规模外，农民工在城市中参与的老乡会等非正式组织也为集群行为提供了组织力量。组织是群体为实现特定目标，通过协作形成的社会团体。组织从两个方面对个体行为产生影响：一是组织规范对其中个体行为的约束；二是组织可为参与其中的个体提供资源支持。通常正式组织以组织规范产生的约束功能为主，而非正式组织以资源支持为主。非正式组织的建立基于个体非理性的心理层面，群体基于人际互动产生共同习惯、态度和价值观，使得非正式组织容易引发群体共鸣，产生一致性行为。此外，非正式组织由于其相对稳定的人员构成、组织模式和领袖角色，能够在集群行为动员过程中提供更加直接的组织能力。因此，非正式组织为农民工集群行为提供了资源支持。

农民工的集群行为动员资源来自其在城市中重构的社会关系。其中，社会网络从关系规模和关系结构方面共同决定了农民工可调动的资源，非正式组织通过信息交换达成一致性意念，并为集群行为提供直接的组织模式和领袖角色等组织能力。

五　分析框架

基于农民工集群行为的概念框架，综合以上分析对框架中的各要素进一步细分并操作化，最终形成农民工集群行为的系统分析框架（见图3-8）。

农民工集群行为分析框架解释了新型城镇化进程中的农民工集群行为影响因素和影响路径。农民工集群行为集中产生于新型城镇化中异地城镇

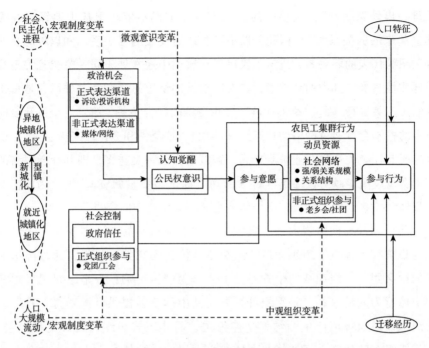

图 3-8 农民工集群行为分析框架

化地区和就近城镇化地区并存的差异化社会情境下，不同城镇化地区的农民工集群行为和特征存在差异。在城镇化社会变迁过程中的宏观制度变革、中观组织变革和微观意识变革中产生的政治机会、社会控制、动员资源和认知觉醒四类要素共同作用，影响农民工集群行为。（1）诸如信访、诉讼制度和机构的正式利益表达渠道，以及媒体、网络等非正式利益表达渠道，在民主化进程中不断完善，为农民工通过集群行为方式进行利益表达提供了政治机会。（2）农民工在流动过程中原有乡土社会关系断裂，在城市中构建新的社会关系，包括与流入地政府、正式组织交互产生的纵向关系整合，以及农民工群体内部交互产生的横向关系整合。纵向关系整合对农民工集群行为起到了社会控制作用，横向关系整合为农民工集群行为提供了动员资源。（3）农民工受到城市公民文化的浸润，催生出公民权利意识、产生权利诉求，在制度化利益表达渠道相对阻塞的前提下，直接促使其进行制度外集群行为参与。

农民工集群行为分为参与意愿和参与行动两阶段，两阶段影响因素各有异同，需分别进行研究。首先，政治机会和社会控制的宏观制度要素对农民工集群行为的影响作用贯穿始终，对参与意愿和参与行动均有影响；其次，认知觉醒的心理要素直接影响农民工集群行为参与意愿的产生；最后，动员资源在农民工组织集群行为的行动实施阶段发挥作用，仅影响集群行为的参与行动。除此之外，农民工由于其特殊的群体属性和流动特性，其集群行为参与还受到人口特征和迁移经历的影响。

第五节　农民工集群行为发生机制的框架验证策略

一　框架检验思路

根据前文的研究内容及思路，基于 2013 年深圳市和 2015 年河南省叶县农民工实地抽样调查数据，对农民工集群行为分析框架进行验证。首先对农民工集群行为进行现状描述，探索其代际和空间差异特征，识别高风险群体；然后针对集群行为发生的两个阶段——参与意愿和参与行动，分别验证其影响因素及路径。

（1）农民工集群行为现状分析

为了丰富农民工集群行为现状研究，并为其后动因探索打下基础，结合新型城镇化区域差异背景和农民工代际交替特征的时空视角对农民工集群行为进行现状分析，识别高风险群体。首先，对未流动的农村居民和流动中的农民工的集群行为进行差异分析，考察流动对农业人口的集群行为造成的可能影响；其次，对比老一代农民工和新生代农民工的集群行为差异，考察集群行为在农民工群体中的代际传递和演变趋势；再次，从流动距离和流入地区域考察农民工集群行为的流动模式差异和区域差异，将农民工分为异地城镇化地区就近流动、异地城镇化地区异地流动、就近城镇化地区就近流动，以及就近城镇化地区异地流动这四种流动模式，分出生队列从时空角度共同出发，识别农民工集群行为的高风险群体；最后，从人口特征、流动特征、职业特征三方面探索现阶段农民工集群行为参与的基本特征，并针对高风险群体进行群体特征分析，推测其集群行为参与的根本原因。

（2）农民工集群行为参与意愿的影响路径分析

农民工集群行为第一阶段——参与意愿的影响因素和影响路径，在总体框架指导下，构建农民工集群行为参与意愿的分析框架，并提出研究假设。利用抽样调查数据，建立二元 Logistic 回归模型和基于 Bootstrapping 中介效应检验的结构方程模型开展研究。分析宏观制度结构和微观意识结构对农民工集群行为参与意愿的影响作用，以及共同作用的路径关系。一方面，考察政治机会和社会控制的结构动因对农民工集群行为参与意愿的影响作用和影响方向；另一方面，考察公民权意识的心理动因对农民工集群行为参与意愿的影响作用和影响方向，及其在政治机会对集群行为参与意愿影响过程中的中介效应。识别农民工集群行为参与意愿的关键影响因素，明确其影响路径。

（3）农民工集群行为参与行动的影响因素分析

农民工集群行为第二阶段——参与行动的影响因素分析，在总体框架指导下，构建农民工集群行为参与行动的分析框架，并提出研究假设。利用抽样调查数据，建立二元 Logistic 回归模型开展研究。一方面，考察政治机会和社会控制的结构动因对农民工集群行为参与行动的影响作用和影响方向；另一方面，考察中观组织的动员资源对农民工集群行为行动实施的影响作用和影响方向，探究农民工集群行动实施的动员资源来源和结构。最终归纳出影响农民工集群行为参与行动的关键影响因素。

需要强调的是，集群行为参与行动是在意愿产生的基础上，经由动员资源配置发生的。但由于本书所使用的数据为截面数据，即在同一时刻调查被访者意愿和行为的状态。行为必然发生在过去，而意愿是当下的认知状态。若要使用该数据进行参与意愿对参与行动的影响分析，不满足因果分析中的时间序列特性。因此，在本书中不单独验证集群行为参与意愿对参与行动的影响作用。

二　概念的操作化

主要概念操作见表 3-1。

表 3-1　主要概念操作

要素	要素维度	变量	问卷设计
集群行为	第一阶段	参与意愿	如果单位出台规定延长上班时间，或拖欠工资，损害您的权益时，您是否会采取下列行动解决？1. 是 2. 否 如集体上访、签名请愿、静坐抗议、罢工、集体抗议、围攻政府机关、与亲戚朋友一起去讨公道等
	第二阶段	参与行动	您是否有过以下行为/经历？1. 是　2. 否 如集体上访、签名请愿、静坐抗议、罢工、集体抗议、围攻政府机关、与亲戚朋友一起去讨公道等
政治机会	正式表达渠道	诉讼/投诉有效性	如果遭受不公平待遇您是否会通过打官司、向政府投诉来解决？1. 是　2. 否
	非正式表达渠道	媒体/网络有效性	如果遭受不公平待遇您是否会通过网络和新闻媒体曝光来解决？1. 是　2. 否
社会控制	政府信任	政府人员信任	1. 当地政府领导在电视或报纸上发言时，您觉得他们说的多少是真的？ 2. 您觉得当地大多数政府工作人员在工作中是否诚实可靠？ 3. 您觉得当地政府有多少工作人员能够胜任他们的工作？ 1. 没有 2. 有小部分 3. 一半 4. 绝大多数 5. 全是
		政府机构信任	1. 您认为当地政府做的事情有多少是对的？ 2. 您认为当地政府处理农村外来人口问题时有多少是公平的？ 3. 您认为当地政府能够多大程度上保护农村外来人口的利益？ 1. 没有　2. 有小部分　3. 一半　4. 绝大多数 5. 全是
	正式组织参与	党团/工会参与	您是否参加了党团和工会组织？1. 是　2. 否
动员资源	网络规模	强关系规模	您在当地的家人、亲属有多少人？
		弱关系规模	您在当地的朋友、熟人有多少人？
	关系结构	网顶	在当地，您的亲属、朋友中有没有下列职业的人？ （选项为多选表格，共20项职业待选）
		网络多样性	
	非正式组织参与	老乡会/非营利组织参与	您是否参加了非正式组织，如老乡会、非营利/非政府组织等？1. 是　2. 否

要素	要素维度	变量	问卷设计
认知觉醒	公民权意识	公民权意识	在同一个城市工作和居住的人就应该享有同样的权利、承担同样的义务。 1. 非常不同意　2. 不同意　3. 一般　4. 同意 5. 非常同意

（1）集群行为

农民工集群行为多源于拖欠工资、政府出台的新政策导致农民工负担的维权抗争行为，其处理方式可兼具理性与非理性[164]：一方面，农民工集群行为兼具非组织性、对抗性和暴力性，当利益冲突达到特定的临界点，便易形成"乌合之众"，自觉的个性消失，形成集体心理，进而诱发集体暴力；另一方面，农民工集群行为又同时具有理性特质，若有较高组织协调能力和形势判断能力的意见领袖控制和影响，其行动方式就会更加注重利益诉求的法律依据，倾向于采用"依法抗争"的形式，维护其政治权利和经济利益。因此，农民工集群行为形式多样，既包括较为理性的集体上访、签名请愿、静坐抗议、集体罢工，又包括非理性较强的围攻政府机关、纠集亲戚朋友讨公道等形成。

（2）结构要素

政治机会表现在正式和非正式的利益表达渠道中。正式的利益表达渠道是有效的维权渠道；非正式表达渠道主要是随互联网和新闻媒体技术创新而产生的，主要是网络、媒体监督平台。无论是正式的表达渠道，还是非正式的表达渠道，其可用性都在于农民工对该渠道有效性的认可，即在遭受不公平待遇时愿意通过该渠道来维权。

社会控制要素包括政府信任、正式组织参与和群际网络规模三部分。政府信任应用 Miller 在 1974 年提出的政府信任量表测度[191]，该量表分为政府人员信任和政府机构信任两方面的测度；农民工在流入地可参加的正式组织较少，主要在于党团关系的转移和参加企业工会，这仅有的两类组织成为其可用的沟通机构。

（3）动员资源

农民工动员资源来自社会网络和非正式组织。社会网络通过关系规模和关系结构来衡量。关系规模包括农民工在流入地基于血缘的家人、亲属数量的强关系规模，以及基于业缘、地缘的同事、朋友、老乡数量的弱关系规模；关系结构是农民工在流入地所能动员的社会资本含量，社会资本含量通常以职业阶层来衡量，通过个体中心网的达高性（网顶）、异质性（职业种类）指标来测量[192]。非正式组织参与是农民工在流入地参加的非政府、非营利组织，如老乡会、各类协会等。

（4）认知觉醒

认知觉醒指公民权意识的觉醒。公民权意识对于农民工来说是对平等权利的追求，表明了农民工政治意识现代性的程度。

此外，本书还考虑了农民工的迁移特征和人口特征。

迁移经历。人口流动造成家庭结构解体。由于制度限制，一部分农民工将子女留在家乡，形成大量留守儿童；同时，随家庭迁移逐渐成为流动人口主要迁移模式，越来越多的农民工子女跟随父母在城市长大。部分曾经留守或随迁的农民工子女已经进入劳动年龄成为新生代农民工。根据生命历程理论，未成年期的留守随迁经历会对个体成年后的意识行为模式产生深远影响。因此，本书把留守随迁经历作为中国农民工未成年期的迁移经历之一。成年后的近距离、非永久、多城流动成为农民工与国际移民的重要区别之一。因此，本书考虑了农民工成年流动经历的作用，主要包括流动时间、多城流动经历以及流动距离。

人口特征。本书参考已有的实证研究，将其他一些可能影响农民工个人特征的变量纳入分析，主要包括教育、收入、年龄和性别等。调查所用的两份问卷可见附录。需要说明的是，笔者所在课题组的问卷调查以城镇化问题的综合调查为主要模式，因此在本书附录中并未附上全部问卷内容，仅附录了与本书研究相关的问卷内容。

三　数据采集策略

（1）调查地的选择

中国的城镇化表现出很强的地区差异。改革开放以来，传统的"自上而下"的城镇化发展模式依靠政府的行政力量迅速建立起独立的工业体系，形成了城市化迅速扩张的局面，从而奠定了中国城镇化基础[47]，并建立起数个城市群，承载了全国 1/3 以上的人口。其中，京津冀城市群、长三角城市群、珠三角城市群、辽中南城市群、山东半岛城市群、中原城市群、成渝城市群、长江中游城市群等较大规模的城市群，以不足一成的土地面积承载了全国将近四成的人口，并承担了一半以上的 GDP[48]。这些城市群的大规模工业和制造业中心吸引大量远距离流动的外来人口前来务工[49]，其城镇化进程明显快于中西部地区。与此同时，中西部地区的中小城镇和农村大量劳动力外流，形成人口净流出区域。

随着经济结构的调整，以城市为中心的传统异地城镇化模式受到挑战。针对不同国家城镇化模式的优缺点以及中国城镇化过程中的现实问题，2012 年党的十八大提出中国要推进"新型城镇化"，并在《国家新型城镇化规划（2014—2020 年）》中明确了中国未来城镇化的发展路径是要走中国特色新型城镇化道路。新型城镇化战略以农村剩余劳动力的就近转化为主要内容[52]，就近（地）城镇化模式成为新型城镇化建设的必然选择[19]。就近城镇化模式以发展农村非农产业为主体、以农村人口的就近就地转移与空间集聚为表征[176]。农民工也随之产生群体分化，形成了两个结构性变化趋向：首先，区域贫富差距使得农民工群体继续向城市集中，东南沿海地区吸收了全国半数以上的农民工[20]，并以异地流动的年轻农民工群体为主，形成了异地城镇化地区；其次，人口流向的转变将从以往大规模向东南沿海地区集中的单向流动模式，开始向以东南沿海城市带为重点流入地区、内陆城市群为新的集聚地区的多中心模式转变。中西部地区的中小城镇吸纳了大量就近流动的兼业农民工，他们在农闲时进厂务工，"离土不离乡，进厂不进城"，独存于中小城镇中农民向工人转化的特有城镇化过程。在新型城镇化进程中，形成了异地城镇化和就近城镇化差异性区域并存的社会现实背景。

农民工集群行为的发生离不开社会环境的影响，其研究不能不考虑新型城镇化背景下的区域差异。因此，需在东南沿海大城市选择典型异地城镇化地区，同时需在中西部的中小城镇选择典型的就近城镇化地区作为农民工集群行为研究调查地，以此全面把握新型城镇化社会情境下的农民工问题。（1）深圳市是中国最早的一批移民城市和人口流入地城市，流动人口与户籍人口比例"倒挂"现象较为明显。据公安部门抽样调查，深圳市流动人口中约 120 万人无稳定收入，超过 80 万无业人员长期滞留。深圳是中国最大的移民城市，外来人口增长快、比例高，文化复杂、多样，治安、社会问题突出，是十分典型的异地城镇化城市。（2）与深圳市不同的是，自国家新型城镇化战略实施以来，河南等中部地区成为发展就近就地城镇化的重要战略地区，吸引了大量农民工回流，引导农民工的就近就地流动。因此，最终本书选择异地城镇化典型城市深圳市和就近城镇化典型城镇河南省叶县两地调查，综合进行农民工集群行为研究，更贴近现阶段新型城镇化的现实背景。

（2）抽样方法

考虑到农民工流动性强、难以进行完全随机抽样的现实困难，本书研究根据农民工的分布情况采用了整群抽样和方便的配额抽样相结合的方式，即在农民工较为分散的居住地，按社区流动人口总量进行配额抽样；在农民工较为集中的工厂、工地，采取整班组整群抽样的方式。保持两次调查抽样方式一致，尽可能覆盖农民工所从事的所有典型行业，并保证性别、年龄、婚姻状况、教育程度具有相对均匀地分布。同时，调查对样本的性别和代次进行比例控制。在深圳市和叶县进行的两次抽样调查均是根据农民工的分布采用了整群抽样和配额抽样相结合的方式。

2013年广东省深圳市坪山新区"农村流动人口发展状况调查"的受访对象为持农村户口、在坪山新区打工的农民工群体，调查地点包括深圳市坪山区农民工聚集的三个工厂，以及碧岭、汤坑、沙湖、江岭、沙坣、金龟、石井、田头、田心、竹坑、南布、坪山、六和、和平、六联、坪环、马峦、坑梓、秀新、老坑、龙田、金沙、沙田等23个社区，基本覆盖了整个坪山新区。预定样本量为2000人，最终样本量为2082人。

2015年河南省叶县"就地就近城镇化调查"分为农民工调查和农村居民调查。（1）农民工调查受访对象为持农村户口、目前在叶县打工的农民工群体。调查选取了叶县下辖的7个县城居委会——东菜园居委会、北关居委会、北街居委会、南大街居委会、南关居委会、西李庄居委会及西菜园居委会，以及农民工较为聚集的10家工厂、工地——乐易购超市、叶县污水处理厂、金晶生物科技有限公司、隆鑫机车厂、伟强电子、力帆工地、亿联五金城、恒盛制衣厂、叶县宾馆、建业超市。调查对社区农民工采取配额抽样的方法，对农民工大量聚集的工厂采取整群抽样的方法，抽取整个班组进行问卷调查。获得的农民工样本量为 1647 人。（2）农村居民调查受访对象为当地农村居民，采用整群抽样的方法，在叶县境内选取了有代表性的 3 个村子，包括离县城较远、经济较落后、劳动力大量外流的常村镇大娄庄；离县城较近、无乡镇企业或现代农业，劳动力多在本县或邻近县打工的廉村镇后王村；经济较发达、有乡镇企业和/或现代农业，劳动力外流不多的田庄乡东李村。实际抽样调查所获得的农村居民样本量为 722 人。

（3）调查执行

整个问卷开发和调查流程如图 3-9 所示。

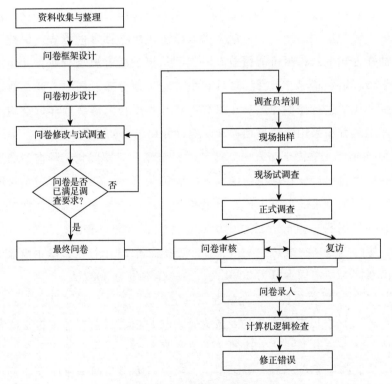

图 3-9 问卷开发与调查流程

调查员培训。本书所涉及的两次调查均有 20 多位调查指导员，负责指导、监督和培训调查员的工作。调查员培训由调查地政府在调查开展前组织，由讲解和试调查两阶段构成。首先，调查指导员为所有调查员讲解调查流程、问卷说明、主要概念以及提问方式和调查技巧，讲解后的互动环节尽可能详尽地解答调查员的疑问。其次，组织调查员进行现场试调查，调查员根据问卷内容询问调查指导员，在此过程中调查指导员对调查员的提问情况进行点评，并强调注意事项。在调查的前两天，调查指导员需要对所有的调查员进行1~2次的跟访，对产生的问题及时进行纠正，并确定特殊情况的相应处理办法，以保证所有调查员可以正确理解问题、询问被访者，并做出正确记录。

调查过程。社区调查由一名调查指导员带领2~3名当地调查员进行，一是调查员利用自己手上登记的农民工名册，逐一打电话询问，请被访者到社区服务中心或到被访者家中进行问卷调查；二是将问卷发给调查员居住附近的农民工；三是将问卷带给同工厂的工友作答；四是利用滚雪球的方式，让前面参与过调查的农民工介绍自己的朋友、同事和邻居来社区服务中心参加问卷调查活动。调查选定农民工聚集的工厂，选取其中工厂（工地）中有工作联系的一个车间进行调查。样本具有代表性，适用于对相关问题的深入分析研究，以及推广和应用。

问卷审核与复访。调查指导员在次日审核所有调查员当日回收的问卷，对于不合格问卷做返回处理，对于信息残缺或存在错误的问卷请调查员再次联系特定被访者，补充完善信息。在调查开展的前一阶段，调查指导员随机抽取两份调查员所完成的问卷，进行复访以检验信息的真实性。将原始卷和复访问卷对比分析，若存在问题，则立即反馈，便于尽早纠正调查员在调查中的错误理解和不适合的访问方法。

（4）数据录入

数据录入。在所有问卷回收后，数据由调查指导员分工录入，数据录入使用的是Epidata。通过对数据的合法取值区间和预设跳答进行检验，确保数据质量可靠。数据录入工作完成后，以5%的比例等距抽样特定数量的样本进行双工检验，以检测数据录入准确率。本书所使用的两次调查数据库的5%等距抽样双工录入的一致率均在96%以上，数据录入较为可靠。

数据清洗。根据问卷内容结构的逻辑性编制计算机程序对问卷数据库的逻辑一致性进行检验，并生成检验报告。调查指导员根据报告中的错误记录，查询原始问卷修改，然后再次运行一致性检验程序对修改后的数据库重新检验、生成检验报告、复查问卷并改正错误。反复进行此操作至逻辑检错程序再无报告错误为止。

（5）数据代表性

基于前文分析，调查根据中国现阶段不同城镇化地区并存的社会现实背景，选取了高度城镇化典型城市深圳市和就近就地城镇化典型城镇河南省叶县作为调查地，在调查地的选择上具备了样本的代表性和典型性。同时，调查数据从调查设计、抽样过程、调查执行，到数据录入最终生成数据库的过程均遵循了严格科学的控制，保证了数据的真实性与可靠性。通过与《2015年流动人口动态监测调查数据》的各项数据指标分布比对发现，本书研究所使用的调查数据样本特征分布与全国大规模调查样本分布近似（见表3-2），样本具有代表性，可以满足本书的研究需要。

表 3-2　样本对比结果

单位：%

		调查样本	2015年流动人口动态监测			调查样本	2015年流动人口动态监测
性别	男	47.58	55.61	年龄	20岁及以下	4.68	4.79
	女	52.42	44.39		21~30岁	43.40	41.47
流动距离	省内流动	56.68	73.09		31~40岁	29.32	29.87
	跨省流动	43.32	26.91		41~50岁	17.88	18.82
婚姻	未婚	32.15	19.28		51岁及以上	4.72	5.05
	初婚/再婚	66.45	78.92	教育	小学及以下	6.06	0.90
					初中	42.06	29.60
	离异/丧偶	1.40	1.80		高中及以上	51.88	69.50

资料来源：2015年流动人口动态监测调查数据（国家卫生计生委）。

社会调查的复杂性决定了大规模抽样调查需经过长时间的筹备，需要动用大量人员、经费投入。基于这些限制，难以保障同时在两地调研，获取完美数据。因此，两次调研数据存在一定时间差。但笔者所在的课题组与深圳市坪山新区政府的后续合作经验表明，调查地在该时间段内并未发生重大结构性转变，2013 年深圳市调查数据在对农民工集群行为的解释上仍具有显著代表性。同时，从深圳市 2013 年和 2015 年的官方数据对比来看，无论是在宏观结构上，还是在微观结构上，均印证了在该时间段内调查地社会场域相对稳定的访谈和经验结论。

在宏观上，通过深圳市统计年鉴 2013 年和 2015 年数据对比发现，调查地深圳市的经济社会结构从 2013 年到 2015 年变化幅度不大。虽然在中国快速的社会生产发展浪潮下，深圳市国民生产总值在两年内增幅达到 20.1%，但分产业结构来看，深圳市 GDP 仅从第一产业和第二产业向第三产业微小移动了 2 个百分点；深圳市总人口增加了 7.1%，但其增量主要在户籍人口中，非户籍人口仅增加了 4%；社会劳动者增加了 0.7%，在结构上从第二产业向第三产业移动了 2 个百分点（见表 3-3）。因此，宏观社会场域的稳定性表明，2013 年深圳市调查数据可以作为典型调查地的代表性数据与 2015 年河南省叶县的调查数据进行对比分析。

表 3-3　深圳市 2013 年和 2015 年 GDP 和劳动者结构对比

	2013 年	2015 年	增幅（%）		2013 年	2015 年	增幅（%）
GDP（万元）	14572	17502	20.1	户籍人口（万人）	310.47	354.99	14.3
人均 GDP（万元）	137632	157985	14.8	非户籍人口（万人）	752.42	782.88	4
第一产业 GDP 占比（%）	0.1	0	-0.1	社会劳动者（万人）	899.24	906.14	0.7
第二产业 GDP 占比（%）	43.1	41.2	-1.9	第一产业劳动者占比（%）	0	0	0
第三产业 GDP 占比（%）	56.8	58.8	2	第二产业劳动者占比（%）	48.6	46.6	-2

续表

	2013 年	2015 年	增幅（%）		2013 年	2015 年	增幅（%）
总人口（万人）	1062.89	1137.87	7.1	第三产业劳动者占比（%）	51.4	53.4	2

资料来源：《深圳市统计年鉴 2016》数据（深圳市政府）。

表 3-4　深圳市 2013 年和 2015 年流动人口结构对比

单位：%

		2013 年	2015 年	LR 检验		2013 年	2015 年	LR 检验
性别	男性	51.50	55.61	ns	未婚	18.45	19.28	ns
	女性	48.50	44.39		初婚/再婚	80.90	78.92	
年龄	20 岁及以下	4.65	3.14	ns	离婚/丧偶	0.65	1.79	***
	21~30 岁	41.70	46.19		3000 元及以下	45.25	24.22	
	31~40 岁	39.00	36.32		3000~5000 元	27.65	46.64	
	41~50 岁	13.25	13.00		5000 元以上	27.10	29.15	
	50 岁以上	1.40	1.35					

注：显著水平：*** p<0.001，** p<0.01，* p<0.05，+p<0.1，ns 不显著。
资料来源：2013 年和 2015 年全国流动人口动态监测调查数据（国家卫生计生委）。

　　综合以上分析，调查地选取的典型性、抽样调查过程的严谨性、确保数据的时效性共同保证了本书所使用的调查数据在农民工集群行为问题研究上具有很好的代表性，可以投入研究并产出具有现实意义的结论，为农民工群体社会治理提供思路。

本章小结

　　基于政治过程论，结合中国新型城镇化情境和农民工群体特征，本章构建了新型城镇化背景下农民工集群行为的系统分析框架，并给出框架验证操作化思路。

　　首先，基于第二章对国内外文献的综述，结合中国新型城镇化社会情境因素和农民工群体的现实特征，辨析了农民工集群行为的概念及维度，完成了农民工集群行为概念的重构。本书认为农民工集群行为是"农民工在权益遭受侵害或产生权利诉求后，由利益相关者临时聚集形成的偶合群体，为维护利益目的或表达利益主张，而采取正式或非正式方式，如签名请愿、罢工抗议、聚众闹事等，以获取相应利益或达成利益表达的制度外群体抗争行为"。

其次，基于已有理论，将农民工集群行为的发生机制从一个维度扩展为两阶段过程，包括具有行动待发状态的意愿产生阶段和实施行动阶段。本书认为有参与意愿的行动待发状态对公共安全同样构成风险，应单独进行分析，并分别对集群行为发生过程的两阶段——参与意愿和参与行动进行了定义。

再次，在对政治过程论一般性解释框架适用性的辨析基础上，本书结合新型城镇化进程中的社会变迁特征以及农民工群体的特殊性，对政治过程模型进行了本土化修正。基于新型城镇化进程对农民工集群行为的影响机制分析，构建出了针对农民工群体的集群行为系统分析框架。

最后，针对以上分析框架，给出了操作化的框架检验思路，并将概念测量落实到了变量和调查问题层次。同时，从调查地选取、调查对象的范围界定、抽样方法等方面给出了具体的数据采集策略。

第四章

农民工集群行为参与特征：时空差异与高风险群体分析

对社会现实的准确把握可以更好地助力社会治理结构改革，而目前对于农民工集群行为现状的认识还不够深入，不但阻碍了深入地探讨影响因素和路径探索，而且限制了政府、企业和社会组织做出有针对性的集群行为防治和应对策略。本章结合 2013 年深圳市和 2015 年河南省叶县的农民工抽样调查数据，从流动、区域、代际、流动距离的时空维度视角切入，分析当前农民工集群行为参与的现状、特征，识别出集群行为的高风险群体，并分析其集群行为高发原因。通过对实地调查数据的挖掘，深刻把握社会现实，丰富农民工集群行为现状研究，同时也为后续动因分析和政策建议打下基础。

第一节　农民工集群行为的现状分析视角和框架

（1）时间维度——代际视角

学界通常以 1980 年为分界线，将农民工分为两代进行研究。1980 年以前出生的农民工为第一代农民工，1980 年及以后出生的农民工是改革开放后出生的新生代农民工。我国在改革开放前后，社会场域发生了翻天覆地的变化，因而新生代农民工和老一代农民工在观念、行为上具有较大差异。

新生代农民工同时具有老一代农民工的代际传递特性。新生代农民工多为从父辈起就有流动经历的农民工二代，未成年期的留守或随迁经历对其成年后的观念行为产生了较大影响。他们从父辈农民工身上习得通过集群行为"闹大"来维护自身权益的方式。

新老两代农民工存在生命历程社会背景的时间差异。随着农民工群体生计条件的不断改善，与老一代农民工挣扎在温饱线上不同，新生代农民工的需求层次由生存型向发展型转变。这些转变使得新生代农民工不仅注重基本工资待遇的提高，同时以此为圆心扩展了全方位的发展需求。在职业发展上，新生代农民工更加注重技能的提高，以便获得职位晋升；在个人生活上，由于大部分没有务农经历，他们更希望未来可以留在城市生活；特别是在个人权利意识中，随着在城市中的再社会化的教育过程，受到城市公民文化的熏陶而催生出强烈的公民权利意识，表现为呼吁权利实现[193]，具有更强的平等意识和权利意识[194]，其维权态度由以往被动反应式维权向主动争取转变[193]。当受到权益侵害时，新生代农民工更可能通过集群行为维护自身权益[195]，新生代农民工的集群行为出现了新的内在动机和特征，代表了农民工集群行为的发展趋势。

因此，本章对农民工集群行为的时间维度考量选取代际作为切入视角，不仅考察了代次差异所引起的思想观念及行为上的差异，而且讨论了农民工集群行为的代际传递性，进而推测该群体集群行为的未来发展趋势。

（2）空间维度——流动视角

1）流动差异

人类行为是个体内在心理因素与外在自然、社会、文化环境相互作用的结果，农民工在流动过程中伴随着地理、社会空间的转换以及自身内部心理的发展。农民工在流动过程中一方面脱离了传统乡土社会，另一方面在城市中处于社会底层，难以融入流入地城市社会，处于城市和农村的夹层，陷于"农村回不去，城市留不下"的窘境。特殊的流动经历使得农民工群体与未流动的农村居民相比，观念行为发生了巨大变化。

首先，长期以来以户籍制度为基础，包括附加其上的社会保障、政治参与、用工等制度性障碍的存在使得农民工在城市中遭受制度排斥。由于受教育程度不高，大部分农民工的就业岗位受限，主要集中在次级劳动力市场[170]，使得农民工往往停留在"流而不迁"的状态，难以成为流入地的永久居民[171]，更易遭受不公平待遇[172]。其次，农民工面临社会场域的变化，需要适应流入地的生活方式和社交模式。由于大部分农民工居住在集体宿舍或是外来人口集中的出租房中，居住隔离造成农民工流入地城市居民社会场域不同，难以相互融合。再次，农民工在流动过程中造成原来的乡土关系断裂，往往需要在城市中重新构建社会关系网络，一些原有的语言、生活习惯等也会与流入地的主流社会存在明显差异，形成了社会排斥，加之制度隔离与主观歧视，他们中的绝大多数必然会经历一个包含经济利益[172]、社会交往[173]、身份认同[174]的隔离过程。

制度隔离、社会隔离共同形成了城市中的新二元隔离社会，农民工成为新二元社会的底层弱势群体。隔离带来冲突，与传统城乡二元不同的是，城市新二元社会中农民工与市民生活在同一场域，却要遭受不平等待遇，迫使农民工做出行为调整，易导致集群行为的爆发。因此，在本章空间维度的视角中，首先考虑流动与否在农业人口群体集群行为后果中的差异，对比未流动的农村居民与流动中的农民工集群行为参与现状。

2）区域差异

在改革开放初期"让一部分人先富起来"的政策引导下，中国率先开放了东南沿海地区，促进了部分地区的经济快速崛起。经济发展的区域差异造成了30年后城镇化发展阶段的不同。现阶段从农民工流入地分布来看，以人口流动为特征，形成了异地城镇化为主的东南沿海城市带和以就近城镇化为主的内陆中小城镇，两者在社会场域和农民工群体特征上均有不同。

异地城镇化地区是在改革开放中第一批发展起来的，起步早、速度快。农民工基本来自中西部农村地区，通过远距离跨省流入该区域，实现了农民工群体的异地城镇化。农民工在异地城镇化地区呈现明显的集中趋势，逐渐向东南沿海地区和少数大城市集中，形成了数个城市群，聚集了全国一半以上农民工[20]，并以年轻的农民工群体为主。大量农民工过度集中使得流入地冲突矛盾加剧，对流入地的社会管理形成挑战，成为农民工权益侵害和集群行为的重灾区。而就近城镇化地区是在十八大提出的"新型城镇化"战略下发展起来的中西部中小城镇，经济发展起步晚、相对落后，以农业转移人口的就近城镇化为主。在国家政策下发挥人口"蓄水池"的作用，吸引了一批反流农民工群体。由于发展起步较晚，在社会保障的制度建设上相对欠缺，使得该地区农民工往往面临权益受损而无处维权的困境，具有农民工集群行为爆发的潜在风险。

因此，在本章空间维度的视角中，基于新型城镇化背景下异地城镇化和就近城镇化差异化区域并存的社会现实，纳入考虑城镇化模式下的区域影响，对比异地城镇化地区和就近城镇化地区的农民工集群行为现状。

3）流动距离差异

流动是人们从一个地方移动到另一个地方的空间位移活动，根据农民工的来源地与目的地的空间距离，可以将其流动的距离分为异地流动和就近流动。异地流动是较长距离的迁移，在 20 世纪 90 年代中国逐步消除对于农民的城乡流动限制后，农民工的迁移开始出现大规模跨地区流动，中国的城镇化模式以异地城镇化为主持续了较长时间。较远的空间距离使流动者脱离了自己熟悉的社会场域和乡土关系，农民工所依赖的社会资本急剧萎缩。虽然农民工流动到一个新的城市后可以建立新的社会联系[196]，但在社会网络重构过程中的融入过程、速度和结果，都会影响他们的心理和行为[175]。融入过程可能是伴随着不断的集群行为利益表达活动而推进的。就近流动是指农民流动到距离较近的相对发达城镇。新型城镇化战略推动了内陆中小城镇的发展，部分农民工也随着选择前往离家乡较近的城镇就近务工；同时，大量异地务工的农民工由于成婚、子女教育等原因返乡，以就近流动形式完成从第一产业到第二、三产业的转移。逆城市化中的农民工反流形成了新的就近流动群体。与远距离流动不同的是，就近流动的农民工已有的社会关系仍能保持紧密联系，文化及生活习惯变化不大，农民工与传统的农民身份的差异逐渐模糊，是新分化出的"农忙时务农，农闲时务工"的农民工群体。新群体的分化改变了集群行为参与模式，由于未脱离原有乡土关系，他们可能在维护权益时采用更加温和的日常抵抗方式，需要以新思路对其观念行为进行解读。

因此，在本章空间维度的视角中，还要考虑不同流动距离造成的农民工集群行为差异，以就近流动和异地流动的农民工分化群体代表新型城镇化背景下的农民工群体多样性，对比分析其集群行为现状。

（3）分析框架

基于前文分析，构建时空视角下的农民工集群行为现状研究框架如图 4-1 所示。从时空维度视角切入，分别讨论农民工集群行为的代际传递和区域差异，以实地调查数据描绘现阶段新型城镇化背景下的农民工集群行为参与现状、时间特征、空间特征，并以此推测未来的发展趋势，同时识别高风险群体及其集群行为高发原因。

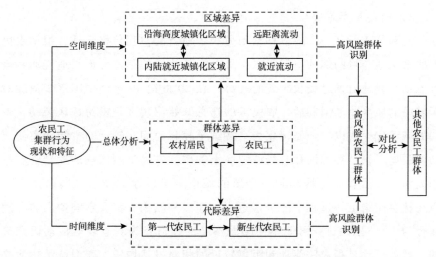

图 4-1 时空视角下的农民工集群行为参与现状分析框架

具体验证策略如下：首先，对未流动的农村居民和流动中的农民工的集群行为进行差异分析，考察流动对农业人口的集群行为造成的可能影响；其次，对比第一代农民工和新生代农民工的集群行为差异，考察集群行为在农民工群体中的代际传递和演变趋势；再次，从流动距离和流入地区域考察农民工集群行为的流动模式差异和区域差异；复次，将农民工分为异地城镇化地区就近流动、异地城镇化地区异地流动、就近城镇化地区就近流动，以及就近城镇化地区异地流动这四种流动模式，分出生队列从时空角度共同出发，识别农民工集群行为的高风险群体；最后，从人口特征、流动特征、职业特征三方面探索现阶段农民工集群行为参与的基本特征，并针对高风险群体进行群体特征分析，推测其集群行为参与的根本原因。

第二节 数据与样本信息

综合典型的异地城镇化城市深圳市坪山新区和典型的就近城镇化城镇叶县的问卷调查数据进行分析。深圳市坪山新区"农民工发展状况调查"

获得样本量为 2082 人，经过筛选，适用于本研究分析的有效样本量为 1966 人。河南省叶县"就地就近城镇化调查"获得农民工样本量为 1647 人，农村居民样本量为 722 人。由于调查规模较大，在调查中分 A、B 卷分别调查不同主体模块，本文研究所用数据主要在 B 卷中，因此，经过筛选后适用于本研究分析的有效样本量为农民工 974 人、农村居民 339 人。

表 4-1 给出了农民工样本的基本分布。从农民工总体上看，样本的性别比例较平衡；以 20～39 岁的中青年为主，80 后、90 后的新生代农民工比例已超出第一代农民工，逐渐成为农民工的主体力量；大多数农民工有初中、高中、中专和技校的学历，受教育程度与以往的调查相比有提高的趋势，这说明农民工的人力资本正逐渐上升；就近流动和异地流动的农民工各半；就业正规化已显现，大部分农民工与用人单位签订了书面劳动合同；月收入也主要集中于 1000～3000 元。

表 4-1　样本分布与基本特征

单位：%，人

分类		深圳市农民工	叶县农民工	合计
性别	男性	46.13	50.72	47.65
	女性	53.87	49.28	52.35
年龄	19 岁及以下	4.48	3.18	4.05
	20～29 岁	44.25	30.29	39.63
	30～39 岁	30.93	27.72	29.86
	40～49 岁	17.14	29.67	21.29
	50 岁及以上	3.20	9.14	5.17
代次	第一代	36.98	49.79	41.22
	第二代	42.83	32.24	39.32
	第三代	20.19	17.97	19.46
受教育程度	小学及以下	7.58	8.83	7.99
	初中	39.42	56.37	45.03
	高中/中专/技校	34.38	23.41	30.75
	大专及以上	18.62	11.40	16.22

续表

分类		深圳市农民工	叶县农民工	合计
流动模式	就近流动	29.45	85.52	48.03
	异地流动	70.55	14.48	51.97
收入	1000 元以下	4.87	4.51	4.73
	1000~2000 元	8.32	50.06	24.21
	2000~3000 元	45.13	35.31	41.39
	3000~4000 元	15.76	1.98	10.52
	4000~5000 元	12.99	3.30	9.30
	5000 元以上	12.92	4.84	9.84
签订合同	未签订合同	14.53	40.31	23.30
	签订合同	77.35	55.65	69.97
	自雇	8.12	4.04	6.73
样本量		1966	974	2940

同时从表中还可以发现，分布在深圳市的农民工群体与分布在叶县的农民工群体存在显著差异。首先，深圳市的农民工以异地流动为主，叶县的农民工以就近流动为主。深圳市是在传统城镇化中发展起来的高度城镇化地区，作为流入地代表城市，吸引了全国各地的农民工，本次调查中深圳市农民工异地流动比例占 70.55%；而叶县是在新型城镇化浪潮中发展起来的就近城镇化小城镇，作为人口的"蓄水池"，吸引了大量回流农民工，叶县农民工群体的主要流动模式为就近流动（占 85.52%）。

其次，深圳市的农民工比叶县的农民工人力资本更高，表现在深圳市农民工更加年轻、受教育程度更高、收入更高。深圳市的农民工样本集中于 20~29 岁的年轻群体，与此相对应地，80 后农民工成为深圳市农民工群体的中坚力量。他们几乎都获得了初中、高中、中专、技校的学历，大专以上的农民工甚至占将近 20%。而叶县农民工样本的年龄分布则大多在 30 岁以上，仍以第一代农民工为主，以初中学历居多。同时在收入上，由于受到社会经济环境的影响，深圳市农民工主要分布在 2000~3000 元，叶县农民工分布在 1000~2000 元。

最后，深圳市的农民工就业正规化更强。在深圳市，大多数农民工与工作单位签订了合同（占 77.35%），同时不需要签合同的自雇农民工占 8.12%，仅有 14.53% 的农民工未签订劳动合同。而叶县的农民工与工作单位签订正式合同的比例与深圳市相比较低，未签订合同的农民工高达 40.31%。这说明深圳市在劳动保障制度的发展上更为成熟。

数据显示了现阶段中国农民工分布的缩影，年青一代农民工主要分布在东南沿海和大城市为主的经济和城镇化高度发展地区，这些城市高度发展的经济和城镇化水平提供了大量的就业机会，成为年青的、受教育程度较高的农民工寻求生存和发展的沃土；而后起的中小城镇在新型城镇化的政策支持下吸引的多为回流和追求稳定的就近流动农民工，这些农民工由于年龄稍长，开始考虑子女教育、养老和未来定居问题。离家较近且容易落户的中小城镇成为其最佳选择。这两类不同地区中流动的农民工群体共同构成了现阶段庞大的农民工群体。

第三节　农民工集群行为的现状与特征

一　农民工集群行为现状分析

（1）农民工集群行为的流动差异分析

首先考察农业人口参与集群行为的总体现状。农业人口总体包含了流动中的农民工群体与未流动的农村居民群体，所处状态不同，其意识和行为也不尽相同。从表 4-2 可以看出，有过集群行为参与经历的农业人口占 24.97%，而有集群行为参与意愿的农业人口也达到了 58.1%。一方面农业人口的集群行为参与率较高，另一方面参与意愿远高于参与行动，这说明了农业人口总体中存在集群行为爆发的巨大势能，存在较高风险。

将农业人口按流动与否分为农村居民和农民工进一步考察农业人口集群行为参与的流动差异。如表 4-2 所示，农村居民中有集群行为参与意愿的占总体的 58.7%，而真正实施过集群行为的仅占 1.77%。与之相比，农民工的集群行为参与意愿为 58.10%，虽略低于农村居民群体，但其集群行为实施比例占 27.65%，远远高于农村居民的集群行为实施比例。27.65% 的农民工有过集群行为参与经历，而仅有 1.77% 的农村居民参加过集群行为。

可见流动与否对农业人口的集群行为参与影响颇大。农业人口总体文化程度不高，法律意识不强，传统的"臣民文化"仍是农村居民的主要意识形态，他们在权益受损时往往寄希望于通过"闹大"方式引起相关部门的重视来解决问题，因而农村居民和农民工的集群行为参与意愿均较强。然而，集群行为的实施需要资源配置，在动员过程中可利用资源就是个体的社会关系。城镇化过程中的人口流动对农村社会造成的不良后果之一便是"农村空心化"问题。农村中的年轻劳动力外出打工，只剩一些老弱妇孺，农村成为老年人社会[197]。农村居民的集群行为意愿虽较强，真正实施集群行为却面临难以组织的问题。相比农村居民，农民工作为城市的边缘人同样容易遭受侵权影响，如拖欠工资等，因而其集群行为参与意愿比例不低。与农村居民不同的是，农民工是在城市中集结的农村青壮年劳动力，他们大多在工厂务工，集中居住，具有便于组织的特点。一旦需要参与集群行为，可以迅速纠集一批同样权益受损的农民工，因而农民工集群行为实际参与比例较高。

因此，整个农业人口都具有较高的集群行为爆发潜在风险。但若区分未流动的农村居民和流动中的农民工不同群体来考察，则可以发现农民工集群行为显著高发。可见流动对农民工群体的集群行为产生了不可忽视的影响效应。

表 4-2　农业人口集群行为参与的流动差异

单位：%，人

集群行为	参与行动		参与意愿	
占比	24.97		58.10	
流动差异	农村居民	农民工	农村居民	农民工
占比	1.77	27.65	58.70	58.03
样本量	339	2940	339	2940
LR 检验	***		ns	

注：*** p<0.001，** p<0.01，* p<0.05，+p<0.1，ns 不显著。

（2）农民工集群行为的代际差异分析

对农业人口总体和农村居民、农民工分群体进行代际差异考察。从表

4-3中可以看出，农业人口集群行为具有显著代际差异，新生代农民工的集群行为参与远高于老一代农民工。城镇化进程伴随着民主化的发展，农民工的权利意识不断提升。80后群体有相对更高的受教育水平，在民主化进程的浪潮中催生出强烈的公民权意识，他们在权益受损时与老一代的"默默忍受"策略完全不同，他们更具抗争性，也是集群行为爆发的新风险人群。

进一步对农村居民与农民工的集群行为进行代际划分，分别考察其内部代际差异。表4-3的分析结果表明，在参与行动上，农村居民和农民工的新生代参与比例均显著高于老一代，以农民工表现更甚；在参与意愿上，仅农民工的新生代集群行为参与意愿高于老一代农民工，而农村居民不存在代际差异。集群行为参与行动和参与意愿上的代际差异不同说明了农业人口总体集群行为参与的代际递增主要存在于农民工群体中。虽说与城镇化相伴的社会民主化进程普遍存在于所有社会群体中，但作为意识形态的公民意识在不同群体中的发展程度存在差距。与经济发展的规律相似，公民意识的觉醒同样是从经济发达地区向经济欠发达地区蔓延，从城市向农村传播。因此，与未流动的80后农村居民相比，新生代农民工在城市中流动受到城市中公民文化的浸润，更早催生出公民权意识。同时由于资源禀赋的弱势性导致易受权益侵害，在权益受损时更易爆发集群行为。

因此，农业人口在集群行为参与上具有代际差异特征，即1980年以后出生的新生代农业人口集群行为显著高于老一代。但若分成未流动的农村居民和流动中的农民工分别进行代际差异考察，则可以发现代际传递的特性更多地存在于农民工群体中。在整个农业人口中，新生代农民工群体是集群行为爆发的高风险人群，需要得到重视。

表 4-3　农业人口集群行为参与的代际差异

单位:%，人

集群行为	参与行动		参与意愿	
代次	第一代	新生代	第一代	新生代
占比	20.26	28.82	54.11	61.34
样本量	1471	1808	1471	1808
LR 检验	***		***	

集群行为	参与行动				参与意愿			
	农村居民		农民工		农村居民		农民工	
代次	第一代	新生代	第一代	新生代	第一代	新生代	第一代	新生代
占比	0.77	5.00	24.42	29.92	58.69	58.75	53.14	61.46
样本量	259	80	1212	1728	259	80	1212	1728
LR 检验	*		***		ns		***	

注： *** p<0.01； ** p<0.05； * p<0.1； ns 不显著。

（3）农民工集群行为的空间差异分析

从空间差异视角分区域和流动距离考察不同农民工群体的集群行为参与。首先，表4-4的结果表明了在人口净流入地区流动的农民工无论在集群行为参与行动还是参与意愿上均显著高于人口净流出地区的农民工。人口净流出地区是在新型城镇化浪潮中发展起来的就近城镇化地区，以"城乡统筹，城乡一体"为特点。在此流动的农民工大多是附近乡镇的富余劳动力，在进城务工时几乎不存在文化差异，且群体间的同质性强，社会秩序相对稳定，不存在由于冲突加剧和"流民心理"造成的集群行为，而其主要的集群行为原因可能在于权利保障制度的不健全。而人口净流入地区是传统城镇化发展下的产物，迅猛的经济发展吸引了来自全国各地的农民工，文化多样且差异较大，社会冲突明显，而且迅速的经济发展远远领先于制度发展，制度保障相对不健全。文化冲突、"流民心理"和制度的相对欠缺共同造成了流动其中的农民工集群行为集中爆发的现象。因此，不同地区中农民工集群行为存在差异，且造成其集群行为参与的原因也有所不同。

异地流动农民工的集群行为参与和意愿均高于就近流动的农民工。异地流动农民工距离家乡较远，一方面面临较大的文化差异，另一方面在流动过程中原有的社会关系断裂程度更加严重。社会资本不足导致其在权益受损时不能通过常规及其他非常规渠道获得权益保护，通过发起集群行为成为其通过自身力量维权的唯一手段；与异地流动农民工不同的是，就近务工群体能够较好地保存社会资本，即使权益遭受侵害也可以通过广泛的社会网络寻求帮助，而不致通过集群行为的"闹大"方式解决问题，因而集群行为参与较异地流动农民工更少。

因此，在空间视角下的两个维度中，农民工集群行为参与具有社会场域的区域差异，人口净流入地区农民工集群行为参与比人口净流出地区更多。此外，农民工本身空间流动距离不同在集群行为参与中也存在显著差异，异地流动农民工由于其客观和主观上的流动性造成集群行为高发，参与意愿强烈。

表 4-4　农民工集群行为参与区域差异

单位：%，人

集群行为	参与行动			参与意愿		
农民工群体	异地城镇化地区	就近城镇化地区	LR	异地城镇化地区	就近城镇化地区	LR
占比	38.86	5.03	***	64.09	45.79	***
样本量	1966	974		1966	974	
农民工群体	就近流动	异地流动	LR	就近流动	异地流动	LR
占比	20.75	34.03	***	53.61	62.11	***
样本量	1412	2528		1412	2528	

注：*** p<0.001，** p<0.01，* p<0.05，+p<0.1，ns 不显著。

二　农民工集群行为的高风险群体识别

农民工集群行为在时间和空间上均存在差异性。结合区域差异和流动距离两个维度，可以将农民工流动模式分为在异地城镇化地区异地流动、在异地城镇化地区就近流动、在就近城镇化地区异地流动和在就近城镇化地区就近流动等四种典型流动模式，如图 4-2 所示。

在空间维度上加入时间维度考量，分不同出生队列考察四种流动模式下农民工集群行为的参与行动和参与意愿现状，结果如图 4-3 所示。图 4-3（a）和（b）分别是农民工集群行为参与意愿和参与行动的不同出生年份现状分布。从图 4-3（a）可以看出，在农民工集群行为参与意愿的差异上，异地城镇化地区农民工集群行为参与意愿较高，与前文得出相同的结论。同时，又可以发现在 1982~1990 年出生的、在异地城镇化地区异地流动的农民工群体集群行为参与意愿达到峰值。由于该群体是 80 后农民工的主体，可以说在异地城镇化地区异地流动的 80 后农民工是集群行为的高风险群体，具备极高的参与意愿。图 4-3（b）中不同出生队列农民工集群行为参与行动的现状呈现同样的规律。在异地城镇化地区和就近城镇化地区就近流动的农民工，其集群行为参与在不同年龄段分布均匀；而在异地城镇化地区，异地流动农民工的集群行为在 1983~1990 年出生的新生代农民工群体中突增，即该群体同样是集群行为实际行动的高发群体。

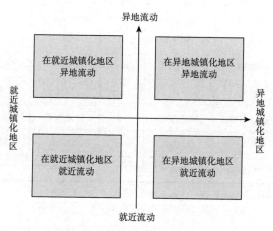

图 4-2 农民工的四种流动模式

图 4-3 的进一步分析表明，在异地城镇化地区异地流动的 80 后农民工群体不仅集群行为高发，而且具有极高的参与风险。80 后农民工是一群特殊的农民工群体，他们大多处于 24~33 岁，既不像 1980 年以前出生的农民工那样已经具有相对稳定的家庭结构和人生规划，又不像 90 后年轻农民工那样未来仍有无限可能。80 后农民工大多已经成婚，甚至有子女需要抚养，而且逐渐承担起家庭核心、顶梁柱的责任，逐渐有了扶养老人的责任。可以说 80 后农民工在农民工群体中的生计压力最大。远距离跨省流入经济发达的异地城镇化地区的 80 后农民工，一方面，具有更强的相对剥夺感，他们的流入地是中国经济最为发达的地区，与家乡的经济落后情景形

成强烈对比，他们自身与流入地市民形成强烈反差，使得他们具有更甚于其他农民工群体的相对剥夺感；另一方面，远距离流动造成家庭结构的破裂，往往需要面临亲子分离的困境。加之难以融入城市社会，他们是真正意义上的"流动"弱势群体，挣扎在城乡夹层，面临"城市留不下，农村回不去"的窘境。绝对弱势性使得其在权益遭受侵害时，既不能通过法律武器维护自身利益，又难以通过人情社会解决问题，因此，集群行为往往成为其进行权利抗争的理性选择。

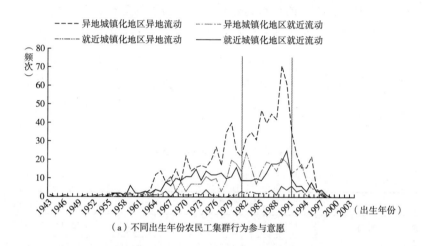

（a）不同出生年份农民工集群行为参与意愿

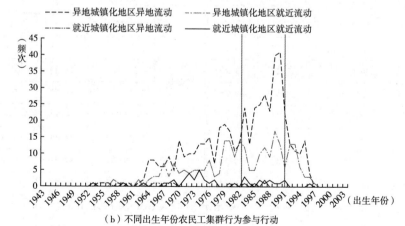

（b）不同出生年份农民工集群行为参与行动

图4-3 不同出生年份农民工集群行为参与现状

三　农民工集群行为特征分析

（1）农民工集群行为参与特征

一般认为，男性在长期以来的社会活动中扮演了更重要的经济、社会角色，其政治观念和参与意愿更为显著，倾向于更加主动地参与到集群行为中[198]；受教育程度高的个体法律认知水平更高，因而有更大可能进行主动抗争[195]；就弱势群体而言，低收入、低职位的底层群体易遭受不平等待遇，从而具备更强的相对剥夺感而形成强烈的集群行为参与意愿[195]；同时，分布在工业、建筑业中，居住在集体环境中的农民工更可能参与共同抗争的集群行为。由于农民工流动过程中具有不稳定性，本章从人口学特征和农民工的流动特征共同考察了农民工集群行为参与特征，如表4-5所示。

表4-5　农民工集群行为参与特征

单位：%，人

分类		参与行动	参与意愿	分类		参与行动	参与意愿
性别	男性	27.91	58.74	父辈	有流动	40.00	68.37
	女性	27.42	57.37		从未流动	23.76	54.77
	LR 检验	ns	ns		LR 检验	***	***
受教育程度	小学及以下	25.53	49.79	来源地	东部	42.15	63.65
	初中	27.27	57.10		中部	18.79	53.44
	高中/中专	29.54	59.85		西部	38.77	65.86
	大专/本科	26.21	61.22		LR 检验	***	***
	LR 检验	ns	*	流动时间	不足 10 年	28.49	58.96
代次	第一代	24.42	53.14		10~20 年	27.95	59.69
	新生代	29.92	61.46		20 年以上	23.25	49.02
	LR 检验	***	***		LR 检验	ns	***
婚姻	未婚	33.08	60.72	流动距离	就近流动	20.75	56.61
	已婚	25.15	56.76		异地流动	34.03	62.11
	LR 检验	***	*		LR 检验	***	***

续表

分类		参与行动	参与意愿	分类		参与行动	参与意愿
收入	2000 元以下	14.47	49.20	多城流动经历	有	28.88	57.75
	2000~3000 元	28.64	58.00		无	26.45	58.30
	3000 元以上	33.47	61.58		LR 检验	ns	ns
	LR 检验	***	***	居住状态	买房/廉租房	7.71	49.15
职业稳定性	未签订合同	14.85	52.19		自租房	37.14	63.78
	已签订合同	29.62	59.19		集体宿舍	31.90	56.78
	自雇	33.51	59.69		借住等	21.90	54.01
	LR 检验	***	**		LR 检验	***	***
样本量		2940					

注：*** p<0.001, ** p<0.01, * p<0.05, +p<0.1, ns 不显著。

从个体特征来看，农民工集群行为具有年轻化、主动化的新趋势。未婚、教育程度较高、收入较高的新生代农民工农民工集群行为参与行动与参与意愿更高。从表4-5可见，集群行为参与随收入和受教育程度的升高而增加。学历为高中及中专、收入为3000元以上的农民工群体集群行为参与最多。教育和收入代表农民工的职业经济地位，具有较高经济地位的农民工更早开化出强烈的公民权意识，在权益受损时更倾向于选择抗争，而非默默忍受。尤其是随着社会民主化进程的推进，具有较高教育程度的新生代农民工在公民意识上与老一代农民工具有显著差异。随着社会民主化进程的推进和代际更替，农民工集群行为已从被动抗争逐渐走向主动维权。同时，与以往的研究不同的是，农民工在集群行为参与上并未显示出性别差异。传统女性相对于男性而言依然处于弱势，在利益受损时男性更渴望通过参加维权抗争行为的方式来表达自身诉求，而女性则更多选择沉默。然而这种现象正在改变，随着社会经济的发展，女性地位逐渐提高，显示了适当的抗争性，逐渐弱化了性别差异。

从流动特征来看，流动性的确对农民工集群行为参与造成了较大的影响。首先，流动性对于农民工的影响从父代即开始。父辈有过外出务工经历的新生代农民工的集群行为参与显著高于父辈从未流动的农民工。本次调查数据显示，父辈有流动经历的新生代农民工超过七成，父辈流动造成的农民工子女或留守或随迁经历均对其行为模式产生了影响。其次，农民工本身的流动性形成了其集群行为参与的显著差异。异地流动农民工集群行为参与显著高于就近流动农民工。同时，来自东部地区的农民工集群行为参与最多，而来自西部地区的农民工集群行为参与意愿最强。从两个调查地来看，西部地区农民工是流动距离较远的农民工，他们在客观和主观上均有较强的流动性，造成了集群行为在该群体中的集中出现；来自东部地区的农民工在流入地社会资本丰富，为其组织集群行为提供了资源支持，因而其集群行为参与最多。总之，父辈和本身的流动性对农民工集群行为参与具有双重作用。

表4-5还显示了农民工集群行为的职业和居住稳定性特征。在职业稳定性上，与受雇农民工相比，自雇农民工的集群行为参与相对较多。这可能是由于在制度排斥的作用下，自雇农民工的制度保障更加缺乏，使得其权益易遭受侵害而无正式组织渗透，不得不通过集群行为来维权。而在受雇农民工群体内部，与用人单位签订了劳动合同的农民工集群行为又显著高于未签订劳动合同的农民工。这是由于签订合同的农民工一般在大型正规企业就业，这类企业虽然制度规范，但通常工资较低、工时较长；而且大型企业农民工集中居住，具有便于组织的特点，因而时常有集群行为爆发；在居住状态上，农民工居住在相对集中的自租房和集体宿舍，则集群行为发生较多、意愿较强，也是由于便于组织的原因。

（2）高风险群体特征分析

基于前文分析，在高度城镇化地区异地流动的80后农民工群体是集群行为的高风险群体。在农民工群体内部，高风险群体和其他群体的特征差异可能是造成其集群行为高发的缘起。通过对高风险群体和其他群体的对比，有助于深入发掘高风险群体之所以集群行为高发的深层次原因。表4-6从职业特征和融合视角对高风险群体和其他农民工群体做了差异化特征分析。

首先，高风险群体具备更高的职业优势。相较而言，他们更为年轻，高风险群体中的农民工一半以上具备高中及以上学历、月收入在3000元以上，而其他群体的农民工主要集中于初中学历，月收入在2000~3000元；同时高风险群体职业已经基本正规化，除自雇农民工外，大部分与用人单位签订了劳动合同（占84.75%），合同签订比例显著高于其他农民工群体（66.19%）。

　　其次，高风险群体从身份认同、社会隔离上体现出其徘徊在城市与农村夹层的中间群体身份，存在严重的制度和社会双重排斥，在总体上表现出相对弱势性，是真正意义上的"流民"。在自我身份的认同上，高风险群体有较强的中间群体认知。其他农民工基本上认为自己仍是农民身份（52.95%），只是来城市打工挣钱，而高风险群体更多地认为自己是非农民、非市民的城市外来人口（52.95%）；同时，高风险群体大部分都租房居住（77.17%），其中一半以上（54.00%）居住在本地人和外地人混居的社区。与其他农民工要么能够住进本地人聚居社区（29.87%），要么直接居住在外地人聚居社区（32.27%）相比，高风险群体更加直接地感受到社会排斥，导致其将近一半遭受过市民歧视（42.67%），从而加大了与流入地城市居民的心理距离（12.2）。

表4-6　高风险群体特征

单位：%，人

分类		高风险群体	其他群体	分类		高风险群体	其他群体
教育程度	小学及以下	2.83	9.32	身份认同	农民	28.33	52.95
	初中	31.50	48.50		城市外来人口	66.83	39.94
	高中/中专	36.50	29.27		市民	4.83	7.11
	大专/本科	29.17	12.91		LR检验	***	
	LR检验	***		居住稳定性	买房	2.00	30.98
收入	2000元及以下	9.03	33.21		租房	77.17	47.56
	2000~3000元	38.95	41.91		集体宿舍	20.83	21.45
	3000元以上	52.02	24.87		LR检验	***	
	LR检验	***		居住隔离	本地人区	14.84	29.87
职业正规化	未签订合同	7.63	27.30		外地人区	31.17	32.27
	已签订合同	84.75	66.19		混合区	54.00	37.87
	自雇	7.63	6.50		LR检验	***	
	LR检验	***		社会隔离	遭受歧视	42.67	36.81
心理隔离	心理距离	12.2 (0.13)	11.6 (0.07)		未遭受歧视	57.33	63.19
	T检验	***			LR检验	***	
	样本量	600	2336		样本量	600	2336

　　注：*** p<0.001，** p<0.01，* p<0.05，+p<0.1，ns不显著。

高风险群体处于 24~33 岁，大多已经成家，甚至有子女需要抚养，逐渐开始考虑未来的发展问题。与老一代农民工不同，新生代农民工大多没有务农经历，留城意愿较强。他们虽是农民工群体中的高水平人群，但与城市居民相比，资源禀赋不足，人力资本和社会资本仍不足以支撑其在城市的生存与发展，存在较大的经济压力及对未来发展的困惑。高风险群体徘徊在城市和农村之间，处于城市留不下、农村回不去的矛盾境地，客观和主观上都具有较强的"流民"特征，强流动特征可能是该群体集群行为高发的根源。

农民工向往城市生活，愿意在城市居住，要求改善其不平等待遇的呼声和渴望越来越强烈。其诉求已开始从原来维持生存的经济诉求向着争取并享有平等权利的政治诉求转变，加上他们职业身份的转化以及生活空间的变迁，使得他们更愿意参与到城市的政治生活中。农民工思想的变迁以及对城市管理造成的冲击对以往的公共政策提出了挑战，因此，如何引导农民工顺利融入城市社会具有现实紧迫性。社会资源的缺乏和社会底层的劣势决定了他们需要而且必须依靠建立新型的社会资本来改变其社会经济地位。无论是个人关系型社会资本，还是组织型社会资本，抑或是制度型社会资本，都要借助于政府或组织才可能发挥更大的效力，只有这样才能缩小博弈双方的力量差距。这样会产生一个问题，即拥有"优质的"社会资本固然具有减少交易费用的好处，但无形之中却可能增加维护关系的成本。

从个人决策来看，当社会资本降低交易费用的好处大于维护关系的成本时，拥有社会资本的决策是最优的。但从整个农民工群体来看，基于个人决策所付出的成本却可能造成社会资源的巨大浪费。对农民工自身而言，仅仅依靠社会资本不可能解决社会融合所面临的一切问题。政治参与，即通过政治途径，是农民工实现社会融合的另一渠道。非制度性政治参与的影响基本上是负面的、破坏性的，即对社会融合、文化融合和心理融合都有消极影响，只有采取武力诉诸利益者才可能有助于提高收入。由此可见，对抗性的非制度性政治参与尽管可以部分解决农民工问题，但负面影响可能远远大于解决问题所带来的利益。因此，逐步消除非制度性政治参与，引导和规范农民工制度性政治参与才是明智的选择。利益表达机制不完善，使农民工难以在制度框架内达成目的，有时不得已以非制度性政治参与形式铤而走险。为了相同的利益参加同样的行动并不代表农民工群体形成了"阶级团结"，也不同于"守法抗争"，而是一种"实用主义"的团结文化。他们会权衡自身利益、生活压力、议价能力及可能后果，审慎地选择自己的行动策略。因为他们并非为了某种政治企图，而是为了维护权益，使家庭生计得以持续。毕竟，农民工集体行动是市场博弈的一种手段，虽然符合市场逻辑，但也可能造成负面影响。退而求其次的办法是发挥类似"农民工之家"的自组织和各种社会组织的作用。当前，农民工社会融合的主要矛盾表现在利益主体的博弈力量不对称。对农民工而言，经济与社会融合是基础和前提，文化与心理融合是结果和目标，只有农民工与市民两类主体在心理层面达到相互包容、相互信任，才能实现真正的社会融合。在经济融合方面，政府和企业应赋予农民工更多的生存权和发展权。如果在与市民权利不对等的情况下，无端克扣、拖欠农民工工资或剥夺其合法劳动所得等侵犯农民工权益的行为自然可能会引发罢工、集体抗议等非理性行为。在社会融合方面，营造良好的舆论环境。大众媒体及其他传播媒介加强农民工正面形象报道，如对做好事农民工授予荣誉称号，发挥这种"符号资本"的积极作用，这样有利于营造农民工与市民的交往氛围，引导市民消除对农民工的偏见与歧视。在文化融合方面，寻求多元文化共生共荣的可能性。文化融合是一个渐变的过程。因此，不能强制性要求农民工接受城市文化而放弃家乡文化。当然，文化与地域相关联，要关注不同地域农民工社会融合的特点和差异。对政府而言，社会管理不是也不可能仅仅是为了消除差别、消灭矛盾，而是要在不同利益群体之间建立起矛盾化解机制、减少矛盾。各级政府官员应廉洁奉公，上行下效，把仁爱之心传递到农民工群体并与之进行良性互动，消除部门利益壁垒，与农民工相关的多部门达成共识，齐抓共管，建立起应对突发事件的快速反应机制。同时，调动全社会成员的积极性，培养公民社会意识，才能冲破制度的藩篱，优化社会政治生态。培育全社会平等开放包容的共通性社会资本，增强农民工对市民和政府的信任，减少不理性的政治参与，在制度体系中寻求解决之策，才可能最终实现农民工的社会融合。

第四节 结论与政策启示

一 主要结论

结合实地抽样调查数据，从代际视角、区域视角、流动视角、流动距离视角的时空维度切入，对农民工集群行为进行现状分析，主要得出以下结论。

第一，农业人口整体集群行为参与意愿远高于实际参与行动，存在集群行为爆发的巨大潜在势能，并以农民工群体为主。

流动对农民工集群行为产生不可忽视的影响。同样作为社会弱势群体，未流动的农村居民和流动中的农民工是权益受损的高危人群，由于法律知识不足，通过集群行为的"闹大"方式寻求利益保护的倾向较为严重，因而两者的集群行为参与意愿都较强。但父辈及其自身的流动经历对农民工集群行为参与具有双重促进作用，使得农民工比农村居民集群行为的参与比例更高。同时，由于集群行为实施需要资源配置，而农民工群体是在城市中聚集的农村大部分青壮年群体，他们多集中于大型工厂务工，具有便于组织的特点。在心理和物质条件全然具备的条件下，集群行为爆发成为必然。

第二，农民工集群行为在时间维度上具有代际传递特征；在空间维度上具有区域差异特性，识别出在异地城镇化地区异地流动的 80 后农民工是集群行为的高风险群体。

结合时空维度发现，1980 年以后出生的新生代农民工集群行为显著高于老一代农民工；经济相对发达的人口净流入地区农民工集群行为高发。中国城镇化进程的推进有从发达地区向欠发达地区发展的阶段性特征。与城镇化进程相伴而生的社会民主化进程同样具有代际和区域的阶段性差异。作为意识形态的公民意识从经济发达地区向经济欠发达地区蔓延，从城市向农村传播。在此规律下，高度城镇化的异地城镇化地区民主化意识更为完善，同时，年青一代农民工通过相对较高的受教育水平，在民主化进程的浪潮中催生出更加强烈的公民权意识，使得他们在遭受权益侵害时更具抗争性，而不同于老一代农民工"默默忍受"的被动反应。在某种程度上，农民工集群行为高发是公民意识形态发展和成熟的标志。

第三，农民工集群行为具有年轻化、主动化、无性别差异的新趋势。

农民工集群行为直接原因是对权利侵犯的抗争，权利意识的觉醒是农民工集群行为参与的催化剂。年轻的具备较高人力资本和经济地位的农民工更早开化出强烈的公民权利意识，逐渐表现出权利诉求，从"反应性"抗争走向"主动性"维权；传统女性相对于男性而言依然处于弱势，在利益受损时男性更渴望通过参加维权抗争行为的方式来表达自身诉求，而女性则更多选择沉默。然而这种现象正在改变，与以往研究不同的是，本书数据中农民工集群行为并未显示出显著的性别差异。随着社会经济的发展，女性地位逐渐提高，显示出适当的抗争性，逐渐弱化了性别差异。

第四，高风险群体在流入地较高程度的社会心理双重隔离可能是高风险群体集群行为高发的根源。

高风险群体在人力资本和职业正规化上具备更高的职业优势，是相对高水平的年轻农民工群体。他们处于24~33岁，大多已经成家，甚至有子女需要抚养，并逐渐开始考虑未来的发展问题。与老一代农民工不同，新生代农民工大多没有务农经历，留城意愿较强。但与城市居民相比，资源禀赋不足，人力资本和社会资本仍不足以支撑其在城市的生存与发展，存在"城市留不下，农村回不去"的矛盾。虽是农民工群体中的高水平人群，但在居住和社会交往中都具有较高程度的社会隔离。流动导致其自我身份认同模糊。不同于其他农民工群体具有较强的心理归属，他们更多地将自己界定为介于城市和农村之间的中间群体，挣扎在城市与农村的夹层，存在较大的经济压力及未来发展困惑。因此，高风险群体在客观和主观上都具有较强的"流民"特征，是真正意义上的弱势群体。自身处境的相对弱势性可能是该群体集群行为高发的根源。

二　政策启示

根据本章研究结论，农民工集群行为高发的主体原因在于其与乡土社会割裂后，又难以融入城市社会，流动的城乡夹层状态使其处于"两不管"窘境。在此背景下，农民工集群行为成为该群体进行利益表达、呼吁权益保护的社会运动。农民工群体本身是伴随工业化发展形成的农村剩余劳动力，向城市，向第二、三产业转移是其发展的必然趋势。政策制定方向应以辅助、推动该趋势为导向，一方面帮助农民工留城、融合，另一方面也要稳妥拔根，保护其农村土地三权以确保其生计可持续。因此，农民工集群行为防治根源应以促进农民工在城市中的社会融合为基准，由此得出以下政策启示。

首先，在渐进式户籍制度调整过程中，加快解决与户籍制度挂钩的社会福利制度和就业准入制度问题。预防农民工集群行为本质上是以改变城市"新二元"社会制度结构为基础，全面促进农民工在城市中的社会融合，使其有所依靠，从而减少流动性的问题。促进农民工社会融合应以制度融合为先，依赖制度的变革和调整促进农民工从社会福利、就业、居住等方面的全面融合。一方面，以居住证改革绑定基本公共服务，缓解城市社会二元问题，实现基本公共服务均等化；另一方面，明确居住证的身份功能和福利功能，强化其在劳动力市场进入和保障的前置基础性作用，建立公平的劳动力市场，打破农民工就业壁垒，使得非正规就业和就业保障问题得到根本性的解决。

其次，打破城市住房保障体系中的社会隔离，建立基本的居住融合区域。由于在现阶段大部分的农民工并未被纳入城市住房保障体系范围之内，无论是经济适用房还是廉租房体系均将农民工排除在外。部分地区解决了农民工住房保障问题，但采取的是建立专门的农民工居住社区的方式，这在事实上加剧了农民工与当地居民的居住隔离。居住融合是农民工结构融合和心理融合的基础，居住上的隔离将在很大程度上阻碍农民工融入城市社会。因此，需从根本上消除居住隔离的政策因素，在进行城市规划时即全方位考虑社会融合问题，避免采取针对某一群体的独立居住规划，制定农民工与当地市民相同的住房保障政策。同时，可加快农民工货币化住房保障措施的发展，适度补偿专款专项，增加农民工居住安排的多样性选择。

再次，增强农民工和城市居民的互动活动，创造高度融合的社会环境。居住隔离造成农民工社会交往以群内交往为主，而与当地市民缺乏互动，成为其社会融合的二次阻碍。与制度改革"自上而下"的举措相适应的应有鼓励农民工与市民交往从而促进农民工社会融合的"自下而上"的路径。因此，在推进制度改革的基础性保障的同时，应加强对农民工的正面宣传，引导社会各界对农民工在城市经济发展中所做贡献的肯定。通过在社区、学校开展促进农民工和市民、农民工子女和市民子女融合的互动活动，改善群体间融合关系，提高农民工及其子女在城市的长期融合发展水平。

最后，保障农民工在农村的土地三权，加快农村土地流转制度改革。土地是农民工所持有的重要生计资本，长期以来对土地的生计依赖使得大部分农民工在心理上不愿放弃农村土地。但农民工基本在城市生活工作，农村仅存的留守老人、儿童难以作为土地耕作劳动力使用，农村土地或多或少存在荒废问题。土地荒废不仅是资源浪费，而且不能为农民工生计带来实质上的收益。因此，应加速推动农村土地流转制度的改革，一方面明确土地三权归农民所有，并不是完全将农民工从土地上拔根；另一方面配合土地流转政策，盘活土地资产，既实现土地集中耕种、提高土地资源使用效率，又为农民工增加财产性收入，降低其土地资源束缚，加快农业人口转移，并进一步促进农民工城市融合与发展。

本章小结

本章从时间和空间两个维度，流动、代次、区域、流动距离四个视角，结合 2013 年深圳市坪山新区和 2015 年河南省叶县农民工调查数据，分析了现阶段新型城镇化进程中农民工集群行为参与的现状和基本特征，识别出高风险群体，并进行群体特征分析。研究发现，农业人口集群行为主要集中于农民工群体。农民工群体不仅集群行为高发，还具有集群行为爆发的巨大潜在势能，并具有年轻化、主动化、无性别差异的新趋势和特征。农民工集群行为在时间维度具有代际传递性，在空间维度具有区域差异性。结合时空维度识别出在异地城镇化地区异地流动的 80 后农民工是集群行为的高风险群体，其集群行为高发根源在于较高程度的社会和心理区隔，使其成为徘徊在城市与农村夹层，具有较强"流民"特征的弱势性群体。最后对研究的结果进行了讨论，并提出政策启示。

第五章

农民工集群行为参与意愿的
影响因素分析

集群行为参与分为参与意愿和参与行动两个阶段，将集群行为参与一个维度扩展为意愿产生和行动实施两阶段，分阶段进行农民工集群行为影响因素和影响路径分析，可以更加细致地探索农民工集群行为发生的深层次动机，从而从根源上解决农民工的集群行为。本章探讨农民工集群行为第一阶段——参与意愿的影响因素和影响路径。集群行为的参与意愿是已有参与意向，但还未落实的集群行为潜在势能。在第三章的总体框架指导下，构建农民工集群行为参与意愿的分析框架；并以此为基础，分析宏观制度结构因素和微观意识因素对农民工集群行为参与意愿的影响作用，以及共同作用的路径关系。利用 2013 年深圳市坪山新区和 2015 年河南省叶县农民工调查数据，建立二元 Logistic 回归模型和基于 Bootstrapping 中介效应检验的结构方程模型开展研究。

第一节　农民工集群行为参与意愿的解释框架

一　理论框架

农民工集群行为参与意愿影响因素分为宏观制度结构要素和微观意识要素两类。制度结构要素包括政治机会和社会控制，对农民工集群行为参与意愿产生不同影响。城镇化变迁过程产生的正式和非正式利益表达渠道为农民工集群行为提供了政治机会，促进了农民工产生集群行为参与意愿。正式表达渠道的不断完善，赋予了公民更多话语权，尤其是底层弱势群体的话语权明显扩大。这使得原本无法表达利益诉求的农民工突然有了影响政治体制的能力，促使其产生集群行为参与意愿。同时，诸如新闻媒体和网络等非正式表达渠道随着科技发展不断普及，不仅为农民工权益维护和利益表达提供了平台，还通过其媒体宣传功能增强了农民工的维权意识，促进了集群行为参与意愿的产生。流入地社会控制要素抑制农民工集群行为参与意愿的产生。农民工在流入地构建的纵向整合关系对其集群行为起控制作用，包括农民工与流入地政府互动形成的政府信任，以及党团、工会等正式组织参与，共同对农民工集群行为参与意愿起控制作用。

微观意识要素主要是农民工公民权意识的觉醒。与城镇化经济结构转型相伴而生的社会民主化过程催生出农民工的公民权意识。公民权意识不仅直接作用于农民工，促使其产生集群行为参与意愿，同时还在政治机会对农民工集群行为参与意愿的影响过程中发挥中介作用，即宏观结构上的政治机会通过个体公民权意识的影响，促进农民工产生集群行为参与意愿。

除此之外，农民工集群行为参与意愿还受到其个人特征、迁移经历以及流入地区域差异的影响。基于以上分析，构建农民工集群行为参与意愿的分析框架如图 5-1 所示。

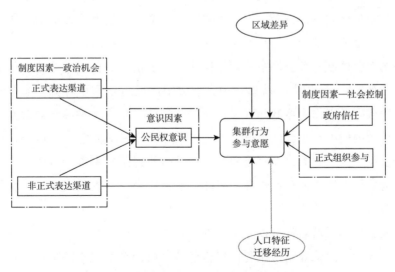

图 5-1　农民工集群行为参与意愿分析框架

（1）政治机会作用

集群行为在一定政治环境下发生，受政治环境的宏观影响。政治环境通过蕴含其中的政治机会结构为集群行为提供条件。政治机会结构是政治系统中的个人或群体影响政治系统的能力，是政治系统开放性的产物[35]。在工业化和城市化的社会变迁过程中，原本封闭的政治系统不断开放[199]。随着政治系统的开放，原本被排斥在政治体制外的群体获得了影响政治体制的机会[200]，即政治机会产生于社会变迁过程，随政治系统的开放不断变动。从封闭走向开放的"混合"体制形成了集群行为爆发的政治环境条件[35,66]。

政治系统的开放性由政治结构中自下而上的利益表达渠道来实现。利益表达渠道作为协商民主的工具[70]，赋予弱势群体话语权[201]。在封闭的政治结构中，弱势群体的不满情绪无从表达，成为被压抑在社会底层的风险。利益表达渠道的产生使得原本被噤声的弱势群体突然有了话语权[202]，扩大了其政治影响力[85]。一方面，政治系统的变化改变了社会各群体的力量差距，打破了既有平衡结构；另一方面，增加了政府的镇压成本[24]。结果就是促使弱势群体产生为自身权益抗争的意识，与以往相比，进行利益表达、呼吁权益保护的意愿更强[203]。

在中国城镇化的社会经济转型过程中，原本稳定的社会和政治格局被打破，政治体制不断开放[204]，表现为自下而上利益表达渠道的完善。在转型完成之前，新的政治稳态还未建立，在较长一段时间里处于半开放半封闭的混合体制。社会民主体制的构建增加了诸如农民工等弱势群体的利益表达渠道[205]，扩大了其影响力，形成了底层情绪集中释放的态势。由于现阶段农民工作为体制外人群，通过直接的投票、选举等常规政治方式影响政策的能力很小，而集群行为是实现影响的快速途径[24]。政治机会增加了农民工抗争倾向，而直接利益表达受阻使得选择集群行为进行利益表达成为农民工群体的理性选择。因此，政治机会促使农民工产生集群行为参与意愿。

利益表达渠道通常可以分为官方正式渠道和民间非正式渠道。一般意义下，人大、信访等制度化利益表达渠道是政治系统规定的渠道。在常规政治中，政府部门通过这些渠道接受利益表达[131]。正式制度的完善引领了公众的意识发展，正式利益表达渠道的设置增加了公众表达利益诉求的意愿。但由于目前基于户籍制度的城乡制度存在二元分离，城市中的正式利益表达渠道对农民工等流动人口存在一定程度上制度排斥的诸多限制[206]。同时，由于正式渠道尚不健全，农民工通过正式渠道维权存在耗费过高、耗时过长的问题。因而，存在由正式渠道引发的利益表达愿望，由于制度排斥而难以实现的矛盾。这使得农民工不得不基于理性选择通过集群行为的"闹大"方式进行快捷维权或利益表达，因此，与认为正式利益表达渠道无效相比，认为正式利益表达渠道有效的农民工，其集群行为参与意愿更强。

正式利益表达渠道并不能覆盖所有人群，通常还需要非正式利益表达渠道的补充。近年来，新闻媒体和互联网随科技发展而普及，在其监督作用中具有越来越大的影响力[207]。媒体作为非正式利益表达渠道成为社会转型期出现的政治机会[190]，通过两方面影响农民工的权益维护和利益表达：一是新闻和互联网平台的曝光监督作用突出，成为农民工进行权益维护的有效平台[208]，提升了其集群行为意愿；二是媒体对公民权利的宣传，提高了农民工的公民权意识[209]，增强了其权益保护的抗争意识。因此，新闻媒体和互联网等非正式利益表达渠道影响力不断扩大，作为正式制度的补充，为农民工集群行为意愿的产生提供了政治机会。与认为非正式利益表达渠道无效相比，认为非正式利益表达渠道有效的农民工，其集群行为参与意愿更强。

（2）意识因素的作用

1）直接影响

随着城镇化进程的推进，公众"公民意识"也随之加强[57]，主要表现就是公民权利意识的不断觉醒。公民权利意识是公民对宪法和法律规定的权利和义务的认知、理解和态度，以及对实现自我权利的方式选择的一种心理反应，包括权利认知、权利主张和权利要求[210]。权利意识的形成，是权利认知、权利主张和权力要求的逐步实现的结果。

价值观念影响社会稳定[148]。当公众的权利认知达到一定程度，有了确定的权利主张后，便容易识别出自身遭受的不平等待遇，进而提出权利要求。民主政治的发展一般从两方面同时推进：一是民主政治制度建设；

二是民主政治观念培养[147]。两者发展进度不平衡会造成制度上权利兑现的不及时，公众的权利要求长期得不到满足，易产生不满情绪，影响社会稳定[211]。

农民工在城市务工过程中受到城市公民文化的浸润，城市的经济环境、文化环境、组织环境对农民工的价值观念产生影响，形成公民权利意识[181]。作为城市中的外来者，其权利往往得不到保障[212]。现行工会体制使得集体合同无法维护真正意义上的工人集体权利，一方面农民工法律意识淡薄，不懂得通过合法途径维护权益；另一方面在政治活动中缺乏真正的利益代表，利益表达的民主渠道过于狭窄，缺乏有效的制度性渠道疏通下层不满情绪[213]，不能通过制度性渠道释放压力。公民权意识促使农民工对自身权利损害产生集体性归因，意识到只有通过集体抗争才能维护自身权益[214]，寄希望于集群行为以维护自身权益，达成权利平等。因此，农民工的公民权意识越强，其参加集群行为的意愿越强。

2）中介作用

根据政治过程论，政治机会的产生形成了集群行为的结构潜能，结构潜能需经过主观认知觉醒转化，即被排斥群体将自身不平等处境形成针对主流制度的集体性归因[30]，才能形成被排斥群体的集群行为参与意愿[24]。民主发展从制度建设和民主观念两方面同时推进[147]，公众的政治机会与公民权意识是相伴而生的。由于意识形态的发展通常比制度构建更加缓慢，因此，农民工公民权意识产生在政治机会出现之后，受政治机会影响：一方面，正式利益表达渠道的不断完善赋予弱势群体更多话语权，使其政治影响力突增，产生权利要求；另一方面，新闻媒体等非正式渠道的影响力不断扩大，通过其价值宣传功能，催生了农民工的权利意识。因此，包含正式的和非正式的利益表达渠道的政治机会产生促进了农民工由传统"臣民文化"观念向"公民文化"观念的转变，形成公民权意识，进而加剧其集群行为参与意愿。政治机会通过农民工的公民权意识，促使其产生集群行为参与意愿，包括正式利益表达渠道和非正式利益表达渠道。

（3）社会控制作用

社会控制的本质是调节各团体冲突，达到平衡，从而使社会可持续发展[215]。在一般社会中，政治体中的正式管理机构扮演着社会控制角色[216]，包括政府组织和正式的非政府组织。

1）政府信任

根据政治系统论，民众与政治系统通过要求输入以及政策输出的交互机制，使得政治系统得以可持续运行[177]。在一般意义上，要求输入渠道可分为制度化渠道和非制度化渠道。官方规定的常规渠道是要求输入的制度化渠道，而集群行为是公众与政治系统的非制度化互动[177]。对政府的信任水平是民众选择制度化渠道进行要求输入的前提。政府信任是民众基于理性思考、实践感知、心理预期等对于政治制度、政府及政策、公职人员行为的信赖[179]。政府信任短缺会导致民众选择集群行为非制度化渠道进行利益表达的后果[217]。农民工在流动过程中与流入地政府重构信任关系。政府信任的缺失使得农民工对于流入地政府的有效性持怀疑态度，在权益受损时更加倾向于避免使用制度化渠道进行维权，退而选择集群行为这种非制度化方式进行抗争。因此，农民工对流入地政府的信任度越高，其集群行为参与意愿越弱。

2）正式组织参与

正式组织的参与作为农民工在流入地与政治系统的整合程度，同样对个体产生控制作用。正式组织经由合法程序建立，参与其中的成员承担法定职责，是精确规划而成的权责关系结构，依据法定的规章行事，组织行为更加理性[85]。正式组织通过规章制度和程序对参与其中的成员产生约束作用[218]。农民工在城市中参与的正式组织包括党团组织和工会[219]。正式组织对农民工集群行为起约束作用：一方面，参加了正式组织的农民工是农民工群体中的佼佼者，通常拥有较高的学历和法律知识，在权益受损时会倾向于利用制度化渠道进行维权；另一方面，党团组织和工会内部成员属于某种意义上的体制内成员，与其他农民工相比，他们拥有更多话语权，可以直接进行利益表达，以及时消除不满情绪。因而，正式组织参与可以控制农民工的集群行为参与意愿。与未参加正式组织的农民工相比，在流入地参加了正式组织的农民工，其集群行为参与意愿较弱。

二 变量设置

（1）因变量

集群行为参与意愿：若权益受损，询问被访者是否会通过参加"罢工、集体抗议、与亲戚朋友一起讨公道"之类的正式和非正式集群行为维护自己的权益（会参加=1，不会参加=0）。

（2）自变量

根据第三章总体框架的设置，集群行为参与意愿的自变量由政治机会、社会控制、认知觉醒和其他控制变量四部分构成。

1）政治机会

正式表达渠道：政体内部正式结构一般存在利益表达渠道的设置，如选举、信访等可以直接与政府部门进行沟通的渠道，此为正式的利益表达渠道，起到疏通民意的作用。本书的正式利益表达渠道通过询问"若权益受损，是否会通过打官司、向政府相关部门投诉的形式维护权益？"，选择正式利益表达渠道进行维权则认为正式渠道有效（正式渠道有效=1；正式渠道无效=0）。

非正式表达渠道：非正式利益表达渠道包括社会各类自发组成的非正式、非营利组织渠道和近年来新兴的各类媒体。在我国农民工集群行为的参与过程中，非正式利益表达渠道主要是媒体、网络在发挥作用。通过询问"若权益受损，是否会通过网络、新闻媒体曝光的形式维护权益？"，选择非正式利益表达渠道进行维权则认为非正式渠道有效（非正式渠道有效=1；非正式渠道无效=0）（见表5-1）。

表5-1 政治机会因素的描述 （N=2940）

变量名称	参照组	取值范围	百分比
正式利益表达渠道有效性	无效	0，1	48.30%
非正式利益表达渠道有效性	无效	0，1	34.18%

2）社会控制

政府信任：本书借鉴了目前国际上比较流行的政府信任量表[191]。量表通过人员信任和机构信任两个维度共同测量政府信任水平。政府人员信任通过询问"当地政府领导（如市长/市委书记等）在电视或报纸上发言时，您觉得他们说的多大程度上是真的？您觉得当地大多数政府工作人员在工作中是否诚实可靠？您觉得当地多少政府工作人员能够胜任他们的工作？（1. 都不是；2. 很少的人是；3. 一半的人是；4. 绝大多数的人是；5. 都是）"；政府机构信任通过询问被访者"您认为当地政府做的事情有多少是对的？您认为当地政府处理流动人口问题有多少是公平的？您认为当地政府能够多大程度上保护流动人口的利益？"选项为"1. 没有；2. 有小部分；3. 一半；4. 绝大多数；5. 全是"。取 6 个题目加总值作为连续变量测量政府的总体信任水平，其一致性系数（Alpha 值）为 0.8472。

正式组织参与：农民工与流入地纵向整合的第二层次为其正式组织参与情况，包括党团组织和工会组织。因此，询问被访者在调查地是否参加了党团组织和工会这样的正式组织（是=1，否=0）（见表 5-2）。

表 5-2　社会控制因素的描述（N=2940）

变量名称	参照组	取值范围	均值（标准差）/百分比
政府信任	连续变量	[6, 30]	19.15（3.99）
正式组织参与	未参加正式组织	0, 1	32.04%

3）认知觉醒

公民权意识：由于农民工特有的公民权利意识为其追求与城市市民平等的权利诉求，因此，通过询问被访者"在同一个城市工作和居住的人就应该享有同样的权利、承担同样的义务"，答案选项为"非常不同意"到"非常同意"五级评价，在分析中设置取值范围为 [1, 5] 的连续变量，分数越高，说明被访者的公民权意识越先进，平等意识越强烈（见表 5-3）。

表 5-3　认知觉醒因素的描述（N=2940）

变量名称	参照组	取值范围	均值（标准差）
公民权意识	连续变量	[1, 5]	3.80（0.97）

4）控制变量

迁移经历：父辈流动经历（有＝1，无＝0）、多城流动经历（有＝1，无＝0）、流动时间（连续变量）。

人口特征：性别（男＝1，女＝0）、年龄（连续变量）、教育程度（大专及以上＝3、高中/中专/技校＝2、初中＝1、小学及以下＝0）、收入（连续变量）。

区域差异：根据新型城镇化社会背景下异地城镇化和就近城镇化并存的区域差异情况，对城镇化模式的差异进行变量控制，将就近城镇化地区设置为参照类进行对比分析（见表5-4）。

表 5-4 控制变量的描述（N = 2940）

变量名称	参照组	取值范围	均值/百分比
迁移经历			
父辈流动经历	父辈未流动	0, 1	23.98%
多城流动经历	从未去过他城务工	0, 1	50.41%
流动时间	连续变量	[0, 48]	10.55 (7.55)
人口特征			
性别	女性	0, 1	52.35%
年龄	连续变量	[14, 70]	33.00 (9.93)
教育程度			
小学及以下			7.99%
初中		0, 1	45.03%
高中/中专/技校		0, 1	30.75%
大专及以上		0, 1	16.22%
收入	连续变量	[0, 50000]	2785.47 (1761.82)
区域差异	就近城镇化地区	0, 1	66.87%

三 方法与策略

对于农民工集群行为参与意愿的影响路径分两步进行检验：首先，对农民工集群行为参与意愿进行影响因素分析，考察政治机会、社会控制、认知解放维度的自变量以及人口特征、流动特征、区域特征的控制变量对农民工集群行为参与意愿的直接影响效用，识别关键影响变量；其次，对农民工集群行为参与意愿进行影响路径分析，仅纳入主自变量考察政治机会通过公民权意识影响农民工集群行为参与意愿的影响路径及路径效用，识别关键影响路径。具体方法如下。

在农民工集群行为参与意愿的影响因素分析中，采用"单因素—多因素"的 Logistic 回归分析过程。具体地，首先在不同模型中放入单独维度的主自变量和控制变量分别考察不同维度变量对农民工集群行为参与意愿的单独影响；其次，将所有变量放入同一全模型考察其对因变量的综合影响效用。具体模型根据因变量分类模型，采用二元 Logistic 回归模型作为分析模型，模型公式为：

$$\text{logit}(y_1) = \ln\left(\frac{p_1}{1 - p_1}\right) = \sum_{i=1}^{n} \beta_i x_i + \beta_0 \tag{5-1}$$

公式（5-1）中 y_1 表示农民工的集群行为参与意愿；p_1 表示若在需要时，农民工判断自己会参加集群行为的概率，参考项为"不会参加集群行为"；x_i 表示自变量；β_i 表示回归系数；β_0 表示误差项。

对公民权意识的中介效应验证采用基于 Bootstrapping 中介效应检验的路径分析方法作为影响路径探索方法。Bootstrapping 检验是一个非参数的重新抽样程序，其对中介效应的分布并没有要求，可以克服中介效应的非正态分布的问题，以降低由于遗漏变量导致的参数估计偏差，验证程序如下：首先，为了消除抽样数据非多元联合正态分布的问题，Bootstrapping 检验程序对样本进行了 1000 次及以上重新抽样过程，再抽样生成新的蒙特卡罗样本子集作为新的正态随机样本进行分析；其次，在 AMOS 中构建中介效应的结构方程模型，选择最小二乘法进行估计，衡量直接路径的影响效应；最后，通过 Bootstrapping 中介检验方法对间接路径的影响效应进行测评，检验统计量通过公式（5-2）计算。

$$z = \hat{a}\hat{b}/s_{ab} \tag{5-2}$$

其中，$\hat{a}$，$\hat{b}$ 分别为中介效应影响路径的参数估计；$s_{ab} = \sqrt{\hat{a}^2 s_b^2 + \hat{b}^2 s_a^2}$，$s_a$、$s_b$ 为 $\hat{a}$、$\hat{b}$ 的标准误。

第二节　农民工集群行为参与意愿的
影响路径分析

对农民工集群行为参与意愿影响机制的分析分为两部分：首先，通过二元 Logistic 回归模型分析探讨内容框架中各影响因素对集群行为参与意愿的直接影响效应，识别关键影响因素（见表 5-5）；其次，针对政治机会、社会控制、认知觉醒三维度的主自变量，通过 Bootstrapping 中介效应检验构建基于结构方程模型的路径分析，探讨宏观和微观要素对农民工集群行为参与意愿的影响路径（见表 5-6）。

一　影响因素分析

（1）政治机会扩张的促进作用

检验政治机会对农民工集群行为参与意愿的影响发现，政治机会的产生对农民工集群行为参与意愿具有显著的正向影响。

从单独检验模型来看，农民工对正式利益表达渠道的有效性判断对其集群行为参与意愿的正向影响非常显著（见模型 5-1），即与认为正式利益表达渠道无效相比，认为正式的利益表达渠道有效的农民工集群行为参与意愿更强。正式的利益表达渠道是国家政治体制内自下而上的正式沟通渠道。城镇化进程中的社会民主化发展促成了正式利益表达渠道的不断完善。随着正式利益表达渠道的成熟，使得原本缺乏话语权的弱势群体突然有了可以表达利益诉求的平台，这助长了农民工的权利获取渴望和维权意识的发展。然而，农民工作为城市社会中的弱势群体，由于传统户籍制度的排斥和资源禀赋不足的多重原因，长期被排斥在制度之外。制度渠道虽在日益完善，但尚未完全渗透进社会各个阶层，使得农民工通过正式的利益表达渠道表达权利诉求时存在耗时、耗费过大而难以负担的困境；同时，现阶段由于政府人力资源不足，对于集群行为的处理方式不得不秉承"大闹大解决，小闹小解决，不闹不解决"的应对方式。从而，通过集群行为的"闹大"方式进行维权抗争成为农民工可以在短期内快速进行利益表达的有效方式，在某种程度上是农民工的理性选择。因此，正式利益表达渠道的形成促使农民工产生更强的集群行为参与意愿。

其次，农民工对非正式利益表达的有效性判断同样对其集群行为参与意愿具有非常显著的正向作用（见模型5-1），即与认为非正式利益表达渠道无效的农民工相比，认为非正式利益表达渠道有效的农民工集群行为参与意愿更强。非正式的利益表达渠道包括新闻媒体、互联网等媒体监督平台。随着智能化媒体终端的发展，网络、新闻媒体的信息传递渠道广泛渗透进所有人群，形成越来越强大的影响力。作为正式利益表达渠道的补充，这些非正式渠道一方面为农民工利益表达提供平台，通过媒体曝光权益侵害对侵害者及第三方政府形成压力，促进侵权事件得到公正、高效的解决，另一方面通过隐含在信息传递过程中的价值观念宣传，不断提升农民工的权利意识，形成更强的抗争意愿。因此，非正式利益表达渠道的影响力不断扩大，促使农民工产生更强的集群行为参与意愿。

最后，从模型5-4全模型可见，在加入其他变量后，正式利益表达渠道和非正式利益表达渠道对农民工集群行为参与意愿的正向影响作用并未改变，这说明城镇化进程中的宏观结构上的政治机会扩张对农民工集群行为参与意愿具有稳定的促进作用。

（2）流入地社会控制的抑制作用

检验流入地的社会控制因素对农民工集群行为参与意愿的影响发现，社会控制对农民工集群行为参与意愿具有部分控制作用。首先，流入地政府信任对农民工集群行为参与意愿具有显著的负向影响，即农民工对流入地政府的信任度越高，则其参与集群行为的意愿越小（见模型5-2）。加入其他变量后，在模型5-4的全模型中该作用的方向和显著度未发生变化，说明流入地的政府信任对农民工集群行为参与意愿的产生具有稳定的抑制作用。农民工在流动过程中通过与流入地政府人员和机构的互动建立新的基层政府信任。由于农民工集群行为基本上发生在流入地，流入地政府在农民工与用工企业的纠纷中扮演着关键的第三方调解角色。已有研究表明，农民工集群行为的演化方向与政府应对策略有极大的相关性。基于对政府的信任，农民工在权益受损时更倾向于通过制度化方式进行依法维权，从而降低了集群行为参与意愿。

其次，正式组织参与对农民工集群行为参与意愿的产生并未起到控制作用。从单独检验模型来看，正式组织参与对农民工集群行为参与意愿有显著的正向影响（见模型 5-2）。正式组织作为组织中的一种形式，具备组织的两类功能：其一是为参与其中的成员提供支持，其二是通过组织规范限制成员行为。模型 5-2 中正式组织参与加剧农民工集群行为参与意愿的结论说明了，农民工正式组织的功能以资源支持为主，而鲜有行为规范作用。可能的原因是农民工在流入地中的正式组织参与较少，即使参加了党团或工会组织，组织活动缺乏也会导致正式组织是一个形同虚设的稀疏组织，对成员的制约作用有限。但从模型 5-4 来看，在加入其他变量后，正式组织的正向作用变得不显著，说明其提供的资源支持影响并不稳定，不能纳入农民工集群行为动员资源考虑范围，而仅是未能发挥其应有的控制作用。至此，社会控制的假设部分得到验证。

（3）认知觉醒的直接作用

检验农民工认知觉醒对其集群行为参与意愿的作用发现，公民权意识对农民工集群行为参与意愿具有非常显著的正向影响。从单独检验模型来看，公民权意识越强，则农民工集群行为参与意愿越强烈（见模型 5-3）。农民工在城镇化进程中，随着在城市中受到公民文化的浸润，逐渐产生平等的权利意识，尤其是随着农民工的代际更替，第二代农民工成为农民工大军中的主要成员，与第一代农民工相比有着更强的平等权利诉求。公民权意识的觉醒一方面促进了农民工为维护自身权利进行抗争的意识，另一方面使得农民工逐渐意识到自己遭受了不公平待遇，加剧了农民工的不公平感知。公民权意识的提升使得农民工意识到其自身由于制度隔离而遭受的在用工、社会保障上的不平等。不公平感知是集群行为的直接心理诱因，从而促使农民工产生集群行为参与意愿。公民权意识的正向影响作用在全模型中仍然稳健（见模型 5-4）。

（4）区域影响及其他因素

模型 5-1 到模型 5-4 显示，流动区域对农民工集群行为参与意愿具有稳定的影响作用。在异地城镇化地区流动的农民工集群行为参与意愿显著高于在就近城镇化地区流动的农民工。集群行为作为城镇化社会变迁过程中产生的社会现象，其参与意愿不可避免地受到社会场域的影响。异地城镇化地区是经济较发达的高度城镇化地区，经济发展带动政治文化现代性，且异地城镇化地区公众的公民权意识发展更迅速。农民工在流动过程中受到流入城市公民文化的浸润，催生出公民权意识。政治文化发展程度不同的区域对农民工公民意识的影响程度不同，本书数据显示，在异地城镇化地区流动的农民工公民权意识均值为3.84，显著高于在就近城镇化地区流动的农民工公民权意识水平（3.72）。公民权意识作为农民工集群行为产生意愿的关键变量，造成了不同区域间农民工集群行为参与意愿的差异。因此，流入地区域对农民工集群行为参与意愿的产生具有差异化影响，异地城镇化地区社会场域影响下的农民工集群行为参与意愿更强烈。

在控制变量中，有两个因素值得注意。其一是父辈流动经历对农民工集群行为参与意愿有显著正向影响。父辈流动经历意味着农民工在未成年时期曾经有过留守或随迁的经历，即与父辈从未流动过的农民工相比，有过留守、随迁经历的农民工集群行为参与意愿更强。留守儿童的生理和心理安全问题已得到广泛关注，当前我国已把留守儿童问题列为亟须解决的重要问题。随迁儿童虽与父母一起流动，但不稳定的生活条件和教育环境也同样使其成长难以得到保障。农民工的亲子关系问题如何解决需要得到重视。其二是年龄对农民工集群行为参与意愿的负向影响显示，农民工集群行为参与意愿随其年龄增长而有所弱化。这同时验证了本书第四章中农民工集群行为具有年轻化特征的结论。

表 5-5　农民工集群行为参与意愿影响因素的回归分析结果（N=2940）

变量	模型 5-1	模型 5-2	模型 5-3	模型 5-4
政治机会				
正式利益表达渠道（无效）	1.587 ***			1.592 ***
	(0.095)			(0.096)
非正式利益表达渠道（无效）	1.550 ***			1.536 ***
	(0.115)			(0.115)
社会控制				
流入地政府信任		-0.168 **		-0.335 ***
		(0.078)		(0.093)
正式组织参与（无）		0.181 **		0.070
		(0.087)		(0.103)

续表

变量	模型 5-1	模型 5-2	模型 5-3	模型 5-4
认知觉醒				
公民权意识			0.185 ***	0.160 ***
			(0.040)	(0.047)
迁移经历				
父辈流动经历（父辈无流动）	0.340 ***	0.445 ***	0.468 ***	0.336 ***
	(0.111)	(0.096)	(0.096)	(0.112)
多城流动经历（无）	-0.117	-0.019	-0.033	-0.121
	(0.090)	(0.078)	(0.077)	(0.091)
流动时间	0.013 *	0.012 *	0.008	0.014 *
	(0.008)	(0.007)	(0.007)	(0.008)
人口特征				
收入（ln+1）	-0.021	-0.012	-0.013	-0.026
	(0.037)	(0.021)	(0.032)	(0.037)
教育程度（初中及以下）				
高中及以上	-0.286 ***	0.017	0.024	-0.033 ***
	(0.097)	(0.084)	(0.083)	(0.100)
年龄	-0.023 ***	-0.027 ***	-0.026 ***	-0.021 ***
	(0.007)	(0.006)	(0.006)	(0.007)
男性	0.040 **	-0.117	-0.120	0.023
	(0.094)	(0.080)	(0.080)	(0.094)
区域差异（就近城镇化地区）	0.405 ***	0.640 ***	0.627 ***	0.413 ***
	(0.101)	(0.087)	(0.086)	(0.102)
常数项	0.256	1.087	0.465	0.113
Pseudo R^2	0.2262	0.0339	0.0234	0.2297
Log Lik	-1547.353 ***	-1961.441 ***	-1952.957 ***	-1540.347 ***

注：*** $p<0.01$；** $p<0.05$；* $p<0.1$，ns 不显著。

二 影响路径分析

前文影响因素分析识别了政治机会、社会控制、认知觉醒，以及农民工人口特征、流动因素对其集群行为参与意愿的影响效用和影响方向。本节从新型城镇化进程中的政治机会、社会控制和认知觉醒三个主要维度，通过建立 Bootstrapping 中介效应检验的结构方程模型，进一步探索三者对集群行为参与意愿的影响路径。

（1）基于 Bootstrapping 中介效应检验的影响路径分析

根据理论分析，政治机会对农民工集群行为参与意愿同时具有直接效应和间接效应。一方面，政治机会中的正式利益表达渠道和非正式利益表达渠道直接促进农民工产生集群行为参与意愿；另一方面，二者还通过公民权意识的中介效应间接促进农民工产生集群行为参与意愿。同时，政治机会、社会控制和认知觉醒三维度变量作为城镇化社会变迁过程中的同时增长的因素，其内部变量之间还可能存在相互关系。因此，首先对正式利益表达渠道、非正式利益表达渠道、公民权意识，以及政府信任和正式组织参与 5 个自变量进行相关分析，确定自变量内部的关系结构。变量相关分析如表 5-6 所示，根据相关分析结果可知，在所有自变量中正式利益表达渠道和非正式利益表达渠道存在显著的相关关系。

表 5-6　变量相关分析（N=2940）

	正式渠道	非正式渠道	公民权意识	政府信任	正式组织
正式利益表达渠道	1.000				
非正式利益表达渠道	0.476 ***	1.000			
公民权意识	0.089	0.060	1.000		
政府信任	0.070	-0.030	0.100	1.000	
正式组织参与	0.072	0.130	0.070	-0.023	1.000

注：*** p<0.01。

在一般城镇化过程中，工业化、民主化、科学技术多线程并行发展，同时又存在相互依赖、相互促进的规律。制度化的利益表达渠道作为民主化制度不断完善的标志，制度包容程度在开放过程中不断扩大，促进了诸如媒体、网络的非正式利益表达渠道的产生及发展；同时，非正式利益表达渠道影响力日益扩大，以其独特的价值宣传和影响渲染功能将社会问题暴露给制度设计者，从而进一步促进了制度修正，即制度化的正式利益表达渠道的完善。因此，政治机会中正式的和非正式的利益表达渠道存在既独立发展又相互促进的关系。在集群行为参与意愿的解释框架中，除包含之前通过理论分析获得的影响路径外，还应将正式利益表达渠道和非正式利益表达渠道的相互关系考虑在内。在 AMOS 中构建初始结构方程模型如图 5-2 所示。

本书选取基于 Bootstrapping 中介效应检验的路径分析方法作为影响路径的探索方法。中介效应检验通常有四类方法，分别是逐步检验法、Sobel 检验法、差异系数检验法和 Bootstapping 检验法。与其他三类方法不同的是，Bootstrapping 检验是一个非参数的重新抽样程序，对变量分布并没有要求，可以克服参数非正态分布的问题，以降低由于遗漏变量导致的参数估计偏差。为了消除抽样数据非多元联合正态分布的问题，首先通过 Bootstrapping 检验程序对样本进行 1000 次再抽样，生成新的蒙特卡罗样本子集作为新的正态随机样本进行分析。样本分布如表 5-7 所示，从抽样结果可知，新的蒙特卡罗子样本已基本满足正态分布。

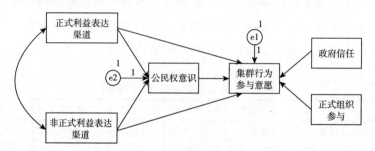

图 5-2　初始结构模型

表 5-7　Bootstrapping 蒙特卡罗样本子集离散分布

	27299.003	| *
	27996.668	| *
	28694.332	| **
	29391.997	| *****
	30089.662	| *********
抽取样本量 = 1000 平均数 = 32013.266 标准误 = 50.737	30787.327	| ***************
	31484.992	| *****************
	32182.656	| ********************
	32880.321	| **************
	33577.986	| **********
	34275.651	| *******
	34973.315	| ****

续表

抽取样本量 = 1000 平均数 = 32013.266 标准误 = 50.737	35670.980	∣ **
	36368.645	∣ *
	37066.310	∣ *

选择最小二乘估计作为 AMOS 结构方程模型的路径分析方法进行估计，路径分析结果如图 5-3 和表 5-8 所示，模型拟合良好。从表 5-8 中可以得出结论，公民权意识在正式利益表达渠道对集群行为参与意愿的影响中存在部分中介效应；而在非正式利益表达渠道对集群行为参与意愿的影响中，公民权意识的中介效应并不显著。与前文的影响因素分析结果相同，正式和非正式的利益表达渠道，以及公民权意识对于集群行为参与意愿的直接影响均显著。同时，正式利益表达渠道对于公民权意识具有显著的正向影响，而非正式利益表达渠道对于公民权意识的影响作用不显著。也就是说，前文理论推导的政治机会通过农民工个体公民权意识促使其产生集群行为参与意愿的中介效应路径具体是存在于正式利益表达渠道对集群行为参与意愿的影响过程中的。

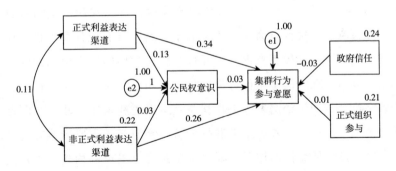

图 5-3　基于 Bootstrapping 中介效应检验的路径分析结果

表 5-8　结构方程模型分析结果（N = 2940）

影响路径	估计值（SE）	95% 置信区间临界比	P 值
正式渠道→参与意愿	0.338（0.018）	18.886	***
非正式渠道→参与意愿	0.261（0.019）	13.602	***

续表

影响路径	估计值（SE）	95%置信区间临界比	P 值
正式渠道→公民权意识	0.134（0.041）	3.296	***
非正式渠道→公民权意识	0.028（0.043）	0.654	0.513
公民权意识→参与意愿	0.026（0.007）	3.486	***
政府信任→参与意愿	-0.064（0.016）	-3.939	***
正式组织参与→参与意愿	0.006（0.017）	0.372	0.710
拟合度检验	RMR = 0.059 GFI = 0.907 AGFI = 0.870 CFI = 0.990 NFI = 0.909 RMSEA = 0.135		

总体上的中介效应测评结果如表 5-9 所示。结合表 5-8 中正式利益表达渠道对公民权意识的影响参数（记为 $\hat{a}$），以及公民权意识对集群行为参与意愿的影响参数（记为 $\hat{b}$），通过公式 $z = \hat{a}\hat{b}/s_{ab}$，$s_{ab} = \sqrt{\hat{a}^2 s_b{}^2 + \hat{b}^2 s_a{}^2}$（$s_a$、$s_b$ 为 $\hat{a}$、$\hat{b}$ 的标准误）计算中介路径的统计检验量，发现正式利益表达渠道→公民权意识→集群行为参与意愿的中介路径具有统计显著性；而非正式利益表达渠道→公民权意识→集群行为参与意愿的中介影响路径并不显著。结果显示，在农民工集群行为参与意愿产生机制中，城镇化进程中产生的政治机会，如信访制度等正式利益表达渠道和媒体等非正式利益表达渠道的产生与发展，对农民工集群行为参与意愿产生主要影响效应。政治机会维度通过个体意识的作用主要集中于制度化渠道的构建。正式渠道一方面直接促使农民工产生集群行为参与意愿，另一方面通过其公民权意识的中介效应对自身不公处境产生集体性归因，并进一步促使其产生通过集群行为维护权益的意愿。虽然农民工群体的公民权意识在此过程中的间接效应较小，但农民工群体的公民权意识近年来随其受教育水平的提高而不断增强，公民权意识在正式渠道对集群行为参与意愿影响过程中的中介效应可以预见地将有持续增强趋势。

表 5-9 中介路径效果测评（N = 2940）

中介影响路径	路径显著度（p-value）	中介效应验证
正式渠道→公民权意识→参与意愿	0.014 **	√
非正式渠道→公民权意识→参与意愿	0.520	×

注：*** p<0.01； ** p<0.05； * p<0.1，ns 代表不显著。

（2）中介效应验证

根据模型结果对集群行为参与意愿的影响机制进行修正，修正后的影响路径如图 5-4 所示。首先，政治机会通过微观公民权意识的部分中介作用影响农民工集群行为参与意愿的产生，影响作用通过正式利益表达渠道影响公民权意识，进一步影响农民工集群行为参与意愿达成。体制内正式的利益表达渠道的构建，使得原本缺乏话语权的农民工突然有了影响政治体制的能力，通过赋予农民工话语权，增强了他们追求平等的权利意识，并进一步促使其产生集群行为参与意愿。其次，非正式利益表达渠道对集群行为参与意愿仅有直接影响，未见间接影响。最后，社会控制因素中，政府信任对农民工集群行为参与意愿的抑制效应显著，而正式组织参与并未发挥出其应有的控制作用。

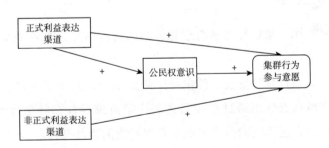

图 5-4 农民工集群行为参与意愿影响路径

三 关键影响因素识别

从集群行为参与意愿影响因素的数据验证结果来看，政治机会结构、政府信任、公民权意识是影响农民工集群行为参与意愿的关键变量，其中，公民权意识起中介效应。

第一，正式利益表达渠道和非正式利益表达渠道的产生代表转型期社会变迁过程中产生的政治机会，为原本无话语权的农民工提供了利益表达机会，促使其产生通过集群行为进行权益维护和利益表达的意愿。

第二，流入地社会控制因素对农民工集群行为产生部分控制作用：一方面，农民工对流入地政府的信任抑制其集群行为参与意愿的产生；另一方面，农民工在流入地的正式组织参与由于组织结构过于稀疏，未能发挥其应有的控制作用。

第三，公民权意识的产生是城镇化进程中农民工认知觉醒的结果。通过公民权意识，农民工对自身的不公平处境有了集体性归因，产生主动利益诉求，在权益受损后的抗争性更强，从而产生集群行为参与意愿。

第四，宏观结构的政治机会通过农民工个体公民权意识的中介作用，促进其集群行为参与意愿的产生。正式利益表达渠道从话语权赋予功能提升了农民工的公民权意识，进而促使其产生集群行为参与意愿。

第三节　结论与政策启示

一　主要结论

基于对农民工集群行为参与意愿影响因素的研究，本章主要研究发现和结论如下。

第一，城镇化社会变迁过程中产生政治机会，赋予了农民工更多话语权。然而现阶段农民工通过正式利益表达渠道维权存在耗费过大的问题，导致政治机会在短期内增强了农民工集群行为的参与意愿。

一方面，正式利益表达渠道的不断完善增强了农民工集群行为的参与意愿。城镇化进程中的社会民主化发展促使正式利益表达渠道不断完善，赋予农民工更多话语权，使得原本无从表达诉求的农民工突然有了影响政治体制的能力。但作为城市社会中的弱势群体，二元户籍制度和资源禀赋的相对不足共同决定了农民工被排斥在制度之外。制度渠道虽在日益完善，但尚未完全渗透进社会底层。这使得农民工通过正式渠道进行自下而上的利益表达时，存在耗时、耗费过大而难以负担的困境；同时，现阶段政府对于集群行为"大闹大解决，小闹小解决，不闹不解决"的应对方式，使农民工习得通过集群行为的"闹大"方式进行维权抗争是可以在短期内快速解决困难的有效方式。因而正式利益表达渠道的产生在短期内增长了农民工集群行为的参与意愿，在某种程度上是转型期农民工的理性选择。

另一方面，非正式利益表达渠道随着其日益扩大的影响力增强了农民工集群行为参与意愿。随着智能媒体终端的普及，新闻媒体、互联网等非正式利益表达平台的影响力日益扩大。作为正式利益表达渠道的补充，非正式渠道能够发挥社会监督作用，通过媒体曝光对权益侵害者或第三方政府施加压力，促使问题得到公正、高效的解决。因此，非正式利益表达渠道的产生提高了农民工通过集群行为维权的群体效能感，增强了农民工的集群行为参与意愿。

第二，人口流动冲击城市社会结构，弱化了社会系统的控制作用，使得流入地社会控制因素对农民工集群行为参与意愿仅起到部分控制作用。

一方面，农民工对流入地政府的信任，制约其集群行为参与意愿的产生。政府信任既是农民工与流入地政府互动的前提条件，又是互动结果。农民工通过与流入地政府互动构建新的基层政府信任。政府在农民工劳资纠纷中通常扮演第三方调解角色。基于对流入地政府的信任，农民工更倾向于选择依法维权，从而降低了集群行为参与意愿。因此，政府信任对农民工集群行为参与意愿的产生起到有效控制作用。

另一方面，正式组织对农民工集群行为参与意愿的产生并未发挥出应有的控制作用。部分农民工在流入地参加了党团组织和工会等正式组织，正式组织通过其组织规范对参与其中的成员起行为约束作用。然而农民工在流入地的正式组织参与较少，正式组织在农民工群体中的渗透力不够。稀疏的正式组织结构难以发挥行为约束作用，不能及时调整农民工意识的发展方向，因而未能控制农民工集群行为参与意愿。

第三，通过教育和流动经历的社会化过程，农民工从传统"臣民"文化向更加现代化的"公民"文化转变，催生出公民权意识，从直接影响和中介效应两方面增强了农民工集群行为的参与意愿。

一方面，公民权意识的觉醒直接促使农民工产生集群行为参与意愿。教育和流动的社会化经历对农民工公民权意识的培育起到显著影响。公民权意识的产生是社会进步的结果，作为社会底层群体的农民工公民权意识觉醒，标志着社会整体向公民社会的飞跃。公民权意识使得农民工意识自身不公平处境，形成对该处境的集体性归因，试图通过集群行为达到群体抗争、弱化不公的目的。

另一方面，宏观政治机会结构通过农民工公民权意识的中介作用，加剧了其集群行为参与意愿的产生。宏观政治机会的产生影响农民工个体意识形态，提升了其公民权意识。政治机会中的正式利益表达渠道通过其话语权赋予功能，促进农民工公民权意识的觉醒，从而增强了农民工集群行为的参与意愿。

第四，流动性强造成的"流民"心理是农民工集群行为高发的根源，不仅仅是农民工自身的流动性，而是从其父辈的流动经历就开始形成影响。通过第四章的现状研究，可以得出农民工本身在城市中遭受制度隔离和社会隔离导致其客观和主观上的流动性是集群行为高发的根源的结论。而本章的研究进一步发现，父辈流动经历也对其集群行为参与意愿的产生具有显著正向影响。父辈的流动经历意味着农民工在未成年时期曾经有过留守或随迁的经历。未成年时期的留守、随迁经历造成农民工家庭教育的缺失。一方面，这对农民工成年后的行为方式造成影响，使其行动更具冲突性；另一方面，教育缺失使农民工并未获得寻求合法、合理帮助的能力，在权益受损时更倾向于依赖群体抗争方式。背后透视出如何保障农民工亲子关系这个亟待解决的问题。

第五，不同区域对农民工集群行为参与意愿存在差异性影响。经济发达的异地城镇化地区汇集了远距离异地务工的大量农民工，同时由于其经济发展带动了文化意识的现代化发展。与相对落后的就近城镇化地区相比，在其多利益主体交错的社会场域影响下，农民工具有更强的集群行为参与意愿。产生这种结果在很大程度上在于两方面的原因：一方面，农民工在流动的再社会化过程中受到异地城镇化地区先进公民文化的熏陶，从而形成较强的集群行为参与意愿；另一方面，异地城镇化地区通常是典型的移民城市，"人口倒挂"现象严重，来自四面八方的流动人口与当地居民一起构成了错综复杂的利益关系。在这种社会场域下，利益主体为维护自身利益必然冲突频发，因而农民工集群行为参与意愿也更加强烈。

二　政策启示

基于本章研究结论可以发现，农民工产生集群行为参与意愿的根源在于其日益强化的公民权意识和尚未完善的制度之间的矛盾。意识进步使得农民工开始呼吁更多权益保护，而制度的相对不健全造成农民工通过制度化渠道获得权益的道路阻塞，故通过参与集群行为进行利益表达成为社会背景下的理性选择。因此，降低农民工集群行为的政策制定应以深入推进户籍、公共服务、社会组织体系、政治参与制度等全方位通达的制度建设为导向，从而加强社会沟通和控制，预防农民工集群行为发生。因此，提出以下政策启示。

第一，深入推进户籍制度改革。一方面，中小城市适当放宽落户限制，建立公平的制度环境，有序推动农民工在制度身份上的转变，多渠道、多路径接受有能力、有技术的农民工成为城市市民；另一方面，大城市通过居住证改革，建立公平的福利保障体系，以居住证绑定公共服务，逐步实现基本公共服务均等化，并进一步明确居住证的身份功能，强调其在劳动力市场进入、劳动保障等方面的基础性作用。

第二，全面推进基本公共服务均等化，扩大社会保障覆盖面，完善多元化住房供给制度。首先，城市基本公共服务对象要逐渐以常住人口为基准，实现常住农民工及随迁老人、子女的基本覆盖。把与企业有稳定劳动关系的农民工纳入与城市市民相同的职工基本社会保险如养老、医疗保险，建立灵活就业农民工的社会保障政策。其次，逐步改善农民工居住环境，重视城市住房保障体系中的社群隔离问题，避免采用农民工独立社群的发展计划，应以赋予农民工与市民相同的住房保障权利为立足点，完善住房保障体系对农民工群体的规定，逐步将稳定就业的农民工纳入住房公积金制度实施范畴。

第三，加快我国社会组织体系的发展进程，特别是关注农民工的组织化发展问题。组织化对农民工利益表达和权益维护的作用已经受到重视，但需要注意的是，同质性的组织化发展对农民工的社会融合进程可能出现阻碍性的作用。因此，一方面，应该全面加快我国社会的组织化程度，无论是与政府高度相关的正式组织体系的发展，如加快党团、工会基层组织在非公领域的发展等，还是民间组织以及社会自组织性的非正式组织的发展；另一方面，应该在社区和企业层面，关注农民工组织参与的兴趣和偏好，加强组织活动和组织参与的动员，注意避免组织活动参与的门槛和身份歧视，重视农民工和市民在组织层面的交往和合作。

第四，打破政治参与的制度壁垒，赋予农民工在城市进行政治参与的权利。减少农民工在城市政治参与的资格限制，精简政治参与的程序，真正做到以居住地代替户籍所在地确定选举资格；重视发展农民工党员，加强农民工的党组织建设；鼓励在各级党代会、人大、政协的组织中吸纳优秀的农民工代表，鼓励农民工在工会、社区居委会等组织中行使民主选举、决策、监督的政治参与权利。

第五，保障随迁儿童在城市享受平等的教育权。首先，将农民工随迁子女教育纳入教育发展规划，合理整合学校的资源，加大公办学校的教育经费投入，保证农民工随迁子女在城市具有接受义务教育的同等权利；其次，城市的公办学校应对农民工随迁子女开放，政府以购买服务的方式提供相应经费，引领民办学校提高义务教育质量；最后，教育主管部门应该研究制定农民工随迁子女在异地中、高考的办法，使其安定地在城市接受教育。

第六，健全农村留守儿童的服务体系。各级政府应合理分担留守儿童的教育成本、加大寄宿制中心学校的建设，建立留守儿童的多元保护网络，全面构建留守儿童关怀体系。改善贫困地区的农村学校基础设施、保证教师资源，完善农村学校寄宿制度，落实对农村困难家庭义务教育阶段的生活补助，构建学校、家庭、社区"三位一体"的留守儿童关怀计划。

本章小结

本章根据第三章中所构建的农民工集群行为分析框架，构建了农民工集群行为参与意愿的分析框架，并提出假设。结合 2013 年深圳市坪山新区和 2015 年河南省叶县农民工调查数据，分析了现阶段新型城镇化进程中农民工集群行为参与意愿产生的关键影响因素和影响机制，验证了分析框架的有效性。研究发现，城镇化过程中正式的和非正式的利益表达渠道不断完善，产生了政治机会。一方面，政治机会能够为原本无话语权的农民工提供利益表达机会，促使农民工产生集群行为参与意愿；另一方面，经由农民工公民权意识的中介作用，促进其集群行为参与意愿的产生。农民工公民权意识在教育和流动的社会化过程中不断觉醒，使其在权益受损后的抗争性更强，能够加剧集群行为参与意愿的产生。而流入地的社会控制因素对农民工集群行为参与意愿仅有部分控制作用，政府信任抑制农民工集群行为参与意愿的产生，而正式组织参与并未发挥其应有的控制作用。最后对研究结果进行了讨论，并提出了降低农民工集群行为参与风险的政策建议。

第六章

农民工集群行为参与行动的
影响因素分析

本章探讨农民工集群行为第二阶段——参与行动的影响因素。集群行为的参与行动是基于参与意愿，经过资源整合而落实的集群行为参与事实。与集群行为参与意愿的影响路径不同，集群行为行动实施的重点在于其动员结构。在第三章的总体框架指导下，构建集群行为参与行动的分析框架，分析宏观制度结构要素的影响作用和中观组织结构要素的动员作用。利用 2013 年深圳市坪山新区和 2015 年河南省叶县农民工调查数据建立回归分析模型，深入讨论农民工集群行为参与行动的关键影响因素，并基于研究结论提出有关农民工集群行为治理的政策建议。

第一节　农民工集群行为参与行动的解释框架

一　理论框架与假设

农民工集群行为参与行动的影响因素分为宏观制度结构要素和中观组织结构要素两类。在宏观制度结构上，城镇化的社会变迁进程中产生的政治机会为农民工集群行为爆发提供了制度缺口。一方面，正式利益表达渠道不断完善增加了农民工对政治体制的影响力，但其作为被排斥群体难以通过正式渠道进行利益表达，促使农民工通过选择集群行为非制度化方式达到权益维护的目的，造成农民工集群行为的集中爆发；另一方面，非正式利益表达渠道的影响力不断扩大，使得农民工更可能通过集群行为"闹大"方式进行维权抗争。

在中观组织结构上，农民工在流入地的纵向关系整合对其集群行为起控制作用，而横向关系整合为其集群行为提供资源支持。农民工在流入地的纵向关系整合包括其与流入地政府交互过程中建立的政府信任关系，以及正式组织参与。它们共同组成农民工集群行为的社会控制要素。而农民工在流动过程中重构的社会关系为其组织和参与集群行为提供资源支持，以社会网络和非正式组织参与为主，其中社会网络在网络规模和网络结构上共同影响农民工集群行动实施。

除此之外，农民工个人特征、迁移经历以及流入地区域差异也对集群行为参与行动产生影响。集群行为参与行动是在意愿产生的基础上，经由动员资源配置发生的；集群行为参与意愿对参与行动在理论上具有正向影响作用。但由于本书所使用的数据为截面数据，即在同一时刻调查被访者意愿和行为的状态，因而行为必然发生在过去，而意愿是当下的认知状态。若要使用该数据进行参与意愿对参与行动的影响分析，则不满足因果分析中的时间序列特性，即原因发生在前，结果发生在后。因此，在本书中不单独验证集群行为参与意愿对参与行动的影响作用。基于以上分析，构建农民工集群行为参与行动的分析框架如图 6-1 所示。

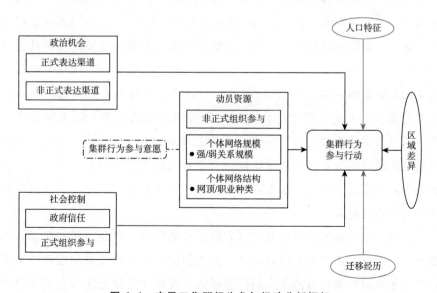

图 6-1　农民工集群行为参与行动分析框架

（1）政治机会影响

政治系统中个体的行为方式受到其所处环境的影响，政治环境即存在于政治系统中的政治机会结构。政治机会结构是政治系统开放性的产物[35]。随着政治体制的开放，原本没有机会的弱势群体开始有机会获得政治影响，导致抗争行为集中爆发于半开放半封闭的混合体制中[35]。根据前文针对政治机会对农民工集群行为参与意愿的影响分析，政治机会通过提升农民工对权利意识的认知觉醒，促成集群行为参与意愿的产生。而宏观政治结构的变化通常会影响整个社会结构的变迁，其不仅作用于公众意识，同时还作用于公众行为。在混合体制下，由于正式利益表达机制的阶段性不健全，使得通过常规手段获得影响的过程通常较慢，于是容易爆发集群行为以迅速达到产生影响的目的。中国现阶段新型城镇化进程才刚刚起步，城镇化中的结构转型导致原有稳定的社会和政治格局被打破，而在转型完成之前，新的社会政治稳态未能建立，正是处于社会变迁过程的混合体制阶段。正式沟通渠道尚未完善使得农民工高涨的集群行为参与意愿无法在制度内消化，造成集群行为的集中爆发。因此，政治机会促进农民工参加集群行为。

政治机会是社会各群体对于政治体的影响力，底层群体通过自下而上的利益表达渠道影响政治体，是协商民主完善的标志[61]。在利益表达渠道产生之前，底层民众的不公平感和怨愤情绪无从释放，而被压抑在社会结构的底层，形成社会风险。当利益表达渠道通过其话语权赋予功能提高农民工的政治影响力时[116]，农民工的权益保护诉求便会蓄势待发。由于农民工目前在流入地与权力结构间纵向整合相对距离较远，作为体制外人群，通过直接的投票、选举等方式影响政策的能力很小[221]。直接利益表达受阻的困境使得农民工选择集群行为进行利益表达。因此，与认为正式利益表达渠道无效相比，认为正式利益表达渠道有效的农民工，其集群行为参与可能性更大。

利益表达渠道通常可以分为官方的正式的渠道，以及民间的非正式的渠道。一般意义下，人大代表制度、信访制度、工会制度等利益表达渠道是存在于政治系统内部的正式的沟通通道，政府通常接受经由正式渠道的利益表达[131]，属于利益表达的正式渠道。利益表达渠道为集群行为的爆发提供平台：一方面，正式利益表达渠道逐渐产生，但尚未健全，农民工有机会表达利益诉求，但沿着不健全的正式渠道往往有花费过高、用时过长的弊端，使得他们通过集群行为的"闹大"方式进行表达[222]；另一方面，媒体、互联网等非正式利益表达渠道的崛起作为正式渠道的补充，为农民工维权抗争提供了有效平台[223]，随着互联网的发展，集群行为出现线上—线下同时进行、相互影响的新趋势。媒体的渲染能够极大地催化农民工集群行为的发展态势。因此正式利益表达渠道和非正式利益表达渠道均对农民工集群行为产生促进作用。与认为非正式利益表达渠道无效相比，认为非正式利益表达渠道有效的农民工，其集群行为参与可能性更大。

（2）纵向关系整合的社会控制作用

欧伯箫将社会关系结构分为纵向整合和横向整合[107]，认为一个社会的纵向整合越差，横向整合越好，越容易发生集群行为。所谓纵向整合，即普通民众与权力结构之间的整合。纵向整合越差，则民众怨气积累于底层，无法进行向上利益表达，越会形成潜在社会风险势能。所谓横向整合，即普通民众内部的整合。横向整合为集群行为的组织提供资源支持，横向整合越好，越有利于集群行为的发生。

农民工在流动过程中伴随着社会网络的再构建[181]，他们脱离家乡既有人际关系，在城市中构建新的关系。重新构建的关系结构包括与流入地权力结构的纵向关系整合，以及与群体内部的横向关系整合，如图6-2所示。纵向整合关系通过对公众进行行为约束，确定各群体成员的边界以调节冲突，达到平衡秩序的目的[215]。因此，扮演控制角色的纵向关系整合对农民工集群行为起控制作用。农民工在流入地的纵向关系整合越好，参加集群行为的可能性越小。农民工的横向关系整合与常驻一地的居民相比更加复杂。由于长期二元制度的作用，农民工在城市中处于制度隔离和居住隔离的边缘地带[224]，其在流入地构建的横向关系整合以同为外来务工的农民工群内关系为主。底层民众集群行为的动员资源来自与其具有同样利益的人群[225]。群内关系作为农民工在流入地横向关系整合的主体，是农民工集群行为的主要动员资源所在。因此，农民工在流入地的横向关系整合越好，参加集群行为的可能性越大。

农民工在流入地重构的社会关系自上而下包括与流入地政府的信任关

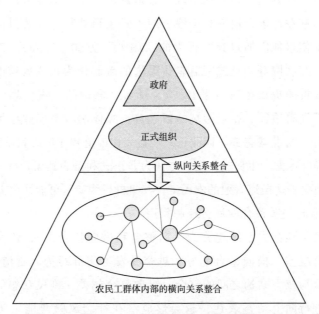

图 6-2   农民工在流入地的纵向和横向关系整合示意

系、组织参与，以及通过工作生活建立的个体关系网络。首先，农民工与流入地政府部门在交互中产生的政府信任关系是农民工在流入地纵向整合程度的表征之一。政府信任是民众基于理性思考、实践感知、心理预期等而对政治制度、政府及政策、公职人员的行为等产生的信赖[179]。中国农民的政府信任存在明显的层级特征，从中央到基层农民的政府信任感逐级递减[226]，基层政府信任是决定农民群体整体信任水平的关键。由于政府信任是不断调整、修复和发展的动态过程[227]，当农民从农村流动到城市务工，身份随之转换为农民工，基于与流入地政府的互动，产生新的基层政府信任。

集群行为是在制度化利益表达渠道缺失的背景下，公民与政府理性互动的非制度化利益表达方式[134]。基层地方政府及其代理人日益成为集群行为的当事人，而不仅仅扮演仲裁者和社会控制者的角色[135]，因此互动过程和模式受到政府信任的影响。基于互动建立起来的政府信任直接影响公众的态度和合作行为[138]。在政府信任缺失的情况下，行为者不愿意寻求体制内的渠道或方式来解决问题[228]，而是试图通过"闹大"的方式，寄希望于"小闹小解决、大闹大解决"[228]，表现为制度外政治参与过度的极端，即集群行为[229]。因此，对流入地政府的较高政府信任是农民工集群行为的控制因素，其不仅直接作用于农民工的集群行为参与意愿，在集群行为的动员和实施阶段，同样会起到控制作用。因此，农民工对流入地政府的信任度越高，其参加集群行为的可能性越小。

除政府信任外，农民工在城市中纵向关系整合还来自其正式组织参与。组织是指个体基于特定目标，经由相互协作集结而成的群体，从两个方面对个体行为产生影响：一是组织规范对其中个体行为的约束；二是组织可为参与其中的个体提供资源支持。组织可以分为正式组织和非正式组织[230]。正式组织是通过合法程序，通过精心设计而建立的权责关系，组织中的成员均有法定的职责，依据规定行事，组织行为更加理性[231]。正式组织的制度和程序对参与其中的成员产生约束[232]，而非正式组织由于其构成过程的非正式性，更多地为参与其中的个体提供资源支持。农民工在城市中由于党团关系迁移或参与大型工厂工会，其主要参与的正式组织包括党团组织和工会[219]。基于约束机制和疏导能力的正式组织，其对于农民工的影响更多体现在组织约束上，对农民工集群行为起控制作用。因此，与未参加正式组织相比，在流入地参加了正式组织的农民工，其参加集群行为的可能性更小。

表 6-1　农民工在流入地的社会关系整合

关系维度	关系细分	关系内容
纵向关系整合	流入地政府的关系	政府信任水平
	正式组织融入	正式组织参与（工会等）
横向关系整合	个体社会网络	网络规模（强关系和弱关系）
		网络质量结构（网顶和职业类型）
	非正式组织融入	非正式组织参与（老乡会等）

（3）横向关系整合的动员资源作用

根据资源动员论，怨愤心理不足以引发集群行为，能否动员到足够丰富的资源才是决定集群行为成败的关键[24]，集群行为的实施重点在于其动员结构（Mobilizing Structures）[39]。

集群行为的重要动员资源是基于社会互动形成的社会关系[146]。与关系结构纵向整合的控制能力不同，公众发动集群行为时可调动的资源来自其横向关系整合[107]。横向关系整合是普通民众内部的整合，横向关系整合越好，越有利于集群行为的组织。农民工等底层民众的集群行为动员资源来自周围与其具有同样利益的人[225]：一方面，群体内部所有社会关系对用工制度、保障制度等的不平等感同身受；另一方面，他们往往在同厂务工，更可能同时遭受权益受损等侵害。与其他群体相比，农民工具有为集群行为提供支持的组织化网络，具备更加广泛的动员能力[64]。

农民工在城市中组织集群行为所利用的资源很大程度上依赖于他们在城市中的群内关系，包括非正式组织和社会网络。与正式组织不同的是，非正式组织是基于个体非理性层面建立的自发组织，通过互动过程产生共同的态度、习惯和价值观[233]。因此，处于非正式组织中的个体更易引起共鸣，产生一致性行为。此外，非正式组织业已具备的组织建构，包括领袖人物、信息传达模式、组织模式已相对稳定，可以从人力资源和组织结构两方面为农民工集群行为提供资源支持[218]。因此，与未参加非正式组织的农民工相比，参加了非正式组织的农民工，其集群行为参与的可能性更大。

农民工个体社会网络通过其网络规模和网络质量影响其集群行为参与。

一方面，农民工集群行为通常是纠集一定数量的人，以造大声势引起政府和媒体的关注，从而有望得以维权。社会网络对农民工集群行为动员最直接的支持便是人员供给，社会网络规模越大，个体网络可以提供的人员数量越多，则农民工集群行为参与程度越高[102]。因此，农民工的群内关系规模越大，则其集群行为参与可能性越大。中国人的社会关系构成根据关系紧密程度的差序格局可以分为强关系和弱关系[184]。农民工在城市中的社会网络具有地缘、亲缘性突出的特点，以基于地缘、业缘的老乡、同事为主，辅以少量具有血缘关系的亲属[183]，其社会流动过程中更多地依赖于以地缘为纽带的社会关系[196]，即弱关系。弱关系通常是农民工群体所具有的同质性的情感感受和利益瓜葛，是真正为农民工集群行为的

"草根动员"提供资源的社会关系[225]。因此，弱关系规模较大的农民工，其集群行为参与可能性越大。但随着城镇化进程的推进，农民工已逐渐脱离原来的一人外出务工模式，整家迁移去同个城市务工逐渐成为潮流。以亲缘关系为代表的强关系，和以地缘、业缘关系为代表的弱关系是农民工在城市中处于同一阶层的同质性关系，同样为农民工集群行为提供资源动员，因此，强关系的资源支持作用不能忽视。

另一方面，社会资本嵌入在社会网络中可以带来回报的资源[192]，通常一个人的网络结构中蕴含着社会资本存量[234]。社会资本是潜在的资源复合体[150]，为其持有者提供社会支持[235]农民工的社会资本能够为农民工形成强有力的社会支持[236]，较高存量的社会资本能够为农民工提供质量更高的动员资源，为其组织集群行为提供资源条件[97]。因此，农民工个体中心网的社会资本含量越多，则其集群行为参与可能性越大。社会资本影响集群行为的重要特质除前文讨论的网络规模外，还包括其达高性、广泛性、异质性[192]。首先，网络达高性是个体网顶端所在，网顶越高的个体，其社会资本存量越大。个体网中由其他个体的权力、地位、财富、声望排列而成的塔形结构衡量个体的资本存量[186]。网顶高的个体网，说明该网络拥有权力大、地位高、财富多、声望显赫的关系，与网顶低的个体网相比，蕴含的资本存量更大[237]。其次，网络异质性可以用职业多样性来衡量，即个体网中从事不同职业的人越多，则其资源异质性越强，蕴含的社会资本量越大[237]。而网络广泛性是从其网顶到网底的距离，但网络的广泛性特征属于关系的纵向整合，一般不为集群行为提供资源支持。因此，网顶和网络异质性作为衡量网络结构中可为集群行为提供资源支持的社会资本存量指标，决定了农民工集群行为可调动的资源。因此，网顶越高、网络结构越多样的农民工，其集群行为参与可能性越大。

二　变量设置

本书所使用的所有变量描述见表6-2。

（1）因变量

集群行为参与行动：被访者有无参加过"罢工、集体抗议、与亲戚朋友一起讨公道"之类的集群行为（参加过＝1，从未参加过＝0）。

（2）自变量

除与集群行为参与意愿的相同影响变量外，本章还加入了影响集群行为参与的动员资源变量。

1）强关系规模：被访者在调查地的家人、亲属网络规模。农民工由于流动原因在流入城市的亲人一般较少，为了更好地探索强关系网络规模对农民工集群行为的影响，我们将强关系网络规模变量按样本三等分定义为三分类［10人以上＝2，1~10人（含10人）＝1，在流入地无亲人＝0］。

2）弱关系规模：被访者在调查地的朋友、老乡、熟人网络规模。农民工在流入地的社会网络由朋友、老乡、熟人等弱关系构成主体，因此农民工的弱关系网络规模较大，为了更好地探索弱关系网络规模对农民工集群行为的影响，将弱关系网络规模变量按样本三等分定义为三分类［30人以上＝2，11~30人（含30人）＝1，10人及以下＝0］。

表6-2　变量描述（N=2940）

变量名称	参照组	取值范围	均值
政治机会			
正式利益表达渠道	无效	0，1	48.30%
非正式利益表达渠道	无效	0，1	34.18%
社会控制			
政府信任总体	连续变量	[6，30]	19.15（3.99）
正式组织参与	未参与正式组织	0，1	32.04%
动员资源			
强关系规模	0		16.84%
1~10人（含10人）		0，1	35.10%
10人以上		0，1	48.06%
弱关系规模	10人及以下		17.86%
11~30人		0，1	32.14%
30人以上		0，1	50.00%

续表

变量名称	参照组	取值范围	均值
关系结构			
网顶	农民工及以下	0，1	80.68%
职业种类	3 种及以下	0，1	43.84%
非正式组织参与	未参与非正式组织	0，1	27.82%
迁移经历			
父辈流动经历	父辈未流动	0，1	23.98%
多城流动经历	从未去过他城务工	0，1	50.41%
流动时间	连续变量	[0，48]	10.55（7.55）
人口特征			
性别	女性	0，1	52.35%
年龄	连续变量	[14，70]	33.00（9.93）
教育程度			
小学及以下			7.99%
初中		0，1	45.03%
高中/中专/技校		0，1	30.75%
大专及以上		0，1	16.22%
收入	连续变量	[0，50000]	2785.47（1761.82）
区域差异	人口净流出地区	0，1	66.87%

3）关系结构：关系结构通过一个包含 20 个处于不同职业阶层的职业列表来体现，如表 6-3 所示，职业根据农民工职业特征，等距选取。通过询问被访者在流入地认识的人中是否有从事该职业的人获得。不同职业对应不同的职业声望得分，通过对职业声望得分计算被访者个体网的社会资本含量。社会资本用网顶和职业种类来衡量，其中，网顶是被访者个体网中职业声望最高得分，职业种类是被访者个体网中包含的不同职业类型数目。

表 6-3 职业类型

职业类型	职业声望得分	职业类型	职业声望得分
01 政府机关局长	81.03	11 会计	54.8
02 公司经理	81.11	12 小企业厂长	66.77
03 大学老师	87.59	13 包工头	59.54
04 医生	69.55	14 银行职员	71.84
05 工程师	88.24	15 律师	77.8
06 中小学教师	81.15	16 建筑工人	39.2
07 国家机关普通职员	68.36	17 小餐馆厨师	45.64
08 个体户	42.83	18 保姆	9.58
09 民警	70.06	19 种田农民	35.7
10 车间主任	54.92	20 无业失业人员	0

4）非正式组织参与：询问被访者在调查地是否参加了各种俱乐部、老乡会等非正式组织（是＝1，否＝0）。

三 方法与策略

为了分维度讨论不同变量组对农民工集群行为参与的影响，本书使用"单因素—多因素"的 Logistic 回归分析过程。首先，在单独检验模型中分别单独加入政治机会因素、社会控制因素、资源动员因素的自主变量和人口特征、流动特征、区域特征的控制变量，讨论不同维度变量的单独影响效应；其次，将所有变量放入全模型中，检验所有变量对农民工集群行为的综合影响效应。

在具体回归模型上，由于因变量农民工集群行为的参与行动是二分类变量，为了分析农民工集群行为参与的影响因素，采用二元 Logistic 回归模型作为分析模型，模型公式为：

$$\text{logit}(y_2) = \ln\left(\frac{p_2}{1-p_2}\right) = \sum_{j=1}^{n} \beta_j x_j + \varepsilon_0 \tag{6-1}$$

公式（6-1）中 y_2 表示农民工的集群行为参与状况；p_2 表示农民工参

加过集群行为的概率，参考项为"从未参加过集群行为"；x_j 表示自变量；β_j 表示回归系数；ε_0 表示误差项。

第二节　农民工集群行为参与行动的影响因素分析

一　影响因素分析

农民工集群行为参与行动的影响因素分析回归结果见表6-4，其中，模型1到模型5为单独检验模型，模型6为加入所有变量的全模型。

（1）政治机会扩张的促进作用

检验政治机会对农民工集群行为参与行动的影响发现，政治机会的产生对农民工集群行为参与行动具有显著的正向影响。

从单独检验模型来看，农民工对正式利益表达渠道有效性的判断对其集群行为参与行动的正向影响作用非常显著（见模型6-1），即与认为正式利益表达渠道无效相比，认为正式的利益表达渠道有效的农民工集群行为参与可能性更大。从模型结果可知，社会民主化的变迁过程中，正式利益表达渠道的不断完善导致农民工集群行为的爆发。这是由于正式利益表达渠道虽然有效，但在现阶段对于底层民众而言仍存在耗时、耗费过大的问题。基于城乡二元制度而建立的社会保障、用工制度将农民工排斥在城市社会制度之外。根据政治过程论，被排斥群体通常难以通过常规渠道影响政治体而获得利益分配，只能通过集群行为发起社会运动，试图对政治体施压，从而达成权益维护或利益表达。正式利益表达渠道有效但对农民工不可用的矛盾是该影响路径发生显著作用的根源。

而非正式利益表达渠道对农民工集群行为参与的正向影响却不显著（见模型6-1）。结合前一章分析，非正式利益表达渠道对农民工集群行为的参与意愿具有显著的促进作用，而对实际行动的影响并不显著。可能的原因是，媒体网络的宣传通过增强农民工的权利意识而促使其产生集群行为参与意愿；同时，媒体网络等非正式渠道本身是正式渠道的补充，非正式渠道的存在消化了农民工的不满、不公平感和表达利益诉求、维护权益的欲望，从而并不直接引起农民工集群行为的社会后果。

最后，从模型 6-6 全模型可见，在加入其他变量后，正式利益表达渠道和非正式利益表达渠道对农民工集群行为参与意愿的影响作用未变，这说明城镇化进程中的宏观结构上的政治机会扩张对农民工集群行为参与行动具有稳定的促进作用，该作用主要表现在正式利益表达渠道的影响上，非正式利益表达渠道并不直接引起农民工集群行为参与行动。

（2）纵向关系整合的控制作用

检验社会控制因素对农民工集群行为参与的影响作用发现，流入地社会控制因素对农民工集群行为参与行动起到部分控制作用。

从单独模型检验结果来看，政府信任对农民工集群行为参与具有非常显著的负向影响（见模型 6-2），即农民工对流入地政府的信任水平越高，则其越不可能参与集群行为。结合第五章政府信任对于农民工集群行为参与意愿的影响可知，政府信任不仅在农民工集群行为意愿产生阶段发挥抑制作用，而且控制其集群行为的实际行动。在农民工参与和组织集群行为的过程中，政府作为第三方调解角色，其行为策略对集群行为的发展走向起关键作用。基于对流入地政府的信任，农民工更可能取消或退出集群行为参与行动。

而正式组织参与对农民工具有不显著的正向影响（见模型 6-2）。在加入其他变量的全模型中，正式组织的正向影响变成了负向，并且影响作用依然不显著（见模型 6-6）。这说明正式组织参与对农民工集群行为参与行动的影响不稳定。在集群行为的行动中既未起到控制作用，也未提供资源支持。基层正式组织的效用未能发挥，其根源仍在于组织过于稀疏，在农民工群体中的渗透力度不够。农民工群体中的正式组织作用如何能有效发挥值得进一步深思。

因此，从单独因素模型 6-2 和全模型 6-6 可知，农民工在流入地与政府和正式组织的纵向关系整合对其集群行为参与行动的实施起到部分控制作用。与参与意愿的影响结果相同，政府信任对其集群行为参与行动起到有效控制作用，而正式组织由于组织过于稀疏，未发挥应有的控制作用。

（3）横向关系整合的资源动员作用

动员资源是集群行动实施阶段的重要影响因素。农民工集群行为动员资源来自其在流入地群内整合的横向关系，包括个体社会网络和非正式组织参与。

首先，对个体社会网络从网络规模和网络结构两方面进行验证。从单独检验模型可知，农民工在流入地重构的社会关系的网络规模对其集群行为参与存在显著的正向影响作用，即农民工的社会网络规模越大，越有可能参与集群行为（见模型6-3）。进一步对社会网络规模细分发现，强关系规模和弱关系规模均对农民工集群行动实施具有显著的正向影响（见模型6-4），即在流入地的亲属较多、朋友老乡较多的农民工，实施集群行为的可能性更大。集群行为的动员在很大程度上依赖于其能够调动的资源数量，社会网络中的强关系和弱关系是农民工在流入地的重要群内关系，是集群行为动员阶段的主要资源，在农民工集群行动实施过程中发挥着不可小觑的作用。同时，从模型6-4还可以看出，相对于基于血缘的强关系，基于业缘和地缘建立的弱关系对农民工集群行动实施的影响作用更加显著，这便印证了"在家靠父母，出门靠朋友"的俗语。农民工在流动过程中易造成家庭和原有社会关系解体，他们在流入地重构社会关系，集群行为动员资源多来自与其具有同样利益的弱关系。

其次，社会网络对集群行为的资源支持作用不仅体现在其规模上，还体现在其关系质量上。关系质量主要是对社会资本的测量，从单独检验模型的回归结果可知，个体网络中社会资本含量越多，为农民工集群行为提供的资源支持就越丰富。较高的社会关系网顶对农民工集群行为参与行动具有显著的正向影响。同时，网络多样的农民工，集群行为参与可能性更大（见模型6-5）。个体网络社会资本含量是个体所掌握的社会资源的体现，社会资源多的农民工不仅可以通过其社会网络获得更多的资源支持，而且可以通过参与集群行为维权抗争而获得更多的利益保障，因而更可能参加集群行为。

最后，从模型6-5还可以看出，非正式组织对农民工集群行为参与行动同样具有显著正向影响，参加了老乡会、非营利组织等非正式组织的农民工与未参加非正式组织的农民工相比可以调动更多的资源，因而参与集群行为的可能性更大。一方面，非正式组织为农民工提供人力资源支持；另一方面，由于其组织过程、领袖人物等已具备较为成熟的模式，可为农民工组织集群行为提供便利条件。

在模型6-6的全模型中，动员资源部分的影响因素作用基本未发生变化。农民工集群行为的动员资源来自其在流入地的横向关系整合，个体社会网络的规模及其中社会资本存量均对农民工集群行动实施起显著正向影响，同时非正式组织参与从资源和其既有组织结构方面为农民工集群行为提供资源支持。

表 6-4　农民工集群行为参与行动影响因素的回归分析结果（N = 2940）

变量	模型 6-1	模型 6-2	模型 6-3	模型 6-4	模型 6-5	模型 6-6
政治机会						
正式利益表达渠道（无效）	0.538***					0.515***
	(0.097)					(0.100)
非正式利益表达渠道（无效）	0.139					0.093
	(0.100)					(0.102)
社会控制						
政府信任		−0.034***				−0.046***
		(0.011)				(0.011)
正式组织参与（无）		0.141				−0.051
		(0.096)				(0.102)
资源动员						
网络规模			0.001***			
			(0.0005)			
强关系规模（无）						
1~10人（含10人）				0.312**		0.535**
				(0.137)		(0.141)
10人以上				0.313**		0.341*
				(0.139)		(0.146)
弱关系规模（10人及以下）						
11~30人（含30人）				0.520***		0.400***
				(0.144)		(0.147)
30人以上				0.639***		0.442***
				(0.140)		(0.145)
网顶（农民工及以下）						
农民工以上					0.363***	0.295**
网络多样性（3种及以下）						
3种以上					0.343***	0.235**
					(0.124)	(0.126)

变量	模型 6-1	模型 6-2	模型 6-3	模型 6-4	模型 6-5	模型 6-6
非正式组织参与（没有参与）					0.648***	0.603***
					(0.092)	(0.096)
迁移经历						
父辈流动经历（无）	0.528***	0.556***	0.542***	0.518***	0.541***	0.480***
	(0.099)	(0.098)	(0.098)	(0.099)	(0.099)	(0.101)
多城流动经历（无）	−0.227***	−0.203**	−0.196*	−0.160*	−0.189*	−0.170*
	(0.087)	(0.087)	(0.087)	(0.088)	(0.088)	(0.090)
流动时间	0.030***	0.032***	0.028***	0.023**	0.029***	0.027**
	(0.007)	(0.008)	(0.008)	(0.009)	(0.009)	(0.009)
人口特征						
收入（ln+1）	0.008	0.006	0.006	−0.004	−0.004	−0.011
	(0.035)	(0.035)	(0.035)	(0.035)	(0.035)	(0.035)
教育程度（初中及以下）						
高中及以上	−0.184*	−0.155*	−0.136	−0.150	−0.184*	−0.241
	(0.092)	(0.094)	(0.091)	(0.092)	(0.093)	(0.097)
年龄	−0.031***	−0.031***	−0.033***	−0.032***	−0.031***	−0.028***
	(0.007)	(0.007)	(0.007)	(0.007)	(0.007)	(0.007)
男性	−0.069	−0.109	−0.090	−0.133	−0.129	−0.174*
	(0.089)	(0.089)	(0.088)	(0.089)	(0.090)	(0.092)
区域差异（就近城镇化地区）	0.541***	0.608***	0.610***	0.586***	0.564***	0.526***
	(0.089)	(0.089)	(0.088)	(0.090)	(0.090)	(0.094)
常数项	−0.608	0.256	−0.364	−0.880	−1.297	−0.890
	(0.424)	(0.466)	(0.421)	(0.438)	(0.485)	(0.539)
Pseudo R^2	0.0557***	0.0445***	0.0436***	0.0520***	0.0616***	0.0836***
Log Lik	−1637.064	−1656.343	−1658.005	−1643.489	−1626.821	−1588.582

注：*** $p < 0.01$；** $p < 0.05$；* $p < 0.1$；ns 不显著。

（4）区域影响及其他因素

从模型 6-1 到模型 6-6 可知，无论模型中加入哪些其他变量，流入地区域均对农民工集群行为具有稳定的显著影响。在异地城镇化地区务工的农民工集群行为参与显著多于在就近城镇化地区务工的农民工。异地城镇化地区流动人口比例较高，甚至出现"人口倒挂"的局面。高流动人口比例意味着城市社会管理体系难以覆盖所有人群，在很大程度上弱化了社会控制功能。同时，制度上相对较窄的覆盖面造成农民工权益保障无论是在权益保护，还是在维权机制上都不健全。这加重了异地城镇化地区中各利益群体间的冲突，造成农民工集群行为频发。

在控制变量中，农民工集群行为参与行动具有稳定影响的因素主要是年龄和迁移经历。一方面，农民工集群行为参与行动随年龄增长而减少，这验证了在第四章中农民工集群行为参与年轻化的结论；另一方面，迁移经历的各要素均对农民工集群行为参与产生显著影响。具体地，与流动因素对集群行为参与意愿的影响效应相同，父辈流动经历对集群行为参与行动同样有非常显著的正向影响。同时，随着流动时间的增加，农民工集群行为的参与可能性增大，这可能是由于，一方面流动时间较长的农民工不公平遭遇更多，另一方面流动经历催生农民工的公民权意识，流动时间较长的农民工更可能为自身权益做抗争；但流动经历丰富的农民工集群行为参与较少，即在目前流动城市务工之前去过其他城市务工的经历会减少农民工集群行为，这个结果值得进一步讨论。

二 关键影响因素识别

从集群行为参与行动影响因素的数据验证结果来看，政治机会、政府信任、非正式组织参与、网络规模和网络结构是分别从宏观和中观维度影响农民工集群行为参与行动的关键变量。

第一，正式利益表达渠道的不断完善作为转型期社会变迁过程中的政治机会，为农民工表达权力和利益诉求提供了制度缺口，在现阶段制度化渠道耗费过大的背景下，促使农民工通过组织和参加集群行为进行权益维护和利益表达。

第二，政府在农民工劳务纠纷中扮演着第三方调解角色，其行动策略对农民工维权行为的发展方向起关键作用。基于对流入地政府的信任，农民工在劳务纠纷中倾向于使用制度化方式进行维权，从而能够对非制度化的集群行为起有效控制作用。

第三，农民工集群行为的动员资源来自其在流入地的横向关系整合，包括个体社会网络和非正式组织参与。网络规模越大，网络中的社会资本存量越高，则个体社会网络可为农民工组织集群行为提供的资源越丰富；

同时，非正式组织参与除提供动员资源外，其既有的组织模式具有动员便捷的特点，从而使得农民工集群行为达成实际行动。

第三节　结论与政策启示

一　主要结论

基于对农民工集群行为参与行动影响因素的研究，本章主要研究发现和结论如下。

第一，转型期社会变迁过程中正式利益表达渠道的不断完善产生了政治机会，为农民工集群行为提供了制度缺口，不仅增强了农民工集群行为参与意愿，同时增加了农民工集群行为参与行动。

一方面，正式利益表达渠道的构建过程在短期内增加了农民工集体抗争行为。正式利益表达渠道通过话语权赋予激发了农民工的抗争意识，然而由于制度结构的不完善，存在制度化利益表达耗费过大的问题，这就使得农民工转而选择短期快速的集群行为进行利益表达。正式利益表达渠道的影响作用贯穿农民工集群行为始终，不仅促使其集群行为参与意愿的产生，更促进了集群行为的最终实施。

另一方面，非正式利益表达渠道并不直接作用于农民工集群行为的参与行动。非正式利益表达渠道对集群行为参与行动的影响并不显著。诸如新闻媒体、互联网这样的非正式利益表达渠道作为正式利益表达渠道的补充，在城镇化过程中的社会影响力越来越大，其价值宣传功能促成了农民工公民权意识的觉醒，从而增强了其集群行为参与意愿。然而，非正式利益表达渠道同时为农民工提供了利益表达平台，在某种程度上消化了一部分不满、不公平感情绪和利益表达需要，因而并未直接导致集群行为实际行动的爆发。

第二，流入地纵向关系整合对农民工集群行为的发生具有部分控制作用，其控制作用的关键在于扮演第三方调解角色的政府，而正式组织未发挥应有的控制作用。

一方面，与流入地的政府信任关系对农民工集群行为参与具有显著的抑制作用。政府在农民工劳资纠纷中扮演着第三方调解角色，其行动策略对农民工维权行为的发展方向起关键作用。基于对流入地政府的信任，农民工在劳资冲突中更易取消或退出集群行为参与行动。政府信任关系不仅控制其集群行为参与意愿的产生，更抑制其集群行为参与行动，从而对非制度化的集群行为起到有效控制作用。

另一方面，流入地正式组织的参与仍未对农民工集群行为参与行动起到控制作用。基层正式组织效用未能发挥，背后透露出基层正式组织无实质效用的现实问题。正式组织在农民工群体中组织过于稀疏，形式大于实质，因而难以通过组织规范对农民工实施行为规范作用。农民工群体中的正式组织作用如何能有效发挥值得进一步深思。

第三，农民工集群行为的动员资源来自其在流入地的横向关系整合，包括个体社会网络和非正式组织参与。

一方面，农民工组织集群行为依赖其在流入地的群内关系。农民工在流动过程中面临着家庭结构的解体和社会关系的重构，其组织集群行为所需的动员资源来自在流入地新构建的社会关系，并以社会网络为核心。社会网络从其网络规模和网络结构两方面影响农民工集群行为的参与行动。首先，农民工在流入地的群内关系网络规模越大，则其集群行为发生的可能性也越大。强关系规模和弱关系规模起到同样的资源支持作用，且弱关系规模的效果更加明显，印证了"在家靠父母，出门靠朋友"的俗语。其次，网络结构中蕴含的社会资本存量代表了农民工社会关系的质量。社会关系网顶越高、网络越多样的农民工，所持有的社会资本越丰富。社会资本较高的农民工不仅可通过其社会网络获得更多的资源支持，而且可以通过参与集群行为维权抗争而获得更多的利益保障，因而更可能参加集群行为。

另一方面，非正式组织从人力资源和组织资源两方面为农民工集群行为提供资源支持。非正式组织扩张了农民工的社会网络，使其在集群行为组织过程中可以调动更多的资源。同时，由于其组织过程、领袖人物等已具备较为成熟的模式，既有的组织模式具有动员便捷的特点，可从组织上为农民工组织集群行为提供便利条件。

第四，迁移经历对农民工集群行为产生重要的影响。农民工成长期和成年后社会化过程中的迁移经历对农民工集群行为具有持续的影响。一方面，父辈的流动经历，即农民工未成年期的留守或随迁经历增加了农民工日后集群行为参与的可能性。家庭结构破裂造成二代农民工家庭教育的缺失，会进一步影响农民工成年后的行为模式，使其集群行为参与的可能性更高。另一方面，自身流动的社会化过程增加了农民工参与集群行为的可能性。流动时间较长的农民工往往遭遇权益侵害的机会更多，同时，流动培养了农民工的公民权意识，使其更可能为自身权益做抗争。

第五，不同区域对农民工集群行为参与行动存在差异性影响。异地城镇化地区由于其流动人口比例相对较高而形成"人口倒挂"局面。高流动人口比例缩减了城市的社会控制覆盖面，造成无论是在农民工权益保护，还是在维权机制上的体制不健全，导致异地城镇化地区与就近城镇化地区相比，冲突更加剧烈，集群行为更加频发；而在就近城镇化地区流动的农民工大多是附近乡镇的富余劳动力，在进城务工时几乎不存在文化差异，群体间的同质性强，社会秩序更加稳定，集群行为也相对较少。

二 政策启示

根据本章的研究结论，可以发现农民工集群行为动员成功的根源在于两方面：一方面，流入地纵向关系整合对农民工行为控制力度不够，正式组织由于未能在农民工群体中全面渗透，因而不能起到控制作用；另一方面，流入地横向关系整合提供的资源支持较强，无论是强关系还是弱关系，非正式组织均能为农民工组织集群行为提供强有力的资源支持。农民工集群行为的实施关键不在于其横向整合较强，而在于纵向整合太弱。弱纵向整合使得农民工无组织可依，在权益受损时，没有正式组织调解及时解决矛盾的步骤，在很大程度上将很多可以及时调节的利益关系推向极端的对立关系。因此在农民工集群行为治理的政策制定过程中，应以加强农民工纵向关系整合为导向，将农民工纳入城市社会控制范围之内，使得利益冲突在初始阶段即可获得调停，从而减少集群行为的真正实施数量。因此，提出以下政策启示。

第一，畅通利益诉求渠道，建立以政府为主导的维权机制。首先，各级政府应以建立、完善针对农民工的制度化利益表达渠道为方向，畅通农民工情绪宣泄和维权的合法、可控出口[129]。其次，发挥工会、非营利社会组织的调和作用。通过中间组织的调节，构建在企业和农民工间畅通的利益协调机制，尽可能地通过中间组织与企业的协商解决农民工权益损害问题。构建以政府为主导，兼具其他多元主体的利益诉求表达新机制。畅通农民工维权的渠道，全面推进农民工保障的网络化管理，完善对农民工用人单位的监管制度，健全农民工投诉制度，建立健全农民工个人和集体的劳动争议仲裁机制，增强农民工维权的能力。

第二，完善法律体系，落实法律法规，增加特殊法律援助。首先，从立法上完善农民工权益保障的法律体系。国家应突破户籍界限，将农民工权益保护问题纳入制度建设和法律法规方案中。应制定专门针对农民工权益保障的规定，进一步完善劳动法、工会法等法律体系，建立一套以农民工为保护对象的特定法律体系。其次，建立针对农民工的法律援助特殊通道。相关政府部门应引导法律援助机构和法律从业人员积极参与到农民工法律援助中。精简农民工维权的法律救助程序[238]。再次，在执行上加大执法力度，严格执行劳动合同制度。强化劳动保障监察执法，完善检查制度，明确企业责任，严厉打击侵害农民工权益的行为。健全投诉制度，加强劳动争议调解工作。最后，加强农民工群体的普法教育。在基层广设专门针对农民工的法律普及部门，提高农民工的法律认知。在农民工集中务工、居住的工厂、社区设置专门的法律咨询部门，定期举办各类法制讲座，加强农民工的法律教育，特别是依法维权的正式渠道宣传。

第三，推进农民工就业市场正规化改革，普及合同制，使得经济纠纷和权益受损可依法解决。维护农民工的劳动保障权益，加速农民工就业正规化进程，保证农民工与市民享有同等的职业发展权利。规范中小企业的合同制度，将合同制度彻底在整个农民工群体就业市场普及。监督用人单位与农民工签订并履行劳动合同，依法进行劳务派遣，整合劳动用工的备案、社会保险登记以及就业失业登记，用以实现对用人单位雇用农民工的动态监管。增设专门针对农民工群体从业较多的建筑业、制造业、服务业的就业指导中心，从思想和就业途径上指导其正规就业。为农民工提供与市民职工平等的升职通道，在保障农民工与市民同工同酬的基础上，关注农民工与市民职业流动的机会公平。

本章小结

　　本章根据第三章中所构建的农民工集群行为分析框架，构建了农民工集群行为参与行动的分析框架，并提出假设。结合 2013 年深圳市坪山新区和 2015 年河南省叶县农民工调查数据，分析了现阶段新型城镇化进程中农民工集群行为参与行动的影响因素，验证了分析框架的有效性。研究发现，政治利益表达渠道作为城镇化社会变迁过程中的政治机会为农民工集群行为爆发提供了制度缺口；农民工对流入地政府的信任水平对其集群行为参与行动起到有效抑制作用，而正式组织由于组织过于稀疏未能发挥其应有的控制作用；农民工集群行为的动员资源来自其在流入地的横向关系整合，个体社会网络的网络规模、社会资本存量，以及非正式组织参与分别从人力和组织上对其集群行为提供资源支持。最后对研究结果进行了讨论，并提出了防治农民工集群行为参与的政策建议。

第七章
结论与展望

集群行为作为社会运动的开端，既是社会变革的核心机制，又是社会变迁的产物。集群行为通常集中爆发于宏大的社会经济变迁过程中，现阶段农民工集群行为频发的社会现象离不开城镇化进程中的一系列结构转型。而结构影响的作用在目前农民工集群行为研究中并未受到足够关注。本书从社会变迁的新视角切入，引入政治过程论的研究范式作为理论指导，着眼于新型城镇化的区域差异性社会背景，结合农民工群体特征，通过对基础理论的本土化修正，综合结构和意识要素构建出一个适用于农民工集群行为的分析框架。结合典型异地城镇化地区深圳市和典型就近城镇化地区河南省叶县的抽样调查数据，采用 Binary Logistic 回归分析和基于 Bootstrapping 中介效应检验的结构方程模型分析方法，对农民工集群行为的特征及影响路径进行了系统分析。

第一节　本书主要结论

综合本书第五章农民工集群行为参与意愿和第六章农民工集群行为参与行动的框架验证结果，对农民工集群行为研究框架进行修正。去掉未发挥作用的影响因素和影响路径，得到新的农民工集群行为解释框架（见图 7-1）。修正后的框架是本书归纳和演绎推理过程的最终结论，明确了城镇化进程中农民工集群行为的发生机制，回答了现阶段农民工集群行为何以发生的问题。至此本书可以得出的总体性结论是：农民工集群行为不单是以往认知的偶发事件，而是具有城镇化社会历史背景的制度和组织结构必然性，受到制度、组织、意识的三重影响。在制度影响中，城镇化进程中产生的半封闭半开放政治制度环境成为农民工集群行为的有利政治机会结构；在组织影响中，农民工流动过程中的社会网络再构建弱化了社会控制能力，强化了其集群行为动员能力；在意识影响中，农民工的公民权意识在其集群行为产生过程中处于关键中介位置，发挥了结构影响到个体意愿的内化作用。结合现状与特征研究，本书获得了以下主要结论。

第一，农民工集群行为在不同城镇化地区存在区域差异。在异地城镇化地区流动的农民工集群行为参与意愿和参与行动均显著高于在就近城镇化地区流动的农民工。集群行为作为城镇化社会变迁过程中产生的社会现象，不可避免地受到社会场域的影响。异地城镇化地区是经济较发达的高度城镇化地区，流动人口比例较高，甚至出现了"人口倒挂"的局面。高流动人口比例意味着城市社会管理体系难以覆盖所有人群，很大程度上弱化了社会控制功能。迅速的经济发展远远领先于制度发展，使得制度保障相对不健全。这加重了异地城镇化地区中各利益群体间的冲突，造成农民工集群行为频发。同时，经济发展带动了政治文化现代化，政治文化发展程度不同的区域对农民工公民权意识的影响程度不同。异地城镇化地区公众的公民权意识发展更迅速。农民工在流动过程中受到流入城市公民文化的浸润，催生出公民权意识。就近城镇化地区是在新型城镇化浪潮中发展起来的，以"城乡统筹，城乡一体"为特点。在此流动的农民工大多是附近乡镇的富余劳动力，在进城务工时几乎不存在文化差异，群体间的同质性强，社会秩序更加稳定，不存在由于冲突加剧和"流民心理"造成的集群行为。因此，不同地区中农民工集群行为存在差异。

第二，农民工的流动性是造成其集群行为高发的关键因素，且父辈和自身的流动性对其集群行为具有双重影响。一方面，农民工自身的流动性直接促使其集群行为高发。在客观流动距离上，流动中的农民工集群行为远多于未流动的农村居民，远距离异地流动农民工集群行为多于就近流动农民工群体。农民工集群行为在一定程度上取决于其流动与否、流动距离的远近。在主观社会隔离上，集群行为高风险群体与其他群体相比，有着更强的居住隔离、市民交往隔离，以及自我身份认同模糊。主观社会和心理隔离造成其主观流动性较强，成为其集群行为高发的原因。另一方面，

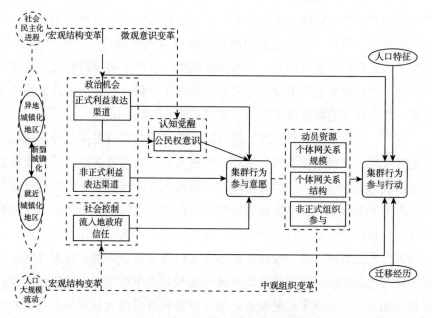

图 7-1　农民工集群行为最终解释框架

农民工父辈的流动性间接造成其集群行为参与。随着新生代农民工逐渐取代老一代农民工成为农民工劳动力市场的主体，现阶段二代农民工，即从父辈开始就外出务工的农民工占总体的 3/4。未成年时期的留守或随迁经历造成其在社会化过程中的心理、行为失范，进而导致成年后的集群行为高发。

第三，跨省流入异地城镇化地区的 80 后农民工是集群行为高风险群体，社会、心理双重隔离造成的较强流动性是其集群行为高发的根源。在代际差异上，1980 年以后出生的新生代农民工集群行为显著高于老一代农民工。综合区域和流动的时空差异特征发现，跨省流入异地城镇化地区的 80 后农民工与其他群体相比，不仅集群行为显著高发，而且集群行为参与意愿更强，是农民工集群行为的高风险群体。进一步分析该群体特征发现，高风险群体在居住模式和社会交往中具有严重的社会隔离现象；同时，自我身份认同模糊导致主观社会隔离较强。双重社会隔离造成该群体具有强流动特性，成为挣扎在城市与农村夹层的真正意义上的流动人口：一方面，流入地与家乡经济凋敝形成强烈对比，自身与市民形成强烈反差，使其具有更甚于其他农民工群体的相对剥夺感；另一方面，远距离流动造成家庭结构的破裂，使其往往面临亲子分离的困境加之难以融入城市社会，使他们挣扎在城乡夹层，存在较大的经济压力及对未来的发展困惑。流动造成的弱势性使得其在遭受权益损害时，既不能通过法律武器维护自身利益，又难以运用人情社会，参与集群行为往往成为其权利抗争的理性选择。

第四，农民工集群行为参与意愿是制度结构和个体意识双重作用的结果，其具体影响路径是制度化利益表达渠道通过公民权意识的中介作用，促使农民工产生集群行为参与意愿。首先，与城镇化进程相伴而生的社会民主化促进了制度结构变革，而利益表达渠道的不断完善，成为短期内农民工集群行为频发的政治机会。信访、诉讼等制度化利益表达渠道通过赋予农民工更多话语权，增强了其政治影响力；网络、媒体等非制度化利益表达渠道为农民工集群行为扩大宣传提供了有效平台。但由于社会民主化仍未完成，自下而上的制度化表达渠道对农民工呈"半开放"状态，其利益代表仍旧相对缺乏。政治机会存在但制度化维权渠道受阻，使得非制度化的集群行为成为农民工进行权益维护的理性选择。其次，制度化利益表达渠道通过赋予话语权催生出农民工的公民权意识，对其集群行为意愿产生具有关键的中介转化作用。公民权意识使农民工产生了更强的权利诉求，进而对其现阶段不平等处境形成了集体性归因，增强了农民工的抗争意识，并进一步促使农民工产生集群行为参与意愿。因此，城镇化进程中的制度结构变革在短期内促使农民工集群行为频发。

第五，城镇化进程中的农民工大规模流动伴随社会关系的断裂—再构建过程，脱离原有乡土关系，在城市中重新整合新的社会关系，而农民工集群行为得以实施的结构性缘起就在于，农民工在流入地新构建的社会关系中，纵向关系的控制能力较弱，而横向关系的动员能力较强。首先，纵向关系整合对农民工集群行为起控制作用。现阶段由于制度排斥和农民工自身资源禀赋匮乏，农民工被排斥在城市制度、社会之外，在流动中构建的纵向关系整合仅以流入地政府信任关系具有有效控制作用。基层正式组织由于组织过于稀疏，在农民工群体中的渗透力不强，从而未能发挥其应有的控制作用。流入地城市的权利结构与农民工群体的纵向整合不强，导致将其排除在城市社会控制体系之外，对集群行为不能进行有效的事前化解和事后遏制。其次，农民工在流入地的横向关系整合为其集群行为实施提供了强有力的动员资源。农民工在流入地的横向关系整合包括其基于血缘的强关系、基于业缘和地缘的弱关系，以及参与的非正式组织。这些要素均能为农民工组织集群行为提供强有力的资源支持。因此，农民工流动中的社会关系再构建过程弱化了权力结构的社会控制能力，强化了农民工群内关系的资源动员能力，形成了农民工集群行为频发的动员结构。

第二节　针对农民工集群行为治理的政策建议

农民工集群行为问题就微观而言是城市弱势群体权利保护和发展的关键问题，从宏观而言则是保障社会生产、确保社会稳定的重要议题。对农民工集群行为特征和影响路径的系统分析是推进新型城镇化进程中针对流动人口进行管理体制改革的重要基础。本书揭示了当前农民工集群行为的现状与特征，识别出高风险群体和关键影响因素，明确了影响路径，给出了防治农民工集群行为的针对性治理结构改革指向。

根据研究结论，农民工集群行为的深层次原因在于其"流动性"。所谓流动性，即当下制度结构造成农民工流动在城乡二元结构夹层和城市新二元结构底层，既脱离了原有乡土社会，又不为城市体制和社会所接纳。在此制度结构下，经由一系列政治机会、组织结构、意识因素的共同作用，产生了集群行为频发的社会后果。因此，从根源上防治农民工集群行为应致力于制度建设，即完善制度和社会结构，加速农民工市民化，将农民工包进制度和社会结构内部，使其有所依、有所养、有学上、有保障。具体地，在制度优化上，应加强管理结构和表达渠道在底层群体中的渗透，完善网络化多元协作治理改革；在社会融合中，应加快推进户籍制度及附着其上的其他制度改革，首先加速农民工制度融合，并以提升农民工生计资本为基础，逐步改善农民工与市民的居住隔离和社会交往，以全方位促进农民工融入城市；在农村土地上，持续推进土地确权政策，在保障农民工土地利益的同时，加强土地流转以对农民工进行缓慢拔根。此外，还应重视农民工子女的教育问题，以确保该群体的可持续发展。本节基于研究发现，从多角度、多方面入手，提出防治农民工集群行为、完善城市社会治理结构的政策启示，具体政策建议如下。

（一）畅通利益诉求渠道，建立以政府为主导，企业、工会辅助的多元协作治理机制

第一，健全农民工投诉制度。各级政府应完善针对农民工群体的制度化利益表达渠道，为农民工情绪宣泄和维权提供合法、可控的出口。健全农民工个人和集体的劳动争议仲裁机制，发挥政府在多元协作治理机制中的主导角色，定期指导、督查社会组织和营利组织的农民工管理。全面推进农民工保障的网络化管理，完善对农民工用人单位的监管制度。

第二，发挥工会、社会组织的第三方协调作用。激发社会组织活力，明确社会组织权责，实现社会组织自治。将部分公共服务和调解责任适当下放给社会组织承担。通过工会等社会组织在企业和农民工之间建立有效沟通、谈判的利益协调渠道，充分发挥工会在企业和农民工之间维权行为的沟通功能。构建以政府为主导的，兼顾多元主体的富有弹性的维权新机制。

第三，提升企业管理水平，实现政企协作治理机制。以政府管理为主导，适当对企业营利组织课以更大的责任，设定政府巡视、监察制度。协调政府、社会组织、企业共同建立一体性管理机构，形成有效的常规化协作机制运作系统。对治理对象建立监督机制，明确责任、合理分工，实现有效风险分担。

（二）加快城乡二元制度改革，落实平等公民待遇

第一，深入推进户籍制度改革。一方面，中小城市适当放宽落户限制，建立公平的制度环境，有序推动农民工在制度身份上的转变，多渠道、多路径接受有能力、有技术的农民工成为城市市民；另一方面，大城市通过居住证改革，建立公平的福利保障体系，以居住证绑定公共服务，逐步实现基本公共服务均等化，并进一步明确居住证的身份功能，强调其在劳动力市场进入、劳动保障等方面的基础性作用。

第二，全面推进基本公共服务均等化，扩大社会保障覆盖面，完善多

元化住房供给制度。首先，城市基本公共服务逐渐向以常住人口为主转变，拓展基本公共服务覆盖范围，确保常住农民工及其随迁老人、子女可以享受城市基本公共服务。把与企业有稳定劳动关系的农民工纳入与城市市民相同的职工基本社会保险中，建立灵活就业农民工的社会保障政策。其次，逐步改善农民工居住环境，重视城市住房保障体系中的社群隔离问题。避免采用农民工独立社群的发展计划，应以赋予农民工与市民相同的住房保障权利为立足点，完善城市住房保障制度，逐步将稳定就业的农民工纳入住房公积金制度实施范畴。

第三，打破政治参与的制度壁垒，赋予农民工在城市进行政治参与的权利。减少农民工在城市政治参与的资格限制，精简政治参与程序，真正做到以居住地代替户籍所在地确定选举资格；重视发展农民工党员，加强农民工的党组织建设。鼓励在各级党代会、人大、政协的组织中吸纳优秀农民工代表，鼓励农民工在工会、社区居委会中行使民主选举、决策、监督的基本政治参与权利。

（三）促进农民工城市融合，加强土地流转制度改革，实现全面农业人口由乡到城的转移

第一，加快解决与户籍制度挂钩的社会福利制度和就业准入制度问题。以制度融合为先，依靠制度的变革和调整促进农民工从社会福利、就业、居住等方面的全面融合。一方面，以居住证改革绑定基本公共服务，缓解城市社会二元问题；另一方面，明确居住证的身份功能和福利功能，强化其在劳动力市场进入和保障的前置基础性作用，建立公平的劳动力市场，打破农民工就业壁垒，使得非正规就业和就业保障问题得到根本性的解决。

第二，打破城市住房保障体系中的社会隔离，建立基本的居住融合区域。从根本上消除居住隔离的政策因素，在进行城市规划时即全方位考虑社会融合问题，避免采取针对某一群体的独立居住规划，制定农民工与当地市民相同的住房保障政策。同时，可加快农民工货币化住房保障措施的发展，适度补偿专款专项，增加农民工居住安排的多样性选择。

第三，增强农民工和城市居民的互动活动，创造高度融合的社会环境。与制度改革"自上而下"的举措相适应的应有鼓励农民工与市民交往从而促进农民工社会融合的"自下而上"的路径。在推进制度改革的基础性保障同时，应加强对农民工正面宣传，引导社会各界对农民工在城市经济发展中所做贡献的肯定。通过在社区、学校开展促进农民工和市民、农民工子女和市民子女融合的互动活动，改善群体间融合关系，提升农民工及其子女在城市的长期融合发展水平。

第四，保障农民工在农村的土地三权，加快农村土地流转制度改革。一方面，明确土地三权归农民所有，并不是完全将农民工从土地上拔根；另一方面，配合土地流转政策，盘活土地资产，既实现土地集中耕种、提高土地资源使用效率，又为农民工增加财产性收入，降低其土地资源束缚，加快农业人口转移，并进一步促进农民工的城市融合与发展。

（四）加强法制建设，落实法律法规，提供法律援助

第一，从立法上完善农民工权益保障的法律体系。国家应突破户籍界限，将农民工权益保护问题纳入制度建设和法律法规方案中。应制定专门针对农民工权益保障的规定，进一步完善劳动法、工会法等法律体系，建立一套以农民工为保护对象的特定法律体系。第二，建立针对农民工的法律援助特殊通道。相关政府部门应引导法律援助机构和法律从业人员积极参与到农民工法律援助中，精简农民工维权的法律救助程序[238]。第三，在执行上加大执法力度，严格执行劳动合同制度。强化劳动保障监察执法，完善检查制度，明确企业责任，严厉打击侵害农民工权益的行为。健全投诉制度，加强劳动争议调解工作。第四，加强农民工群体的普法教育。在基层设立针对农民工法律普及的专项部门，提高农民工的法律认知。在农民工集中务工、居住的工厂、社区设置专门的法律咨询部门，定期举办各类法制讲座，加强农民工的法律教育，特别是依法维权的正式渠道宣传。

（五）推进农民工就业市场的正规化改革，解决其根本生计问题，从而减少由经济纠纷产生的农民工群体性事件

第一，加速农民工就业正规化进程，规范中小企业的合同制度，将合

同制度彻底在整个农民工群体就业市场普及。第二，监督用人单位与农民工签订并履行劳动合同，从根本上进行农民工就业市场的正规化改革；依法进行劳务派遣，整合劳动用工的备案、社会保险登记以及就业失业登记，用以实现对用人单位雇用农民工的动态监管；增设专门针对农民工群体从业较多的建筑业、制造业、服务业的就业指导中心，从思想和就业途径上指导其正规就业。第三，确保农民工具有平等的职业发展权利和升职通道，保障农民工在与市民同工同酬的基础上，关注农民工与市民职业流动的机会公平。

（六）改善农民工随迁子女的学习生活条件，持续加大对留守儿童的关注

第一，保障随迁儿童在城市中的平等受教育权利。将农民工随迁子女教育纳入教育发展规划，合理整合学校的资源。逐步开放城市的公办义务教育学校，加大公办学校的教育经费投入。以购买服务的方式提供经费支持，提高民办学校教育质量，保证农民工随迁子女在城市能够享有平等接受义务教育的权利。同时，教育主管部门应该研究制定农民工随迁子女在异地中、高考的办法，使其安定地在城市接受教育。

第二，健全农村留守儿童的服务体系。各级政府应合理分担留守儿童的教育成本、加大寄宿制中心学校的建设，建立留守儿童的多元保护网络，全面构建留守儿童关怀体系。改善贫困地区的农村学校基础设施，保证教师资源，完善农村学校寄宿制度，落实对农村困难家庭义务教育阶段的生活补助，构建学校、家庭、社区"三位一体"的留守儿童关怀计划。

第三节　本书所取得的主要突破和未来研究展望

本书在已有理论及实证研究的基础上，结合中国社会情境和农民工群体特征，提出了新型城镇化背景下农民工集群行为的概念和分析框架，从宏观制度结构、中观组织结构和微观意识要素三个方面，对农民工的集群行为参与现状和影响路径进行了系统深入的研究。主要在以下四个方面取得了突破。

第一，从社会变迁的新视角切入，将农民工集群行为视作城镇化进程的阶段性社会问题，综合结构和意识要素，构建出一个适用于农民工集群行为的分析框架，经验证发现农民工集群行为并非以往认知中的偶发事件，而是具有城镇化转型期的制度、组织结构的必然性。这突破了以往研究中对结构因素的忽视，推进了对农民工集群行为的全方位认知。本书引入政治过程论，基于新型城镇化制度情境和农民工群体特征对其进行本土化修正，综合结构要素和意识要素对农民工集群行为进行重新解读，构建出一个适用于农民工集群行为的"结构—要素"综合解释框架。经实地抽样数据验证，发现农民工集群行为不是偶发事件，而是存在城镇化进程中制度结构和组织结构诱因，具有其必然性。新的解释框架不仅解决了成熟理论中国化、操作化的问题，还为全方位解读农民工集群行为提供了理论基础。

第二，随着农民工群体的分化，其集群行为已显现出代际和区域差异，研究发现跨省流入异地城镇化地区的80后农民工是集群行为的高风险群体，主客观双重社会排斥是其集群行为高发的根源。研究深入解剖农民工集群行为客观现实，并精准定位高风险群体，弥补了当前对农民工集群行为现实认识的不足。研究发现农民工集群行为具有代际差异和区域差异特征，新生代农民工是集群行为高发人群，异地城镇化地区是集群行为高发区域；远距离跨省流入异地城镇化地区的80后农民工群体是集群行为频发的高风险群体，较强的制度社会隔离和心理隔离，造成的强流动性是其集群行为高发的根源。研究为有针对性地引导、防治集群行为提供了现实借鉴意义，并为集群行为动因探索打下了基础。

第三，研究发现农民工集群行为参与意愿是制度化利益表达渠道通过农民工公民权意识的中介作用进而产生的。研究明确了从结构变迁到个体意识的具体影响路径，弥补了集群行为意愿产生机制研究的不足。研究发现城镇化进程中利益表达渠道的不断完善是促使农民工产生集群行为参与意愿的关键因素。一方面，制度化和非制度化利益表达渠道均在短期内为农民工集群行为提供政治机会，直接促成其集群行为参与意愿；另一方面，制度化利益表达渠道通过赋予农民工话语权，提升了其公民权意识，公民权意识觉醒进一步促使农民工产生集群行为参与意愿。研究为加强制度建设以消除农民工集群行为潜在风险提供了理论依据和执行思路。

第四，发现农民工集群行为行动实施的结构性缘起是农民工在流入地的纵向关系控制作用不足和横向关系资源整合较强的综合作用结果。研究综合考虑了农民工在流入地的纵向和横向关系结构，突破了以往只关注群内关系的草根动员模式。研究发现在农民工与流入地权力结构的纵向关系整合中，政府信任虽有明显抑制作用，但基层正式组织并未发挥出其应有的约束作用。纵向关系在农民工群体中渗透不足，难以发挥控制作用。在农民工群体内部的横向关系整合中，个体网强弱关系规模和非正式组织为农民工集群行为提供了资源数量支持；个体网网顶、职业种类为农民工集群行为提供了资源质量支持。流入地横向关系整合可以为农民工集群行为提供强有力的资源支持。研究为制定应急预案，实现政府、社会组织、企业的多元协作控制体系建设提供了全方位针对性视角。

但由于数据收集的局限性和写作时间的限制，本书不可避免地存在一些局限。本书研究的局限性和未来的研究空间主要包括以下几个方面。

首先，本书中实证分析采用的农民工数据是利用配额抽样的方法进行收集的，缺乏抽样框，这种非等概率抽样不可避免地会导致数据的偏差，可能导致在某些方面的结论推广性受到制约。但是鉴于样本量相对较大，并且样本在性别、职业、年龄等方面具有明显的差异，保证了数据在因果关系研究方面的可行性，相关研究结论对其他地区的实证分析仍具有一定启示意义。

其次，本书中选取了两个处于不同城镇化发展水平的城市（镇）进行农民工集群行为区域差异初探。由于数据限制，本书仅能通过现状差异分析初步探索农民工集群行为的区域差异，而未能深入分析影响机制的区域差异。但鉴于调查地选取的城市深圳市和叶县在高度城镇化和就近城镇化发展水平上的代表性较强，相关结论具备研究区域差异的代表性。在未来的研究中可进行多省市专项数据收集，进一步探索不同城镇化区域的农民工集群行为影响机制差异。

再次，集群行为的参与意愿和参与行动存在递进关系。本书对集群行为发生机制进行了理论推导，但由于采用的是截面数据分析，难以验证参与意愿和参与行动之间的递进关系，研究止步于理论推断，很难完全将两者之间的关系辨析清楚。因此，在未来的研究中可以考虑开展农民工的追踪调查，并结合定性分析，在追踪数据和案例研究中对两者关系进行进一步验证。

最后，农民工集群行为问题涉及政府、企业、农民工三方，属于政治学、管理学、人口学多学科的跨边界研究问题，在研究过程中必然不能忽略对农民工多维视角的分析。由于学科限制，本书全方位从社会管理视角深入探讨了农民工集群行为的现状、成因和政策建议，相关结论对于企业如何更好地实施管理具有一定的现实意义。但由于农民工同时作为企业管理的主体，须在未来对社会组织和企业的管理模式改进进行更详尽的探讨。

主要参考文献

［1］新华社：《国家新型城镇化规划》，《农村工作通讯》2014 年第 6 期，第 33~48 页。

［2］王培安：《推进新型城镇化和流动人口社会融合》，《社会治理》2015 年第 4 期，第 15~18 页。

［3］李培林、李炜：《农民工在中国转型中的经济地位和社会态度》，《中国党政干部论坛》2007 年第 8 期，第 18~20、33 页。

［4］孟天广：《转型期中国公众的分配公平感：结果公平与机会公平》，《社会》2012 年第 6 期，第 108~134 页。

［5］许章润：《从政策博弈到立法博弈——关于当代中国立法民主化进程的省察》，《政治与法律》2008 年第 3 期，第 2~8 页。

［6］李林、田禾：《中国法治发展报告》NO. 12，社会科学文献出版社，2014，第 255~274 页。

［7］国务院：《国家新型城镇化规划（2014-2020 年）》，2014。

［8］吕志奎、孟庆国：《公共管理转型：协作性公共管理的兴起》，《学术研究》2010 年第 12 期，第 31~37 页。

［9］李妮：《"协作性公共管理"：范式比较与概念解析》，《山东行政学院学报》2015 年第 3 期，第 12~16 页。

［10］张书维、周洁、王二平：《群体相对剥夺前因及对集群行为的影响——基于汶川地震灾区民众调查的实证研究》，《公共管理学报》2009 年第 4 期，第 69~77 页。

［11］张书维、王二平：《群体性事件集群行为的动员与组织机制》，《心理科学进展》2011 年第 12 期，第 1730~1740 页。

［12］Park R. E., Burgess E. W., *Introduction To the Science of Sociology*：*Including An Index To Basic Sociological Concepts*（University of Chicago Press, 1970）.

［13］弯美娜、刘力、邱佳等：《集群行为：界定、心理机制与行为测量》，《心理科学进展》2011 年第 5 期，第 723~730 页。

［14］Leach M. M., Berman M. E., Eubanks L., "Religious Activities, Religious Orientation, and Aggressive Behavior," *Journal for the Scientific Study of Religion*, Vol. 47, No. 2, 2008, pp. 311-319.

［15］向德平、陈琦：《社会转型时期群体性事件研究》，《社会科学研究》2003 年第 4 期，第 99~103 页。

［16］杜海峰、张楠、牛静坤等：《群体性事件中的集群行为——一个基于社会计算的研究框架》，《中国人民公安大学学报》（社会科学版）2014 年第 6 期，第 81~90 页。

［17］张书维、王二平、周洁：《跨情境下集群行为的动因机制》，《心理学报》2012 年第 4 期，第 524~545 页。

［18］单卓然、黄亚平：《试论中国新型城镇化建设：战略调整、行动策略、绩效评估》，《规划师》2013 年第 4 期，第 10~14 页。

［19］焦晓云：《新型城镇化进程中农村就地城镇化的困境、重点与对策探析——"城市病"治理的另一种思路》，《城市发展研究》2015 年第 1 期，第 108~115 页。

［20］段成荣、杨舸：《我国流动人口的流入地分布变动趋势研究》，《人口研究》2009 年第 6 期，第 1~12 页。

［21］Zomeren M. V., Iyer A., "Introduction to the Social and Psychological Dynamics of Collective Action," *Journal of Social Issues*, Vol. 65, No. 4, 2009, pp. 645-660.

［22］赵鼎新：《社会与政治运动讲义》，社会科学文献出版社，2012，第 2~5 页。

［23］Park R. E., Burgess E. W., *Introduction To the Science of Sociology*（University of Chicago Press, 1970）.

［24］冯仕政：《西方社会运动理论研究》，中国人民大学出版社，2013，

第 13~94 页。

[25] Klandermans P. G., "Mobilization and Participation in Trade Union Action: An expectancy-value approach," *Journal of Occupational Psychology*, 1984, 57107-120.

[26] 徐增阳:《"民工潮"的政治社会学分析》,《政治学研究》2004 年第 1 期,第 61~70 页。

[27] 艾鹤、李德:《农民工价值观取向的变化》,《求实》2006 年第 S3 期,第 257~258 页。

[28] 钮松元:《弱势群体对社会稳定的影响》,《江苏警官学院学报》 2004 年第 6 期,第 5~11 页。

[29] Klandermans B., Oegema D., "Potentials, Networks, Motivations and Barriers: Steps Toward Participation in Social Movements," *American Sociological Review*, Vol. 52, No. 4, 1987, pp. 519-531.

[30] Mcadam D., *Political Process And The Development of Black Insurgency*, 1930- 1970 (University of Chicago Press, 1982).

[31] 吴定平:《新华网评:新型城镇化是贪大求快的克星》,中国政府网, 2013 年 6 月 30 日,http://www.gov.cn/jrzg/2013-06/30/content_ 2437510.htm。

[32] 佚名:《农民合同制工人的规定》,《江西省人民政府公报》1991 年 第 12 期,第 19~22 页。

[33] 李培林:《流动民工的社会网络和社会地位》,《社会学研究》1996 年第 4 期,第 42~52 页。

[34] 王春光:《农民工:一个正在崛起的新工人阶层》,《学习与探索》 2005 年第 1 期,第 38~43 页。

[35] Eisinger P. K., "The Conditions of Protest Behavior in American Cities," *American Political Science Review*, Vol. 67, No. 1, 1973, pp. 66-67.

[36] Tilly C., "Migration in Modern European History," *Human Migration Patterns & Policies*, No. 10, 1978, pp. 126-146.

[37] Marks G., Mcadam D., *On the Relationship of Political Opportunities to The Form of Collective Action: The Case of The European Union* (Social Movements

in A Globalizing World. UK: Palgrave Macmillan, 1999).

[38] Gaventa J., Barrett G., "So What Difference Does it Make? Mapping the Outcomes of Citizen Engagement," *Ids Working Papers*, Vol. 347, 2010, pp. 1-72.

[39] Mccarthy J. D., Zald M. N., "Resource Mobilization and Social Movements: A Partial Theory," *American Journal of Sociology*, Vol. 82, No. 6, 1977, pp. 1212-1241.

[40] Voss K., Williams M., "The Local in the Global: Rethinking Social Movements in the New Millennium," *Democratization*, Vol. 19, No. 827897, 2012, pp. 352-377.

[41] 高佩义:《中外城市化比较研究》,南开大学出版社,1991。

[42] 龙瀛、吴康:《中国城市化的几个现实问题:空间扩张、人口收缩、低密度人类活动与城市范围界定》,《城市规划学刊》2016年第2期,第72~77页。

[43] 韩蓉、王琦:《资源转移效应、劳动力分布与城市化》,《现代交际》2016年第18期,第43~44页。

[44] Friedmann J., *China's Urban Transition* (University of Minnesota Press, 1995).

[45] 纪韶、李舒丹:《城市化进程中农民工生活方式的转变——以北京市为例》,《广东社会科学》2010年第2期,第39~47页。

[46] 肖金成:《改革开放以来中国特色城镇化的发展路径》,《改革》2008年第7期,第5~15页。

[47] 辜胜阻、李正友:《中国自下而上城镇化的制度分析》,《中国社会科学》1998年第2期,第60~70页。

[48] 刘士林:《中国城市群的发展现状与文化转型》,《江苏行政学院学报》2015年第1期,第26~32页。

[49] 熊易寒:《"半城市化"对中国乡村民主的挑战》,《华中师范大学学报》(人文社会科学版)2012年第1期,第28~34页。

[50] 费孝通:《小城镇的发展在中国的社会意义》,《瞭望周刊》1984年第32期,第8~10页。

[51] 吴江、王斌、申丽娟:《中国新型城镇化进程中的地方政府行为研究》,《中国行政管理》2009年第3期,第88~91页。

[52] 何念如:《中国当代城市化理论研究(1979-2005)》,博士学位论文,复旦大学,2006。

[53] Mbow M., et al., "Changes in Immunological Profile as A Function of Urbanization And Lifestyle," *Immunology*, Vol. 143, No. 4, 2014, pp. 569-577.

[54] 李路路:《"社会现代化"理论论纲》,《社会学研究》1987年第3期,第105~112页。

[55] 官长瑞:《当代中国公民生态文明意识培育研究》,博士学位论文,兰州大学,2011。

[56] 曲丽涛:《当代中国公民意识发育问题研究》,博士学位论文,山东大学,2011。

[57] Enqvist J., Tengö M., Bodin Ö., "Citizen Networks in The Garden City: Protecting Urban Ecosystems in Rapid Urbanization," *Landscape & Urban Planning*, Vol. 130, No. 1, 2014, pp. 24-35.

[58] 冯必扬:《人情社会与契约社会——基于社会交换理论的视角》,《社会科学》2011年第9期,第67~75页。

[59] Henderson V., "How Urban Concentration Affects Economic Growth," *Social Science Electronic Publishing*, 2000, pp. 1-42.

[60] 〔美〕塞缪尔·P. 亨廷顿:《变化社会中的政治秩序》,王冠华等译,上海人民出版社,2008,第38页。

[61] Mati J. M., *Neoliberalism And the Forms of Civil Society in Kenya And South Africa* (New York: Springer, 2014).

[62] Tilly C., *Democracy* (Cambridge University Press, 2007).

[63] Nasong'O. S. W., "Chapter 2: Negotiating New Rules of the Game: Social Movements, Civil Society and the Kenyan Transition," *Kenya the Struggle for Democracy*, 2007, p. 25.

[64] 谢岳:《从"司法动员"到"街头抗议"——农民工集体行动失败的政治因素及其后果》,《开放时代》2010年第9期,第46~56页。

［65］ Mati J. M., "Social Movements and Socio-Political Change in Africa: The Ufungamano Initiative and Kenyan Constitutional Reform Struggles (1999－2005)," *Voluntas: International Journal of Voluntary and Nonprofit Organizations*, Vol. 23, No. 1, 2012, pp. 63－84.

［66］ Huang Z., et al., "Urban Land Expansion under Economic Transition in China: A Multi-level Modeling Analysis," *Habitat International*, No. 47, 2015, pp. 69－82.

［67］ 张斐:《新生代农民工市民化现状及影响因素分析》,《人口研究》2011 年第 6 期, 第 100~109 页。

［68］ 熊易寒:《新生代农民工与公民权政治的兴起》,《开放时代》2012 年第 11 期, 第 90~104 页。

［69］ 熊易寒:《新生代农民工的权利意识》,《文化纵横》2012 年第 1 期, 第 44~49 页。

［70］ Fortunato P., Panizza U., "Democracy, Education and the Quality of Government," *Journal of Economic Growth*, Vol. 20, No. 4, 2015, pp. 1－31.

［71］ 杜海峰、刘茜、任锋:《公平感对农民工流入地政府信任的影响研究——基于公民权意识的调节效应分析》,《西安交通大学学报》(社会科学版) 2015 年第 4 期, 第 73~79 页。

［72］ 马爱荣:《我国城镇化进程中流动人口社会管理的研究进展》,《中国集体经济》2015 年第 30 期, 第 6~8 页。

［73］ 孙丹:《新型城镇化与流动人口管理》,《管理观察》2016 年第 18 期, 第 62~63 页。

［74］ Ansell C., Gash A., "Collaborative Governance in Theory," *Journal of Public Administration Research & Theory*, Vol. 18, No. 4, 2008, pp. 1－15.

［75］ 陈江:《政府间联动协作治理研究——基于协作性公共管理的视角》,《北京航空航天大学学报》(社会科学版) 2012 年第 6 期, 第 6~12 页。

［76］ 吴锦良:《构建基层党建与基层治理良性互动的新格局——舟山市基层党建工作的实践创新》,《中共浙江省委党校学报》2010 年第 1

期，第 5~12 页。

[77] Agranoff R., Mcguire M., "Big Questions in Public Network Management Research," *Journal of Public Administration Research and Theory*, Vol. 11, No. 3, 2001, pp. 295-326.

[78] Voss K., Williams M., "The Local in The Global: Rethinking Social Movements in The New Millennium," *Democratization*, Vol. 19, No. 827897, 2012, pp. 352-377.

[79] Tilly C., *Contention and Democracy in Europe*, 1650 - 2000: *Preface* (Cambridge University Press, 2004).

[80] Porta D. D., Diani M., *Social Movements: An Introduction (2nd edition)* (Oxford: Blackwell, 2006).

[81] Tilly C., *Historical Studies of Changing Fertility* (Princeton University Press, 1978).

[82] 姜辉：《工人阶级还是不是社会主义运动的主体——对西方工人阶级与社会主义运动之关系的研究》，《马克思主义研究》2013 年第 12 期，第 119~129 页。

[83] 唐睿：《被分割的纽带：现代西方工人阶级认同感的缺失》，《理论界》2013 年第 9 期，第 166~168 页。

[84] Barreira I. A. F., Hallewell L., "Social Movements, Culture, And Politics in the Work of Brazilian Sociologists," *Latin American Perspectives*, Vol. 38, No. 3, 2011, pp. 150-168.

[85] Naples N. A., Mendez J. B., "Border Politics: Social Movements, Collective Identities, And Globalization," *Contemporary Sociology*, Vol. 45, No. 3, 2016, pp. 336-337.

[86] Blumer H. G., "Race Prejudice as Sense of Group Position," *Pacific Sociological Review*, No. 1, 1958, pp.

[87] Blumer H., "Social Problems as Collective Behavior," *Social Problems*, Vol. 18, No. 3, 1971, pp. 298-306.

[88] Turner R. H., Killian L. M., *Collective Behavior* (Prentice-Hall, 1957).

[89] Parsons T., "The Social System," *American Sociologica Review*, Vol. 56,

No. 3, 1951, pp. 499-502.

[90] Davies J. C. C., "Towards A Theory of Revolution," *American Sociological Review*, Vol. 27, No. 1, 1962, pp. 5-18.

[91] Gurr T., "The Politics of Violence: Revolution in the Modern World," *American Political Science Review*, No. 63, 1969, p. 244.

[92] Mcadam D., Mccarthy J. D, Zald M. N., *Comparative Perspectives on Social Movements: Political Opportunities, Mobilizing Structures, And Cultural Framings* (Cambridge University Press, 1996).

[93] Tarrow S. G., *Power in Movement* (London: Cambridge University Press, 2011).

[94] Mcadam D., "Paulsen R. Specifying the Relationship Between Social Ties and Activism," *American Journal of Sociology*, Vol. 99, No. 3, 1993, p. 86.

[95] Snow D. A., et al., "Frame Alignment Processes, Micro-Mobilization, and Movement Participation," *American Sociological Review*, Vol. 51, No. 4, 1986, pp. 254-258.

[96] Bon G. L., *The Crowd: A Study of The Popular Mind* (Dover Pub, Inc, 2002).

[97] Bisung E., et al., "Social Capital, Collective Action And Access to Water in Rural Kenya," *Social Science & Medicine*, No. 119, 2014, pp. 147-154.

[98] Manning S., Bejarano T., "Convincing the Crowd: Entrepreneurial Storytelling in Crowdfunding Campaigns," *Strategic Organization*, No. 5, 2016, pp. 1-49.

[99] McAdam D., McCarthy J. D., Zald M. N., *Comparative Perspectives on Social Movements* (New York: Cambridge University Press, 1996).

[100] Coppock A., Guess A., Ternovski J., "When Treatments are Tweets: A Network Mobilization Experiment over Twitter," *Political Behavior*, Vol. 38, No. 1, 2016, pp. 1-24.

[101] Mcadam D., Paulsen R., "Specifying The Relationship Between Social

Ties and Activism," *American Journal of Sociology*, Vol. 99, No. 3, 1993, p. 86.

[102] Krinsky J., Crossley N., "Social Movements and Social Networks: Introduction," *Social Movement Studies*, Vol. 13, No. 1, 2014, pp. 1-21.

[103] Halsall J., Cook I., Wankhade P., "Global Perspectives on Volunteerism: Analysing the Role of the State, Society and Social Capital," *International Journal of Sociology and Social Policy*, Vol. 36, No. 7-8, 2016.

[104] Porta D. D., Diani M., *Social Movements: An Introduction* (2nd edition) (Diani Mario, 2006).

[105] 刘君:《网络非正式群体对高校突发公共事件的影响研究》,《魅力中国》2011 年第 1 期, 第 195~196 页。

[106] Tarrow S., "Fishnets, Internets and Catnets: Globalization and Transnational Collective Action," *Estudios*, No. 78, 1996, pp. 1-41.

[107] Oberschall A., *The Sociology of Social Conflicts* (Louis Kriesberg. Englewood Cliffs: Prentice-Hall, 1973).

[108] Pallares A., Gomberg Muñoz R., "Politics of Motion: Ethnography with Undocumented Activists and of Undocumented Activism," *North American Dialogue*, Vol. 19. NO. 1, 2016, pp. 4-12.

[109] Heaney M. T., "Multiplex Networks and Interest Group Influence Reputation: An Exponential Random Graph Model," *Social Networks*, Vol. 36, No. 1, 2014, pp. 66-81.

[110] Gould R. V., "Multiple Networks and Mobilization in the Paris Commune, 1871," *American Sociological Review*, Vol. 56, No. 8, 1991, pp. 716-729.

[111] Passy F., Giugni M., "Social Networks and Individual Perceptions: Explaining Differential Participation in Social Movements," *Sociological Forum*, Vol. 16, No. 1, 2001, pp. 123-153.

[112] Corcoran K. E, Pettinicchio D., Young J. T. N., "Perceptions of Structural Injustice and Efficacy: Participation in Low/Moderate/High-

Cost Forms of Collective Action," *Sociological Inquiry*, Vol. 85, No. 3, 2015, pp. 429-461.

[113] 杨灵:《社会运动的政治过程——评〈美国黑人运动的政治过程和发展（1930-1970）〉》,《社会学研究》2009 年第 1 期, 第 230~241 页。

[114] 谢秋山、许源源:《"央强地弱"政治信任结构与抗争性利益表达方式——基于城乡二元分割结构的定量分析》,《公共管理学报》2012 年第 4 期, 第 12~20 页。

[115] Passy F., "Cultural Resources and Political Opportunities for the Mobilization of Ethnic Minorities in France and Switzerland," *Society of Plastics Engineers Inc*, Vol. 3, No. 6, 2015, pp. 871-881.

[116] Nesossi E., "Political Opportunities in Non-democracies: The Case of Chinese Weiquan Lawyers," *International Journal of Human Rights*, Vol. 19, No. 7, 2015, pp. 961-978.

[117]〔美〕查尔斯·蒂利、西德尼·塔罗:《抗争政治》, 李义中译, 译林出版社, 2010。

[118] Benford R. D., Snow D. A., "Framing Processes and Social Movements: An Overview and Assessment," *Sociology*, Vol. 26, No. 26, 2000, pp. 611-639.

[119] Goffman E., *Primary Frameworks* (Northeastern Universtiy Press, 1974).

[120] Swidler A., "Culture in Action: Symbols and Strategies," *American Sociological Review*, Vol. 51, No. 2, 1986, pp. 273-286.

[121] Mcveigh J. S., Siegel M., Jordan A. G., "Adaptive Reference Frame Selection for Generalized Video Signal Coding," *Proceedings of SPIE-The International Society for Optical Engineering*, Vol. 41, No. 11, 1996, pp. 1453-1455.

[122] 杜海峰、张楠、牛静坤等:《群体性事件中的集群行为——一个基于社会计算的研究框架》,《中国人民公安大学学报》（社会科学版）2014 年第 6 期, 第 81~90 页。

[123] 张书维、王二平、周洁：《跨情境下集群行为的动因机制》，《心理学报》2012年第4期，第524~545页。

[124] 孙壮珍、陈文胜：《谣言、技术风险与集群行为逻辑解析——以"江苏响水化工厂爆炸谣言引万人逃命"为例证》，《新闻与传播研究》2015年第2期，第19~22页。

[125] 赵宬斐、韩巧燕：《浅析新媒体视野下网络集群行为与政府形象塑造——基于厦门和宁波"PX"事件的比较研究》，《中共杭州市委党校学报》2013年第4期，第70~76页。

[126] 王林、赵杨、时勘等：《实验式内容分析法在微博集群行为舆情传播中的应用》，《情报科学》2015年第7期，第132~137页。

[127] 殷融、张菲菲：《不同类型集群行为的差异比较》，《心理科学进展》2015年第1期，第120~131页。

[128] 张明军、陈朋：《2012年上半年群体性事件分析报告》，《中国社会公共安全研究报告》2013年第1期，第3~13页。

[129] 于水、李煜玘：《农民工群体性事件的影响因素——对苏南地区农民工的调查》，《华南农业大学学报》（社会科学版）2010年第4期，第20~29页。

[130] 牛静坤、杜海峰、杜巍等：《公平感对农民工集群行为的影响研究——基于平等意识的调节效应分析》，《公共管理学报》2016年第3期，第89~99页。

[131] 张玲：《农民工非制度化利益表达的政治系统分析》，《山东行政学院学报》2015年第1期，第12~17页。

[132] 孙德厚：《村民制度外政治参与行动是我国农村政治、经济体制改革的重要课题》，《中国行政管理》2002年第6期，第35~37页。

[133] 王金红、黄振辉：《制度供给与行为选择的背离——珠江三角洲地区农民工利益表达行为的实证分析》，《开放时代》2008年第3期，第60~76页。

[134] 龚志文：《运动式政策参与：公民与政府的理性互动——基于广州番禺反焚运动的分析》，《吉首大学学报》（社会科学版）2015年第1期，第50~59页。

[135] 刘能:《社会运动理论:范式变迁及其与中国当代社会研究现场的相关度》,《江苏行政学院学报》2009 年第 4 期, 第 76~82 页。

[136] 刘能:《当代中国群体性集体行动的几点理论思考——建立在经验案例之上的观察》,《开放时代》2008 年第 3 期, 第 110~123 页。

[137] 张婍、王二平:《社会困境下政治信任对公众态度和合作行为的影响》,《心理科学进展》2010 年第 10 期, 第 1620~1627 页。

[138] 张书维、景怀斌:《政治信任的制度——文化归因及政府合作效应》,《武汉大学学报》(哲学社会科学版)2014 年第 5 期, 第 77~84 页。

[139] 邹育根:《针对地方政府的群体性事件之特点、趋势及治理——政治信任的视角》,《学习与探索》2010 年第 2 期, 第 66~69 页。

[140] 郑方辉、李燕:《经济发展、社会公正与环境保护:基于政府整体绩效的视野——以 2008—2010 年广东省为例》,《公共管理学报》2013 年第 1 期, 第 51~62 页。

[141] 朱艳丽:《集群行为情绪表达机制的理论构架》,《领导科学》2014 年第 11 期, 第 62~64 页。

[142] 钟其:《表意行为:人民群众的态度及影响因素研究》,《浙江社会科学》2013 年第 6 期, 第 99~105 页。

[143] 王二平:《群体性事件的心理演化机制》,《人民论坛》2013 年第 31 期, 第 64~65 页。

[144] 聂军:《变迁、结构和话语:群体性事件发生的宏观解释视角》,《吉首大学学报》(社会科学版)2011 年第 4 期, 第 119~122 页。

[145] 黄岭峻、唐雪梅:《农民工集体行动的中介机制研究——基于结构方程模型(SEM)的分析》,《湖北经济学院学报》2015 年第 5 期, 第 51~57 页。

[146] 郑谦:《相对剥夺感塑造与资源动员耦合下的社会抗争分析——以江苏省扬州市 H 镇的社会冲突为例》,《公共管理学报》2015 年第 1 期, 第 145~152 页。

[147] 王建武:《互联网使用对非制度化政治参与行动的影响——基于 2013 年中国社会状况综合调查数据(CSS)的实证分析》,《长春理工大学学报》(社会科学版)2015 年第 12 期, 第 54~60 页。

[148] 王志泉：《公民权利意识觉醒对构建和谐社会的挑战与对策》，《求知》2014 年第 11 期，第 4~6 页。

[149] 张书维：《群际威胁与集群行为意向：群体性事件的双路径模型》，《心理学报》2013 年第 12 期，第 1410~1430 页。

[150] 高红波：《社会资源与行动网络：精英型意见领袖的抗争逻辑》，《西北农林科技大学学报》（社会科学版）2016 年第 3 期，第 32~39 页。

[151] 肖唐镖：《中国农民抗争的策略与理据——"依法抗争"理论的两维分析》，《河海大学学报》（哲学社会科学版）2015 年第 4 期，第 27~34 页。

[152] 于建嵘：《当代中国农民的"以法抗争"——关于农民维权活动的一个解释框架》，《文史博览（理论）》2008 年第 12 期，第 60~63 页。

[153] 石发勇：《关系网络与当代中国基层社会运动——以一个街区环保运动个案为例》，《学海》2005 年第 3 期，第 76~88 页。

[154] 石发勇：《社会资本的属性及其在集体行动中的运作逻辑——以一个维权运动个案为例》，《学海》2008 年第 3 期，第 96~103 页。

[155] 应星：《"气"与抗争政治：当代中国乡村社会稳定问题研究》，社会科学文献出版社，2011，第 1~30 页。

[156] 陈涛、李素霞：《"造势"与"控势"：环境抗争中农村精英的辩证法》，《西北农林科技大学学报》（社会科学版）2015 年第 5 期，第 122~128 页。

[157] 应星：《草根动员与农民群体利益的表达机制——四个个案的比较研究》，《社会学研究》2007 年第 2 期，第 1~23 页。

[158] 蔡禾、李超海、冯建华：《利益受损农民工的利益抗争行为研究——基于珠三角企业的调查》，《社会学研究》2009 年第 1 期，第 139~161 页。

[159] 中国行政管理学会课题组：《我国转型期群体性突发事件主要特点、原因及政府对策研究》，《中国行政管理》2002 年第 5 期，第 6~9 页。

[160] 弯美娜、刘力、邱佳等：《集群行为：界定、心理机制与行为测量》，《心理科学进展》2011 年第 5 期，第 723～730 页。

[161] 王赐江：《群体性事件类型化及发展趋向》，《长江论坛》2010 年第 4 期，第 47～53 页。

[162] Mcadam D., Tarrow S. G., Tilly C., "The Dynamics of Contention," *Social Movement Studies*, Vol. 2, No. 1, 2010, pp. 97-98.

[163] Oegema D., Klandermans B., "Why Social Movement Sympathizers Don't Participate: Erosion and Nonconversion of Support," *American Sociological Review*, Vol. 59, No. 5, 1994, pp. 703-722.

[164] 于水：《风险社会下农民工群体性事件治理》，《江苏社会科学》2013 年第 2 期，第 26～33 页。

[165] Rule J., Tilly C., "1830 and the Unnatural History of Revolution," *Journal of Social Issues*, Vol. 28, No. 1, 1972, pp. 49-76.

[166] Tarrow S., "National Politics and Collective Action: Recent Theory and Research in Western Europe and the United States," *Sociology*, Vol. 14, No. 14, 1988, pp. 421-440.

[167] 熊易寒：《新阶层的兴起与社会分化》，《理本书萃》2013 年第 1 期，第 4～11 页。

[168] 熊易寒：《"问题化"的背后——对当前中国社会冲突的反思》，《社会学家茶座》2007 年第 2 期，第 25～28 页。

[169] 刘茂盛、宋文：《论我国公民权利意识的塑造：从冲突到理性》，《法制与经济》2015 年第 3 期，第 120～123 页。

[170] 刘传江：《资本缺失与乡城流动人口的城市融合》，《人口与发展》2014 年第 3 期，第 6～11 页。

[171] 杨菊华：《从隔离、选择融入到融合：流动人口社会融入问题的理论思考》，《人口研究》2009 年第 1 期，第 17～29 页。

[172] 刘传江、程建林：《第二代农民工市民化：现状分析与进程测度》，《人口研究》2008 年第 5 期，第 48～57 页。

[173] 李树苗、杨绪松、悦中山等：《农民工社会支持网络的现状及其影响因素研究》，《西安交通大学学报》（社会科学版）2007 年第 1

期，第 67~76 页。

[174] 徐祖荣：《流动人口社会融合问题研究》，《北京城市学院学报》 2008 年第 4 期，第 96~100 页。

[175] 焦晓云：《新型城镇化进程中农村就地城镇化的困境、重点与对策探析——"城市病"治理的另一种思路》，《城市发展研究》2015 年第 1 期，第 108~115 页。

[176] 崔功豪、马润潮：《中国自下而上城市化的发展及其机制》，《地理学报》1999 年第 2 期，第 12~21 页。

[177] 伊斯顿：《政治生活的系统分析》，华夏出版社，1989，第 56 页。

[178] Kriesi H., et al., "New Social Movements in Western Europe: A Comparative Analysis," *Contemporary Sociology*, Vol. 26, No. 3, 1995, pp. 508-510.

[179] Bauer P. C., Fatke M., "Direct Democracy and Political Trust: Enhancing Trust, Initiating Distrust-or Both?," *Swiss Political Science Review*, Vol. 20, No. 1, 2014, pp. 49-69.

[180] Kitschelt H., "Political Regime Change: Structure and Process-Driven Explanations?," *American Political Science Review*, Vol. 86, No. 4, 1992, pp. 387-1034.

[181] 杜海峰、刘茜、任锋：《公平感对农民工流入地政府信任的影响研究——基于公民权意识的调节效应分析》，《西安交通大学学报》（社会科学版）2015 年第 4 期，第 73~79 页。

[182] Jieying W., Mobilizing Resources in Networked Social Movements: Cases in Hong Kong and Taiwan (ph. D. diss., Hong Kong: Hong Kong Baptist University, 2015).

[183] 李培林、李炜：《农民工在中国转型中的经济地位和社会态度》，《中国党政干部论坛》2007 年第 8 期，第 18~20、33 页。

[184] 费孝通：《乡土中国》，江苏文艺出版社，2007。

[185] Granovetter M. S., "The Strength of Weak Ties," *American Journal of Sociology*, Vol. 78, No. 6, 1973, pp. 347-367.

[186] Hill J. L., et al., "Does Worksite Social Capital Enhance Retention into

A Worksite Weight-loss Programme?," *Obesity Science & Practice*, Vol. 2, No. 1, 2016, pp. 69-74.

[187] Coleman J. S., "Social Capital in the Creation of Human Capital. The American," *American Journal of Sociology*, Vol. 94, Suppl 1, 1988, pp. 95-120.

[188] 孟天广:《转型期中国公众的分配公平感:结果公平与机会公平》,《社会》2012 年第 6 期,第 108~134 页。

[189] 朱平利:《新生代农民工劳资群体性事件研究述评》,《中国劳动关系学院学报》2014 年第 6 期,第 10~13 页。

[190] Friedman E., Kuruvilla S., "Experimentation and Decentralization in China's Labor Relations," *Human Relations*, Vol. 68, No. 2, 2015, pp. 181-195.

[191] Miller A. H., "Political Issues and Trust in Government:1964-1970," *American Political Science Review*, Vol. 68, No. 3, 1974, pp. 951-972.

[192] 林南:《社会资本:关于社会结构与行动的而理论》,上海人民出版社,2005。

[193] 全国总工会新生代农民工问题课题组:《关于新生代农民工问题的研究报告》,《中国职工教育》2010 年第 8 期,第 24~30 页。

[194] 邓秀华:《"新生代"农民工的政治参与问题研究》,《华南师范大学学报》(社会科学版)2010 年第 1 期,第 15~20 页。

[195] 尹木子:《新生代流动人口群体性事件参与风险分析》,《中国青年研究》2015 年第 9 期,第 54~61 页。

[196] 王利娟:《都市菜贩的社会网络建构——以杭州市 Y 区外来个体户为例》,硕士学位论文,西南大学,2015。

[197] 李培林:《小城镇依然是大问题》,《甘肃社会科学》2013 年第 3 期,第 1~4 页。

[198] 刘传江、赵颖智、董延芳:《不一致的意愿与行动:农民工群体性事件参与探悉》,《中国人口科学》2012 年第 2 期,第 87~94 页。

[199] Petersen N., Ward G. K., "The Transmission of Historical Racial Violence: Lynching, Civil Rights-Era Terror, and Contemporary

Interracial Homicide," *Race & Justice*, Vol. 5, No. 2, 2015, pp. 114-143.

[200] Marian M. C., "The Impact of Marking the Political Boundaries in the Extraurban Areas," *Agriculture & Agricultural Science Procedia*, No. 6, 2015, pp. 472-478.

[201] Geyer H. S., Geyer H. S., "Disaggregated Population Migration Trends in South Africa Between 1996 and 2011: A Differential Urbanisation ApproachA," *Urban Forum*, Vol. 26, No. 1, 2015, pp. 1-13.

[202] Rajendran D., et al., *Global Citizenship* (SensePublishers, 2015).

[203] Basedau M., Pfeiffer B., Llers J. V., "Bad Religion? Religion, Collective Action, and the Onset of Armed Conflict in Developing Countries," *Journal of Conflict Resolution*, Vol. 60, No. 2, 2016, pp. 226-255.

[204] 潘泽泉:《新型城镇化的政治过程:制度变迁的多重逻辑与中国实践》,《福建论坛》(人文社会科学版)2015年第2期,第169~177页。

[205] 于扬铭:《农民工政治参与的困境与实现路径》,《海南大学学报人文社会科学版》2016年第1期,第37~43页。

[206] Akarca A. T., "Tansel A. Impact of Internal Migration on Political Participation in Turkey," *IZA Journal of Migration*, Vol. 4, No. 1, 2015, pp. 1-14.

[207] 林劲松、Qu Yunying:《媒体对审判的监督:转型社会中的模式调整》,《中国社会科学》(英文版)2016年第2期,第180~195页。

[208] 徐静:《新媒体环境下公民利益表达机制和政府治理创新分析》,《经济研究导刊》2015年第18期,第311~312页。

[209] 姜巍:《公共领域理论视角下的当代社交媒体空间》,《新闻传播》2016年第10期,第21~22页。

[210] 郑杭生:《从政治学、社会学视角看公民意识教育的基本内涵》,《学术研究》2008年第8期,第19~22页。

[211] 张紧跟:《从反应式治理到参与式治理:地方政府危机治理转型的

趋向》，《中国人民大学学报》2016 年第 5 期，第 86~94 页。

[212] Baines D., Sharma N., "Migrant Workers as Non-Citizens: The Case Against Citizenship as A Social Policy Concept," *Studies in Political Economy*, Vol. 69. No. 1, 2016, pp. 75-107.

[213] 汪仕凯：《西方民主发生理论辨析》，《政治学研究》2015 年第 2 期，第 104~115 页。

[214] 梁德友：《论弱势群体非制度化利益表达的几个理论问题——概念、结构与社会学分类》，《社会科学辑刊》2016 年第 3 期，第 134~139 页。

[215] 郝彩虹：《现代社会的社会秩序、个体自由与社会控制——基于对部分社会学经典文献的分析》，《社科纵横》2016 年第 6 期，第 59~63 页。

[216] Jiang S., et al., "Semiformal Crime Control and Semiformal Organizations in China: An Empirical Demonstration from Chinese Community Corrections," *Asian Journal of Criminology*, Vol. 10, No. 4, 2015, pp. 287-302.

[217] Rönnerstrand B., Andersson S. K., "Trust, Reciprocity and Collective Action to Fight Antibiotic Resistance. An Experimental Approach," *Social Science Medicine*, No. 142, 2015, pp. 249-255.

[218] 鄢波：《弱组织动员与工人抗争——基于 S 企业工人维权的个案分析》，《社会科学》2016 年第 5 期，第 77~87 页。

[219] 刘爱玉、傅春晖、阿拉坦：《工会能在多大程度上维护农民工的权益?》，《江苏行政学院学报》2014 年第 1 期，第 56~61 页。

[220] 温忠麟、张雷、侯杰泰等：《中介效应检验程序及其应用》，《心理学报》2004 年第 5 期，第 614~620 页。

[221] 靳小怡、杨婷、韦娜：《新生代农民工的公共服务需求对户籍意愿的影响》，《西安交通大学学报社会科学版》2015 年第 4 期，第 80~86 页。

[222] 韩志明：《利益表达、资源动员与议程设置——对于"闹大"现象的描述性分析》，《公共管理学报》2012 年第 2 期，第 52~66 页。

[223] 郑雯、黄荣贵：《媒介逻辑如何影响中国的抗争》，《国际新闻界》2016 年第 4 期，第 47~66 页。

[224] 白萌、杜巍：《农民工社会网络复杂性特征的性别差异研究》，《求索》2013 年第 9 期，第 230~232 页。

[225] 谢岳、党东升：《草根动员国家治理模式的新探索》，《社会学研究》2015 年第 3 期，第 1~22 页。

[226] 吕书鹏：《差序政府信任：概念、现状及成因——基于三次全国调查数据的实证研究》，《学海》2015 年第 4 期，第 148~157 页。

[227] 熊美娟：《政治信任、政治效能与政治参与——以澳门为例》，《广州大学学报》（社会科学版）2014 年第 3 期，第 10~15 页。

[228] 张明军、陈朋：《2011 年中国社会典型群体性事件的基本态势及学理沉思》，《当代世界与社会主义》2012 年第 1 期，第 140~146 页。

[229] 程倩：《论社会信任与政府信任的适配性——结构化视角中的信任关系考察》，《江海学刊》2007 年第 4 期，第 101~107 页。

[230] Mcevily B., Soda G., Tortoriello M., "More Formally: Rediscovering the Missing Link between Formal Organization and Informal Social Structure," *Academy of Management Annals*, Vol. 8, No. 1, 2014, pp. 299-345.

[231] 李国梁：《非正式组织与正式组织的互动关系及其管理启示》，《学术论坛》2015 年第 4 期，第 29~33 页。

[232] Comas J., et al., "Terrorism as Formal Organization, Network, and Social Movement," *Journal of Management Inquiry*, No. 24, 2015, pp. 47-60.

[233] 刘烨、秦丽娜、彭建新：《正式组织与非正式组织的关系辩析》，《科技进步理论》2002 年第 2 期，第 101~102 页。

[234] 〔美〕罗纳德·伯特：《结构洞：竞争的社会结构》，任敏等译，上海人民出版社，2008。

[235] 万世纪：《新生代农民工社会支持网络——对北京市新生代农民工的调查研究》，硕士学位论文，首都经济贸易大学，2016。

[236] 边燕杰、张文宏、程诚：《求职过程的社会网络模型：检验关系效

应假设》,《社会》2012 年第 3 期,第 24~37 页。

[237] 王卫东:《中国社会文化背景下社会网络资本的测量》,《社会》2009 年第 3 期,第 146~158 页。

[238] 李煜玘、王鑫:《农民工群体性事件影响因素调查研究》,《劳动保障世界》2010 年第 16 期,第 42~46 页。

深圳市农民工发展状况调查问卷

问卷编码：□□□□□□

调查时间：□□月　□□日　如果调查未完成，原因是：＿＿＿＿＿＿＿

调查地点：＿＿＿＿＿＿街道＿＿＿＿＿＿社区＿＿门牌号；＿＿＿＿街

道＿＿＿＿＿＿工厂

调查员：＿＿＿＿＿＿　　　　审核员：＿＿＿＿＿＿＿＿

问卷是否合格：合格□　不合格□（原因）＿＿＿＿＿＿＿＿＿＿

亲爱的朋友：

　　您好！西安交通大学农民工课题组正在做一项有关农民工发展情况的社会调查，需要了解一下您的个人、家庭相关信息，供研究使用。本次调查收集到的信息将严格保密，谢谢您的支持和合作！

西安交通大学农民工课题组

2013 年 12 月

第一部分　基本情况

101 您的性别：1. 男　2. 女　　　　　　　　　　　　　□

102 您是什么时候出生的？　　　　　　　　□□□□年□□月

103 您的户籍所在地：

　　　　　＿＿＿＿省（自治区、直辖市）＿＿＿＿市＿＿＿＿县（区）

104 您的受教育程度是：　　　　　　　　　　　　　　　□

　　1. 不识字或很少识字　2. 小学　3. 初中　4. 高中　5. 技校/中专

　　6. 大专　7. 本科及以上

105 您现在的政治面貌是？ □

　　1. 共青团员　2. 共产党员　3. 民主党派　4. 群众

106 您认为您的健康状况如何？ □

　　1. 非常好　2. 较好　3. 一般　4. 较差　5. 非常差

107 父（母）在您 18 岁之前是否离开家乡外出打过工？ □

　　1. 是　2. 否（跳问到 201 题）

107.1 在此期间，您主要在哪里生活？ □

　　1. 父母均外出打工，自己留在家乡

　　2. 父母一方出去打工，与一方留在家乡

　　3. 跟随父母（或一方）到其打工的城市生活

第二部分　生计与就业

201 您第一次外出务工是什么时候？ □□□□年□□月

202 到目前为止，您出来打工多少年了？ □□年

203 在来深圳市之前，您是否到过其他城市务工？　1. 是　2. 否 □

204 您第一次来深圳市打工是什么时候？ □□□□年□□月

205 您最初是和谁一起来深圳市的？ □

　　1. 自己单独来　2. 随配偶/男（女）朋友来　3. 随家人来

　　4. 随老乡来　5. 其他（请注明）_____

206 您在深圳务工期间，共搬过几次家？ □□次

207 您来深圳市打工的主要原因是： □

　　1. 求学、学手艺　2. 挣钱养家　3. 挣钱结婚　4. 结婚　5. 照顾家人

　　6. 见世面/向往城里的生活　　7. 其他（请注明）_____

208 您现在住的地方是： □

　　1. 周围是本地人的居住小区

　　2. 周围主要是外来人的居住区（如单位宿舍、工地等）

　　3. 本地人与外地人的混合居住区

　　4. 其他（请注明）_____

209 您现在住的房子是： □

　　1. 自己买的房子　2. 政府提供的廉租房　3. 租的普通居民房

4. 单位或雇主提供，需交钱　5. 单位或雇主免费提供

6. 借住在亲戚朋友家　7. 自己搭的简易棚

8. 其他（请注明）_____

210 您现在住的房子的人均居住面积　　　　　　　□□□平方米

211 您现在住处的设施情况：

211.1 通电（没有 = 0，有 = 1）　　　　　　　　　　　　□

211.2 通自来水（没有 = 0，有 = 1）　　　　　　　　　　□

211.3 煤气/液化气/天然气（没有 = 0，有 = 1）　　　　　□

211.4 厨房（包括室外合用）（没有 = 0，合用 = 1，独用 = 2）　□

211.5 厕所（包括室外合用）（没有 = 0，合用 = 1，独用 = 2）　□

211.6 洗澡设施（包括室外合用）（没有 = 0，合用 = 1，独用 = 2）　□

211.7 住房用途（居住兼工作或他用 = 0，纯居住 = 1）　　□

212 您以后准备在哪里长期发展或者定居？　　　　　　　　□

1. 赚钱回家，继续务农　2. 学门手艺或技术，回家乡找个好工作

3. 回家乡干个体　4. 回家乡办企业，当老板　5. 在深圳市安家立业

6. 到其他城市安家立业　7. 没考虑过，还没想法

9. 其他（请注明）_____

213 目前您家在家乡还有没有土地？　　　　　　　　　　　□

1. 有，□□亩　2. 无，土地已经转给他人或者已被征用（跳问到215题）

3. 无，一直没有（跳问到215题）

214 目前您家在家乡的土地使用状况如何？（多选）　　□□□□□

1. 自己种　2. 委托亲友代种　3. 租给他人，每年□□□□元

4. 免费租给他人　5. 荒废

215 您家乡的房屋是什么结构？　　　　　　　　　　　　□

1. 混凝土结构　2. 砖混结构　3. 砖（瓦）木结构

4. 土（木）泥结构　5. 石窑洞　6. 土窑洞

7. 其他（请注明）_____

216 您家乡住房有□层，共计□□间（包括卧室、厨房、配房、存放粮食等所有房间）？

217 请根据您自己和家人的工作情况，回答以下问题：

1. 非技术工人 2. 技术工人 3. 商业、服务业劳动者

4. 个体户 5. 私营企业主 6. 办事人员 7. 专业技术人员

8. 企业或商业负责人（如经理、厂长等） 9. 军人

10. 党政机关、事业单位负责人 11. 城乡无业、失业、半失业者

12. 离退休人员 13. 学生 14. 农林牧渔人员

15. 其他（请注明）＿＿＿＿＿＿

217.1 您目前做的工作，属于哪种类型？	□□＿＿＿
217.2 您出来打工前做的工作，属于哪种类型？（从事时间最久的）	□□＿＿＿
217.3 您出来打工后，做的第一份工作属于哪种类型？	□□＿＿＿
217.4 您配偶目前做的工作，属于哪种类型？（无配偶者不填，且跳问到下题）	□□＿＿＿
217.5 您母亲的职业类型是？（从事时间最久的工作）	□□＿＿＿
217.6 您父亲的职业类型是？（从事时间最久的工作）	□□＿＿＿
217.7 您父亲出来打工时，做的工作属于哪种类型？（从事时间最久）	□□＿＿＿

218 目前，您具体的职业（如厨师、搬运工）是＿＿＿＿＿＿＿＿＿

219 您在深圳打工期间，做过几份工作（包括换单位、换行业等）？ □□份

220 在深圳务工期间，您一共失过几次业？（没有的话填 00，且跳问到 221
题） □□次

220.1 在深圳务工期间，您最长的失业时间持续了几个月？ □□月

220.2 您失业后的生活来源是？ □

1. 自己的积蓄 2. 家人供养 3. 借钱 4. 保险 5. 社会救济

6. 其他（说注明）＿＿＿＿＿＿

221 在深圳打工期间，您最近一次换工作的最主要原因是： □□

1. 自己创业 2. 工资拖欠或克扣 3. 挣钱少 4. 工作太苦、太累

5. 合同到期 6. 受歧视 7. 单位倒闭 8. 被单位辞退 9. 家庭原因

10. 其他（请注明）＿＿＿＿＿＿

222 您的同事或工友中，是否有深圳市本地人？ □

1. 没有 2. 很少 3. 一少半 4. 约一半 5. 一多半 6. 很多

223 您目前平均每周工作＿＿＿天，每天工作＿＿＿小时 □天/□□小时

224 在您第一次外出务工前，您是否会什么手艺活儿(比如木匠活、电焊)？ □

1. 是 2. 否

225 请您根据自己参加职业技能培训的实际情况，回答以下问题（最多选3项）：

1. 没参加过　2. 参加过，是自己找的培训班

3. 参加过公司/单位组织的培训　4. 参加过政府组织的培训

5. 其他（请注明）_____

225.1 在出来打工前，您是否参加过技能培训？	□□□_____
225.2 出来打工后，您是否在深圳以外的城市参加过技能培训？	□□□_____
225.3 在深圳打工期间，您是否参加过技能培训？	□□□_____

226 您对自己未来的职业发展有规划吗？　□

1. 有长期规划　2. 有短期规划　3. 没规划，从没想过

4. 没规划，想过但不知怎么办

226.1 您希望有人帮您做职业规划吗？　□

1. 非常想　2. 比较想　3. 一般　4. 不想　5. 非常不想

227 请根据您在深圳的生活工作情况，给出您在以下方面所感到的压力状况：

1. 完全没有压力　2. 不太有压力　3. 一般　4. 比较有压力

5. 非常有压力　6. 不适用

1. 不好找工作、面临失业□　2. 工作强度大□　3. 收入低□

4. 住房条件差或不好找房子□　5. 养家负担重□　6. 子女上学难□

7. 赡养老人□　8. 婚恋问题（不好找对象或婚姻破裂）□

9. 没有家人和朋友，感情上孤独无依□

228 请您根据实际情况，评价以下四方面对您和您的家人一起留在城里生活的影响程度：

1. 非常有影响　2. 有影响但不严重　3. 没有影响

1. 工作	2.（未来）孩子的就学	3. 住房	4. 各种社会保障制度
□	□	□	□

229 近半年您在深圳市工作的月平均收入有多少元？　□□□□□元

230 您觉得每月最少需要多少钱才可以维持您本人在深圳的基本生活？

□□□□□元

231 您觉得每月最少需要多少钱才可以维持您本人在老家的基本生活？

□□□□□元

232 下面我们将询问您现在的每月消费情况，若无此项消费，请填写"0000"元

232.1	自己日常花费（衣食行等）	□□□□元
232.2	养孩子支出	□□□□元
232.3	用于住房的花费	□□□□元
232.4	自己存起来	□□□□元
232.5	红白喜事（份子钱）支出	□□□□元
232.6	寄回老家	□□□□元
232.7	自己社会交往（如应酬、赠送礼物、话费等）	□□□□元

受雇就业者回答 233~238 题

233 您是从什么时候开始从事目前的工作的？　　　□□□□年 □□月

234 您在找目前这份工作时花了多长时间？　　　　　□□个月

235 在获得目前这份工作的过程中您尝试过哪些就业渠道？（最多选 4 项）：

□□□□

1. 报纸/电视/互联网络等媒体　2. 职业介绍机构　3. 人才交流会

4. 家人/亲戚介绍　5. 老乡介绍　6. 朋友/熟人介绍

7. 通过政府劳动部门　8. 其他（请注明）_____

235.1 在这几种渠道中，哪种渠道对您获得目前工作单位/公司的工作起了决定性作用？　　　□

236 您获得目前这个工作时，当时工作单位或雇主对求职者有过哪些要求？

236.1 年龄要求：1. 没有明确年龄要求　2. 有要求，在□□岁至□□岁之间

236.2 教育要求：1. 没有明确要求　2. 要求____教育程度　　　□
（编码：1. 初中及以上　2. 高中及以上　3. 大专及以上　4. 大学本科及以上）

236.3 对工作技能是否有明确要求：1. 没有明确要求（跳问到 237 题）
2. 有要求　　　□

236.4 您当时在技能和经验方面的情况符合他们的要求吗？　　　□

　　1. 不符合　2. 基本符合　3. 超过他们的要求

237 您是否掌握了目前工作所需要的职业技能？　　　1. 是　2. 否　□

238 您在目前的工作中是否与单位签订了书面劳动合同？1. 是　2. 否　□

做生意/私营业主者回答 239~241 题

239 在深圳，您是从什么时候开始做生意的？　　　　□□□□年□□月

240 为什么从事这类生意（可多选）：　　　　　　　□□□□□□

　　1. 有类似经验　2. 有技术背景　3. 有亲戚朋友提供资源

　　4. 开业容易　5. 没有更好的工作　6. 其他（请注明）_____

241 您做生意的主要资金来源（可多选）：　　　　　□□□□□

　　1. 个人积蓄　2. 亲朋好友借钱　3. 民间贷款　4. 银行贷款

　　5. 其他（请注明）_____

第三部分　社会网络

301 您在深圳市的家人或者亲戚有□□人，其中深圳本地人有□□人。

302 您在深圳市的认识的老乡有□□人，其中深圳本地人有□□人。

303 除前两类以外，您在深圳市的朋友、同事、熟人有□□人，其中深圳
　　本地人有□□人。

304 在这些老乡和朋友中有□□人是您在来到深圳市后认识的？

305 在过去的几个月里面，由于私事而不是工作原因与您经常联系的有几
　　人？□□□人

305.1 他们中，深圳本地人有□□人，本地人中是您的家人或亲属的有
　　　□□人，朋友□□人。

305.2 他们中，在深圳市政府工作的有□□人。

306 您与您认识的深圳本地人是否经常来往，如一起聊天、打牌、喝酒、
　　购物等？　　　　　　　　　　　　　　　　　　　　　□

　　1. 每天　2. 一个星期1~3次　3. 一个月1~3次

　　4. 一个月不到一次　5. 从来没有来往

307 您与您住处周围的邻居聊天的频率是多少？　　　　　　□

　　1. 每天　2. 一个星期1~3次　3. 一个月1~3次

　　4. 一个月不到一次　5. 从来没有来往

308 在深圳市，您的亲属、朋友中有没有下列职业的人？（有的话在①、②列相应位置打√）他们中间有没有深圳户口的人？（有的话就在③列上打√）你们是不是来深圳市以后认识的？（是就在④列上打√）

职业名称	亲属①	朋友②	本地人③	来深圳市以后认识的④	职业名称	亲属①	朋友②	本地人③	来深圳市以后认识的④
01 厨师、炊事员					10 民警/警察				
02 饭店餐馆服务员					11 理发师				
03 家庭保姆/计时工					12 科学研究人员				
04 制造业/建筑业工人					13 法律工作人员				
05 中小学教师					14 经济业务人员				
06 个体户					15 企事业工作人员				
07 医生					16 工程技术人员				
08 护士					17 政府工作人员				
09 司机					18 社工				

第四部分 婚姻与生育

401 您认为一个家庭最理想的孩子数是：总数□（其中：男□，女□，无所谓男女□）

402 您的婚姻状况是：（说明："初婚"指只结过一次婚，且目前尚存在婚姻关系）□

　1. 从未结过婚（跳问到 U401 题）　2. 初婚　3. 再婚

　4. 丧偶（跳问到 M416 题）　5. 离婚（跳问到 M416 题）

以下问题由已婚者回答，未结婚者请跳问到 U401 题

M401 您配偶的婚姻状况为：1. 初婚　2. 再婚　□

M402 您本次结婚的时间是：　□□□□年□□月

M403 您现在的配偶的出生日期：　□□□□年□□月

M404 您配偶的户口是：1. 农村户口　2. 城市户口　3. 不清楚　□

M405 您配偶的受教育程度是： □

　　　1. 不识字或很少识字　2. 小学　3. 初中　4. 高中　5. 技校/中专

　　　6. 大专　7. 本科及以上

M406 您现在的配偶是什么地方人？他/她与您？ □

　　　1. 同村　2. 同镇（乡）　3. 同县　4. 同市　5. 同省

　　　6. 外省（请注明）＿＿＿＿＿＿　7. 国外（请注明）＿＿＿＿＿＿

M407 您现在的配偶目前在哪里生活？ □

　　　1. 自己的家乡　2. 配偶的家乡　3. 在深圳和自己一起住

　　　4. 在深圳但不和自己一起住　5. 其他城市（请注明）＿＿＿＿＿＿

M408 您现在的配偶近半年的平均月收入： □□□□□元

M409 您对您婚姻的满意程度有多少？ □

　　　1. 很不满意　2. 不满意　3. 一般　4. 较满意　5. 很满意

M410 近一年，您是否有过离婚的念头？ □

　　　1. 从来没有　2. 很少　3. 有时　4. 经常　5. 总是

M411 近一年，当您与配偶发生争吵或产生矛盾后，您有没有采用过下列
　　　行为？　1. 有　2. 没有

　　　M411.1 讲道理□　M411.2 讽刺挖苦或辱骂□

　　　M411.3 长时间不和对方说话□　M411.4 推搡□

　　　M411.5 打耳光□　M411.6 拳打脚踢□

　　　M411.7 用棍棒等器械殴打□

M412 近一年，当您与配偶发生争吵或产生矛盾后，您有没有遭受过下列
　　　情况？　1. 有　2. 没有

　　　M412.1 讽刺挖苦或辱骂□　M412.2 对方长时间不和自己说话□

　　　M412.3 推搡□　M412.4 打耳光□　M412.5 拳打脚踢□

　　　M412.6 棍棒等器械殴打□

M413 您小时候，父母经常打架吗？　　　1. 没有　2. 有时　3. 经常　□

M414 您小时候是否被父母打过？　　　1. 没有　2. 有时　3. 经常　□

M415 您目前共有几个孩子？（包括收养、自己及配偶前次婚姻的子女；
　　　不包括已死亡和抱养出去的子女）（生育数为0的跳问到 M416 题）

□

A 出生时间	B 性别 1. 男孩 2. 女孩	C 出生地 1. 家乡 2. 深圳 3. 其他地方 （请注明） _____	D 这个 孩子是： 1. 双方亲生 2. 自己亲生 3. 配偶亲生 4. 收养	E 是否 上学 1. 在深圳 公办学校 2. 在深圳 民办学校 3. 在老家 4. 不上学	F 孩子 几岁来 到深圳？ （在深圳 出生填 00，没来 深圳填 99）	G 孩子目前和 谁住（仅回答 18 岁以下的孩子， 最多选三项） 1. 孩子自己 2. 您的配偶 3. 您 4. 您的父母 5. 配偶父母 6. 其他 （请注明） _____
□□□□年 □□月	□	□ _____	□	□	□□	□□□ _____
□□□□年 □□月	□	□ _____	□	□	□□	□□□ _____
□□□□年 □□月	□	□ _____	□	□	□□	□□□ _____
□□□□年 □□月	□	□ _____	□	□	□□	□□□ _____

M416 如果政策允许，假如您第一个孩子是女孩，您想怎么做？ □

　　1. 停止生育　2. 再要一个，不管男女

　　3. 不管怎样，直到有一个儿子为止

以下问题由从未结婚者回答，其他人跳问到下一部分

U401 您有男/女朋友吗？1. 有　2. 没有（跳问到 U403 题） □

U402 您和您现恋爱对象是怎么认识的？ □

　　1. 自己认识　2. 别人介绍　3. 父母安排

　　5. 其他（请注明）_____

U403 您希望自己什么时候结婚？ □□岁

U404 如果有机会，您愿意和城里人结婚吗？ □

　　1. 愿意　2. 无所谓/中立　3. 不愿意

U405 您希望您的配偶是什么地方的人？ □

　　1. 同村　2. 同镇（乡）　3. 同县　4. 同市　5. 同省　6. 外省

　　7. 国外　8. 地方不重要

第五部分　代际团结

501 您认为在您老的时候最好的养老保障是什么？　□□

　　01. 儿子　02. 女儿　03. 儿子女儿无所谓　04. 抱养的孩子

　　05. 兄弟姐妹或他们的孩子　06. 养老保险　07. 政府救济或补助

　　08. 自己存款　09. 没有任何准备　10. 其他（请注明）＿＿＿＿＿

502 您老的时候会选择和谁居住在一起？　□

　　1. 儿子　2. 女儿　3. 儿子女儿无所谓　4. 抱养的孩子

　　5. 兄弟姐妹或他们的孩子　6. 自己住　7. 去敬老院

　　8. 没有任何准备　9. 其他（请注明）＿＿＿＿＿

503 您对敬老院、福利院、老年公寓等养老机构的总体印象如何？　□

　　1. 非常好　2. 比较好　3. 一般　4. 比较差　5. 非常差

504 在对待老年父母上您是否同意以下的观念：

　　1. 非常同意　2. 同意　3. 既不同意也不反对　4. 不同意　5. 非常不同意

504.1 自己的一些想法和活动应该让父母知道，并让父母参与进来　□

504.2 如果子女住的地方离父母较近，子女每周至少应该看望父母一次　□

504.3 为了给父母提供帮助，已婚的子女住的地方应该离父母较近　□

504.4 有时为了给年老父母提供帮助时，子女是可以牺牲一些自己孩子的
　　　利益　□

504.5 老年父母可以依靠子女来帮助他们做一些自己想做的事情　□

504.6 父母应该对子女的帮助提供一些回报，如做家务、带小孩等　□

505 父亲出生年月□□□□年□□月　母亲出生年月□□□□年□□月

506 父亲去世年月□□□□年□□月（健在跳过此问）母亲去世年月
　　□□□□年□□月（健在跳过此问）

　　**父母双方均不健在的不用回答507~529题，父母双方健在或一方健在
则507~529题必填，谢谢！**

	父亲	母亲
507 您父亲/母亲的婚姻状况是 　1. 从未结过婚　2. 初婚　3. 再婚　4. 丧偶　5. 离婚	□	□

续表

	父亲	母亲
508 您父亲/母亲的健康状况是： 　1. 不能自理　2. 基本自理　3. 可以做家务　4. 可以干农活或工作	☐	☐
509 您父亲/母亲的受教育程度： 　1. 不识字或很少识字　2. 小学　3. 初中　4. 高中　5. 技校/中专　6. 大专 　7. 本科及以上	☐	☐
510 您父亲/母亲的政治面貌：1. 共产党员　3. 民主党派　4. 群众	☐	☐
511 您觉得自己孝顺父亲/母亲吗？ 　1. 非常孝顺　2. 比较孝顺　3. 一般　4. 不太孝顺　5. 很不孝顺	☐	☐
512 您的父亲/母亲目前在哪里生活？ 　1. 在深圳和自己一起住　2. 在深圳但不和自己一起住　3. 自己的家乡 　4. 其他省份（请注明）_____	☐ ——	☐ ——
513 有关您或您家庭的重大事件决策（如买房、婚姻、外出）上您询问父母的频 　率是： 　1. 绝大部分　2. 一半　3. 小部分　4. 有时或偶尔　5. 很少或从不	☐	☐
514 您与您父亲/母亲在对待同一事物的看法上 　1. 非常相似　2. 比较相似　3. 一般　4. 不太相似　5. 很不相似	☐	☐
515 您与您父亲/母亲联系的频率是： 　1. 每天　2. 一周几次　3. 一周 1 次　4. 一月 1 次　5. 一月几次 　6. 一年几次　7. 从不联系	☐	☐
516 从各方面考虑，您觉得和父亲/母亲（感情上）亲近吗？ 　1. 很亲近　2. 有点亲近　3. 不亲近	☐	☐
517 总的来讲，您觉得自己和父亲/母亲相处得好吗？ 　1. 很好　2. 还可以　3. 不好	☐	☐
518 当您想跟父亲/母亲讲自己的心事或困难时，您觉得他愿意听吗？ 　1. 愿意　2. 有时愿意　3. 不愿意	☐	☐

续表

	父亲	母亲
519 您认为您父母对您的关心程度是？ 　1. 很不关心　2. 不太关心　3. 一般　4. 比较关心　5. 很关心	□	□
520 您认为您父母了解您吗？ 　1. 很不了解　2. 不太了解　3. 一般　4. 比较了解　5. 很了解	□	□
521 您的父母会批评或指责您吗？ 　1. 从来不　2. 很少　3. 一般　4. 经常　5. 总是	□	□
522 您的父母会对您的言行、工作或生活提出各种要求吗？ 　1. 从来不提要求　2. 基本不提要求　3. 一般　4. 经常提要求 　5. 总是提要求	□	□
523 您与您父母之间是否会产生矛盾或冲突？ 　1. 从来没有　2. 很少有　3. 一般　4. 经常有　5. 总是有	□	□

524 在过去 12 个月里，您为您自己的父/母提供的经济帮助共多少？

□□□□□元

525 在过去 12 个月里，您自己的父/母为您提供的经济帮助共多少？

□□□□□元

526 您父母一年的收入大约为多少元？　　　　　　□□□□□元

527 在过去 12 个月，您自己的父母是否帮您照顾子女：　　　　□

　1. 是　2. 否（跳 529）　3. 无子女（跳问到 529 题）

528 您父母帮您照看孩子的时间是：　　　　　　　　　　　□

　1. 每天从早到晚　2. 每天有段时间（但不是全天）

　3. 每星期至少一次　4. 每月几次　5. 大约每月一次　6. 很少

529 您父母现在的生活来源主要靠什么？　　　　　　　　　□

　1. 子女收入　2. 父母自己的收入　3. 集体和政府补贴　4. 其他

530 请您介绍参加养老项目的情况并对参加的项目做出评价：

　1. 非常不了解/非常不满意　2. 不了解/不满意　3. 一般

　4. 了解/满意　5. 非常了解/非常满意

养老项目	您了解该项养老项目吗？	您是否参加了该项目？（1.是 2.否）	对于您参加的项目，您每月缴费多少元？	您对该项养老项目满意吗？	您最希望参加哪种养老保险？
1. 新农保	□	□	□□□□元	□	
2. 城镇居民养老保险	□	□	□□□□元	□	
3. 失地农民养老保险	□	□	□□□□元	□	□
4. 城镇职工养老保险	□	□	□□□□元	□	
5. 商业养老保险	□	□	□□□□元	□	
6. 其他养老项目	□	□	□□□□元	□	

531 现在有些农村流动人口不愿意参加养老保险，您认为最重要的三项原因是： □□□

1. 收入太低，保险费用过高　2. 需缴费 15 年，缴费时间过长

3. 对政府不信任　4. 对政策不了解

5. 将来要回农村，在城市参加养老保险没有现实意义

6. 流动性大，养老金难以转移接续　7. 没有固定收入

8. 其他（请注明）_____

532 您是否担心自己老了以后，生活没有保障？ □

1. 非常担心　2. 比较担心　3. 一般　4. 不太担心

5. 非常不担心

533 您现在每月可以承担的最高养老保险费用为多少元？ □□□□元

534 按照当前物价水平不变，您希望将来每月最少领取多少养老金？

□□□□元

535 您认为养老金缴费年限为多少是合理的？ □□年

536 如果有保险公司或其他机构按照房子的总价值每月给您一定数额的金钱，作为您养老的经济来源，直到与房子的总价值相等为止。不过，作为交换，您过世以后这套房子的产权将属于保险公司或其他机构。请问，您赞同这种"以房养老"的做法吗？ □

1. 完全赞同　2. 比较赞同　3. 难说　4. 不太赞同

5. 完全不赞同

537 您是否希望您及家人未来参加城乡一体的社会养老保险制度？ □

　　1. 非常希望　2. 比较希望　3. 一般　4. 不太希望　5. 非常不希望

第六部分　市民化政策

601 您从何种渠道了解有关农民工的政策？（最多可选三项） □□□

　　1. 亲属/同乡　2. 同事或其他朋友　3. 政府网站、定点宣传或宣传单

　　4. 所在企业提供　5. 社区宣传/宣传栏/入户宣传　6. 电视/广播

　　7. 报纸　8. 网络　9. 其他（请注明）＿＿＿＿＿＿

602 您是否同意以下说法：（请将符合您认识或看法的答案题号填在相应的

　　空格内）

选项	1. 非常不同意　2. 不同意　3. 一般　4. 同意　5. 非常同意	
1	深圳市的政府信息公开、透明	□
2	深圳市负责农民工工作的工作人员的服务态度良好	□
3	深圳市负责农民工工作的工作人员的工作能力不足	□
4	深圳市农民工工作中的办事环境和服务设施很好	□
5	深圳市农民工工作中，办事程序明确、规范	□
6	深圳市农民工工作中，办事手续复杂	□
7	深圳市对农民工的相关收费很合理	□
8	社工组织和社工、义工对我的工作生活帮助很大	□
9	和预期相比，我觉得农民工在深圳市办事方便	□
10	我相信深圳市农民工工作的出发点完全是为了服务农民工	□
11	当遇到困难或不公平待遇时，我愿意向深圳市有关部门求助	□
12	如果有机会，我愿意向深圳市政府提出改善农民工工作的意见和建议	□
13	我觉得深圳市政府有着平等的服务态度	□
14	我觉得深圳市政府为农民工提供了平等的服务过程和程序，跟本地人没有差别	□
15	我觉得深圳市政府为农民工提供了平等的就业信息和机会，跟本地人没有差别	□

603 在深圳市，您是否有过以下经历：

　　1. 从来没有　2. 偶尔　3. 有时　4. 经常　5. 总是

　　603.1 因对农民工工作不满意而抱怨 □

603.2 因对农民工工作不满意而对媒体公布　□

603.3 因对农民工工作不满意而进行上访投诉　□

604 与您的期望相比，您对深圳市农民工工作的评价：　□

　　1. 非常失望　2. 失望　3. 基本符合我的期望　4. 超过我的期望

　　5. 远超过我的期望

605 您期望您的子女：　□

　　1. 在深圳公办学校接受教育　2. 在深圳民办学校接受教育

　　3. 在老家的学校接受教育

606 您认为以下哪三项对您和您的家人来说最重要？（按重要性从高到低选 3 项）　□□□

　　1. 医疗保险　2. 工伤保险　3. 养老保险　4. 失业保险　5. 生育保险

　　6. 住房公积金

607 您目前在深圳参加社会保险的情况：1. 参加了（在下表划勾）　2. 未参加（跳问到 608 题）　□

	1. 养老保险	2. 医疗保险	3. 工伤保险	4. 失业保险	5. 生育保险	6. 住房公积金
607.1 单位为您缴纳						
607.2 您自己参加						
607.3 您的配偶参加						

608 您目前在老家参加社会保险的情况：1. 参加了（在下表划勾）　2. 未参加（跳问到 609 题）　□

	1. 新型农村合作医疗	2. 农村养老保险
608.1 您自己参加的保险		
608.2 您的配偶参加的保险		
608.3 您的父母参加的保险		

609 在深圳市您是否希望在以下方面获得与市民相同的权利或待遇？

　　1. 是　2. 否　3. 无所谓

　　609.1 子女义务教育□　　609.2 公共事务参与权□

　　609.3 就业保障□　　609.4 医疗保障□

　　609.5 养老保障□　　609.6 住房保障□

610 您目前最希望深圳市政府做的事是（按期望程度从高到低选 3 项）：□□□

1. 改善社会保险　2. 提供保障性住房或廉租房　3. 提高最低工资水平

4. 改善医疗条件　5. 改善工作或生活环境　6. 改善子女教育条件

7. 提高职业技能　8. 加强权益保障　9. 其他（请注明）＿＿＿＿＿

611 如果您获得了城市户口，希望目前在老家承包的土地如何处置：　□

1. 保留承包地，自家耕种　2. 保留承包地，有偿流转（获得经济收入）

3. 入股分红　4. 有偿放弃　5. 无所谓，随便处理

612 如果您获得了城市户口，希望如何处置宅基地或房产？　□

1. 保留农村的宅基地和房产，备将来用　2. 有偿转让或有偿放弃

3. 置换城里的房　4. 无所谓

613 您目前从老家集体资产里每年能获得的人均收入有□□□□□元（收入实物的，请估价；如没有集体资产请填0，且跳问到615题）。

614 如果您获得了城市户口，希望如何处置农村集体资产的所有权？　□

1. 保留所有权利，继续获得收益　2. 有偿转让或有偿放弃

3. 无所谓，随便处理

615 在农村生活，最吸引您的是哪些方面？（按重要性从高到低选3项）

□□□

1. 有土地　2. 亲戚朋友在农村　3. 农村生活成本低

4. 现在政策好，农村也能享受基本公共服务　5. 农村生态环境好

6. 其他（请注明）＿＿＿＿＿

616 在城镇生活，最吸引您的是哪些方面？（按重要性从高到低选3项）

□□□

1. 社会保险水平高　2. 有低保、下岗扶持等措施　3. 就业稳定

4. 城市生活条件好　5. 子女接受更好的教育　6. 身份平等

7. 城市比农村福利高很多　8. 其他（请注明）＿＿＿＿＿

617 您更愿意获得何处的户口：　□

1. 深圳　2. 老家的县城或城镇　3. 老家农村的户口

4. 无所谓，只要是城市，任何地方都可以

618 如果您打算获得城市户口，希望在未来多少年内获得？　□□年

619 满足以下哪个条件，您就愿意放弃农村户口（按重要性从高到低选3项）　□□□

1. 在城市里有稳定职业　2. 子女可以在本地接受教育

3. 购买当地住房　4. 有一定积蓄

5. 农村的土地、宅基地和集体资产给了适当补偿　6. 不再受歧视

7. 能够享受基本的公共服务　8. 无条件放弃农村户口

620 如果能够选择，您希望获得什么地方的城市/城镇户口？　□

1. 广州或深圳　2. 广东省地级市　3. 广东省县城或小城镇

4. 老家省会或副省级城市　5. 老家地级市　6. 老家县城或小城镇

7. 哪里的城市都行

621 假如无法获得城镇户口，您愿意留在城里吗？　□

1. 愿意，无论如何都要留在城里　2. 不愿意，干些年再回老家农村

3. 无所谓，可以两边跑

622 请根据您所知道的事实如实回答您对以下一些问题的认识或看法（请将符合您认识或看法的答案题号填在相应的空格内）。

		公共服务名称	您是否知道？ 1=没听说 2=听过但不清楚 3=知道一点 4=比较了解 5=非常清楚	您是否参与/享受？ 1=是 2=否	您的看法： 1=很不好 2=不好 3=无所谓 4=好 5=很好	对于该项政策的执行和实施情况，您是否满意？ 1=很不满意 2=不满意 3=一般 4=满意 5=很满意
就业保障	1	职业鉴定：新区职业技能鉴定所提供的相关服务				
	2	公益招聘：举办"春风行动"农民工就业招聘会				
	3	技能竞赛：新区举办的职业技能竞赛				
	4	公共就业网：利用网络收集失业、在岗人员信息，及时发布就业申请、政策等信息				

公共教育	5	学前教育：孩子能容易地上幼儿园			
	6	义务教育：孩子能容易地享受（小学、初中）义务教育			
	7	高中教育：孩子能容易地进入公办普通高中学习			
	8	终身教育：可以方便地接受培训、职业学历教育			
医疗卫生	9	职业危害申报：所在的企业进行职业危害申报			
	10	系列卫生服务：提供心理、健康等咨询，对农民工妇女在孕前和孕早期免费增补叶酸等			
	11	建立健康档案			
	12	健康教育活动			
	13	预防接种			
	14	传染病防治			
	15	家里的儿童、孕产妇或老年人保健服务			
文化	16	劳务工文体关爱工程：举办各种文体活动和文艺巡演等			
	17	体育文化设施：公共文化、体育设施免费开放			
公共安全	18	流动人口动态管理：来有登记、住有管理、走有注销			
	19	农民工主动申报自己的相关信息			
	20	出租屋安全管理			
	21	法规宣传：经常进行有关流动人口服务管理的政策宣传			
	22	服务水平：免费提供政策咨询，调解矛盾等服务			

续表

生活保障	23	社保服务质量提升：工作人员的业务能力和水平				
	24	福利机构：农民工家中的老人也能进坑梓敬老院				
	25	救助服务				
	26	慈善超市：有困难的农民工也可以享受社会救济和慈善捐助				
	27	社工服务：社工协助更好地进行农民工服务				
	28	积分入户：农民工达到一定积分可以有机会获得新区的城市户籍				

第七部分　社会融合与社区安全

701 有人说"与女孩相比，应该让男孩多读些书"，您怎么看？　□

　　1. 很反对　2. 有些反对　3. 一般　4. 有些赞成　5. 很赞成

702 您会讲广东话（粤语）吗？　□

　　1. 会说　2. 听得懂，但是不会说　3. 完全听不懂

703 您觉得自己属于哪一类人？　1. 农民　2. 城市外来人口　3. 市民　□

704 您是否同意以下表述？

　　　　1. 很不同意　2. 不同意 3. 一般　4. 同意　5. 很同意

704.1 像我这样的人，无权评价政府	□
704.2 政府官员不太在乎我这样的人有何想法	□
704.3 在同一个城市工作和居住的人就应该享有同样的权利、承担同样的义务	□
704.4 凡是政府的政策和规定我都必须服从	□
704.5 政府官员做的事通常都是对的	□
704.6 政府的领导像家长，我们应该服从决策	□
704.7 服从政府总是不会错的	□

705 在深圳市，您认为大多数人是可以信任的，还是和人相处越小心越好？　□

　　1. 要越小心越好　2. 不好说　3. 大多数人都是可以信任的

706 请根据您在深圳市的实际情况如实回答以下问题：

组织名称	您是否愿意参加以下组织？1. 是　2. 否	您是否在深圳参加了以下组织？1. 是　2. 否
706.1 党团组织	☐	☐
706.2 工会	☐	☐
706.3 非营利组织或非政府组织（以群体/社区自我管理、公益行为为主）如基金会、公益组织	☐	☐
706.4 其他非正式组织（以联谊/社交、生活/娱乐为主）如各种俱乐部、老乡会等	☐	☐

707 深圳市政府开展了很多工作，如为老百姓提供司法援助、解决农民工工资拖欠、流动人口基本服务均等化等。对此您的看法是：

1. 没有　2. 有小部分　3. 一半　4. 绝大多数　5. 全是

707.1 您认为深圳市政府做的事情有多少是对的？	☐
707.2 您认为深圳市政府处理农民工问题有多少是公平的？	☐
707.3 您认为深圳市政府能够多大程度上保护农民工的利益？	☐

708 深圳市政府领导（如市长/市委书记等）在电视或报纸上发言时，您觉得他们说的？　☐

1. 都不是真的　2. 有很少的是真的　3. 约一半是真的

4. 绝大多数是真的　5. 都是真的

709 您觉得深圳市大多数政府工作人员在工作中是否诚实可靠？　☐

1. 都不是　2. 很少的人是　3. 约一半的人是　4. 绝大多数的人是

5. 都是

710 请根据您在深圳市的实际情况回答以下问题：

活动类型	您是否参加过以下活动？1. 是　2. 否	若需要，您今后是否会参加过以下活动？1. 是　2. 否
710.1 上访/集体签名请愿	☐	☐
710.2 罢工、集体抗议、集体讨薪等	☐	☐
710.3 受到不公平待遇时和朋友一起打抱不平	☐	☐

710.4 在网络或微博上发表针对热门事件的观点	☐	☐
710.5 在深圳市的各级人大代表选举中参加投票	☐	☐
710.6 向政府部门、社区求助/投诉/反映问题	☐	☐

711 您认为下列哪些事件或现象会对您的城市生活造成影响？（按重要性从高到低选 3 项）　☐☐☐

   1. 环境污染　2. 食品安全　3. 大规模流行病　4. 水电气价格上涨

   5. 贫富差距增大　6. 物价上涨　7. 被欺负/歧视　8. 官员贪污腐败

   9. 子女上学难　10. 社会保障问题　11. 治安差　12. 人际关系的冷漠

   13. 其他（请注明）_____

712 您与以下哪些人讨论过未来的生活？（按重要性从高到低选 3 项）　☐☐☐

   1. 家人　2. 老乡　3. 同事　4. 其他熟人　5. 没有

713 哪些人可以与您共同承担工作或生活风险，如生大病、被辞退等？（按重要性从高到低选 3 项）　☐☐☐

   1. 家人　2. 老乡　3. 同事　4. 其他熟人　5. 没有

714 当发生群体冲突且与您利益相关时，您是否同意以下内容？　☐

   1. 很不同意　2. 不同意　3. 一般　4. 同意　5. 很同意

714.1 政府（企业）可以有效解决该事件冲突，应相信组织	☐
714.2 政府（企业）可能会对这件事采取暴力手段，群体冲突会危害我的利益	☐
714.3 群体冲突是违法行为，会被警察抓起来	☐
714.4 政府（企业）只会对组织者予以处罚，这不会关系到我这样的一般参与者	☐
714.5 这事人人有份，法不责众，我不会有太大风险	☐

715 当发生群体冲突且与您利益相关时，您认识的人中有多少人参加后您也会参加？　☐

   1. 少数人　2. 一小部分　3. 大约一半　4. 一半以上　5. 几乎所有人

   6. 均不参加

716 当发生群体冲突且与您利益相关时，下列哪些人的参与行动最可能会促使您也加入其中？　☐

1. 家人　2. 老乡　3. 同事　4. 其他熟人　5. 陌生人　6. 均不参加

717 下列哪些人号召您一起参加集体抗议、罢工等活动，您最有可能选择
参加？　　　　　　　　　　　　　　　　　　　　　　□

1. 上司领导　2. 同事　3. 下属　4. 均不参加

718 以下哪些因素会阻止您参加群体冲突？（按重要性从高到低选3项）

　　　　　　　　　　　　　　　　　　　　　□□□

1. 家人或朋友的劝诫　2. 可能的人身伤害

3. 单位的惩罚措施、禁止规定　4. 警察的抓捕与拘留

5. 法律惩处　6. 媒体曝光

719 如果您参加了群体冲突，如集体讨薪，以下哪些因素会促使您退出？
（按重要性从高到低选3项）　　　　　　　　　　□□□

1. 警察的抓捕与拘留　2. 政府的调解措施　3. 企业的缓解措施

4. 媒体曝光　5. 家人或朋友的劝诫　6. 事件的自然平息

720 您会经常使用网络（如微信、微博等）获取信息或与朋友交流讨论吗？

　　　　　　　　　　　　　　　　　　　　　　　□

1. 每天多次使用　2. 每周偶尔几次　3. 每月偶尔几次　4. 几乎不用

5. 没有用过（跳问到727题）

721 您是否在网络上发表自己对于工作和生活的不满？　　　□

1. 经常　2. 很少　3. 没有（跳问到723题）

722 您选择网络抒发不满情绪的原因？　　　　　　　　　□

1. 网络身份是匿名的　2. 网络易于引起别人关注

3. 网络可以夸大实际情况　4. 其他（请注明）＿＿＿＿＿

723 针对选项中的事件：

1. 政治热点事件　2. 社会热点事件　3. 自然灾害事件　4. 国际性事件

5. 公司动态　6. 生活/娱乐信息

723.1 哪些网上信息会引起您的关注？（按重要性从高到低选3项）　□□□

723.2 哪些事件您会参加讨论？（按重要性从高到低选3项）　□□□

723.3 哪些信息您会转载分享？（按重要性从高到低选3项）　□□□

724 您认为网络信息可信吗？　　　　　　　　　　　　　□

1. 很不可信　2. 不太可信　3. 一般　4. 比较可信　5. 完全可信

725 网络信息对您的实际生活行为影响大吗？　□

　　1. 非常大　2. 较大　3. 一般　4. 较小　5. 非常小

726 以下网络管理措施哪些会影响到您在网络上发布与分享信息的行为？

　　1. 减少发布消息的数量　2. 避免一些敏感内容　3. 都影响

　　4. 都不影响

726.1 网络实名制，如微博需实名注册	□
726.2 网络谣言管理办法，如不实信息转载超过 500 次便可判刑	□
726.3 网络不实信息举报机制，如对谣言等不实信息可向网站服务商举报	□
726.4 有关部门对传播色情、暴力信息的处罚	□
726.5 网络公司对网络信息的技术监控，如对发布的信息关键词过滤	□

727 根据您的第一反应，回答下面的问题：如果您可以自愿选择的话

　　1. 非常同意　2. 同意　3. 中立/无所谓　4. 不同意　5. 非常不同意

727.1 我愿意与本地人共同居住在一个街区（社区）	□
727.2 我愿意本地人做我的同事	□
727.3 我愿意本地人做我的邻居	□
727.4 我愿意本地人做我的朋友	□
727.5 我愿意本地人做我（或我子女）的配偶	□

728 您觉得自己是否应该和城里人享受同等的待遇？　□

　　1. 应该　2. 不应该　3. 无所谓　4. 没想过

729 在工作生活中，您是否受到过本地人的歧视（被本地人看不起）？　□

　　1. 有过，且经常发生　2. 有过，但次数不多　3. 几乎没有

　　4. 从未有过

730 在深圳市，您是否遭遇过人身或财产安全受到侵害的事件（如被偷/被抢/打劫等）？　□

　　1. 有过，且经常发生　2. 有过，但次数不多　3. 几乎没有

　　4. 从未有过（跳过 730.1 题）

730.1 您是如何解决的？　□

　　1. 默默忍受　2. 找有关部门解决　3. 寻求媒体帮助

　　4. 采取极端行为引起关注　5. 组织或参与集体抗议或者集体上访

　　6. 采取报复行为

730.2 如果遭遇此类侵害，当地政府能够有效地为您提供保护吗？ □

　　1. 每次发生都能　2. 大多数能　3. 一半能　4. 很少能

　　5. 完全不能

731 有些好人因为某些情况急需用钱，但无处筹借，最终做出违法犯罪的

　　事情，您怎么看？ □

　　1. 生活所迫，表示理解　2. 社会不公，需要以一定方式报复

　　3. 无论如何都不能触及法律的底线　4. 心理扭曲

732 您对合同法、社会治安管理处罚法、刑法等法律知识了解多少？ □

　　1. 非常熟悉　2. 了解一些　3. 不是很了解　4. 完全不了解

733 您所在社区或者住宿区内邻里关系如何？ □

　　1. 很好　2. 一般　3. 很差

734 您认为阻碍您成为本地人的主要因素有哪些？（按重要性从高到低选3

　　项） □□□

　　1. 社会保障制度不健全　2. 经济压力　3. 就业不稳定

　　4. 本地人的歧视　5. 其他

735 您的满意度如何？

　　1. 十分不满意　2. 不满意　3. 一般　4. 满意　5. 十分满意

735.1 您目前所从事的工作	□
735.2 您所获得的薪资福利	□
735.3 您目前的工作环境	□
735.4 您目前的居住环境	□
735.7 您所在单位的员工间关系	□
735.8 您目前在深圳的生活	□

736 您最近半年是否有下列行为吗？（编码：0=没有　1=有时/偶尔　2=经常）

1. 酗酒	□	2. 赌博	□	3. 打游戏上瘾	□
4. 打架	□	5. 易怒	□	6. 手脚发抖打颤	□
7. 不愿跟别人接触	□	8. 总觉得被人跟着	□	9. 总担心门没锁好	□
10. 害怕突然的声响	□	11. 情绪沮丧，郁闷	□	12. 虐待小动物	□
13. 做噩梦	□	14. 难以控制脾气	□	15. 无故感到疲倦	□
16. 反复做一件事（洗手等）	□	17. 想过自杀	□	18. 想过杀人	□

737 对下列观点表明您的看法：

　　1. 非常赞同　2. 比较赞同　3. 一般　4. 不赞同　5. 非常不赞同

737.1 社会对我是公平的	□
737.2 积极的奉献，正当的索取	□
737.3 努力才能成功	□
737.4 人生在世，"吃喝"二字	□
737.5 有了钱就有了一切	□
737.6 为了钱可以不择手段	□
737.7 知识可以改变命运	□
737.8 人不犯我，我不犯人，人若犯我，我必犯人	□

河南省叶县就地就近城镇化调查问卷

农民工卷

被访人姓名：＿＿＿＿＿＿　　问卷编码：□□□□□□□

调查时间：　□□月　□□日　　如果调查未完成，原因是：＿＿＿＿

调查地点：＿＿＿＿＿＿＿＿街道＿＿＿＿＿＿＿社区＿＿＿＿门牌号；＿＿＿＿＿＿街道＿＿＿＿＿＿工厂

调查员：＿＿＿＿＿＿　　　　审核员：＿＿＿＿＿＿

问卷是否合格：　合格 □　不合格 □（原因）＿＿＿＿＿＿＿＿＿＿

亲爱的朋友：

您好！西安交通大学新型城镇化与可持续发展课题组正在做一项有关农民工发展情况的社会调查，需要了解一下您的个人、家庭相关信息，供研究使用。本次调查收集到的信息将严格保密，谢谢您的支持和合作！

西安交通大学公共政策与管理学院

新型城镇化与可持续发展课题组

2015 年 6 月

第一部分　基本情况

101 您的性别：1. 男　2. 女　　　　　　　　　　　　　□

102 您是什么时候出生的？　　　　　　　　□□□□年□□月

103 您的受教育程度是：□

　　1. 不识字或很少识字　2. 小学　3. 初中　4. 高中

　　5. 技校/中专　6. 大专　7. 本科及以上

104 您现在的政治面貌是？□

　　1. 共青团员　2. 共产党员（含预备党员）　3. 群众　4. 民主党派

105 您现在的户口所在地：_____省（自治区/直辖市）_____市

　　_____县（区）_____乡（镇）

106 您的户口性质有没有发生过改变，例如非农户口转成农业户口或者农
　　业户口转非农业户口？□

　　1. 有，□次　2. 无（跳问到 110 题）

107 您最近一次户口由"非农业户口"转"农业户口"的时间是？

　　　　　　　　　　　　　　　　　　　　□□□□年

108 您最近一次户口"非农业户口"转"农业户口"的原因？□

　　1. 结婚　2. 工作　3. 上学　4. 买房　5. 搬家

　　6. 想获得农村土地或集体经济收益　7. 其他（请注明）

109 您最近一次户口"非农业户口"转"农业户口"之前的户口所在地：

　　_____省（直辖市/自治区）_____市_____县（区）

　　_____乡（镇）

110 您认为您的健康状况如何？□

　　1. 非常好　2. 较好　3. 一般　4. 较差　5. 非常差

111 父（母）亲在您 16 岁之前是否离开家乡外出打过工？□

　　1. 是　　2. 否（跳问到 201 题）

111.1 在以下各年龄段，您主要在哪里生活？请按年龄填写到下表中

　　0. 无

　　1. 父母均外出打工，自己留在家乡

　　2. 父亲出去打工，与母亲留在家乡

　　3. 母亲出去打工，与父亲留在家乡

　　4. 跟随父亲到其打工的城市生活

　　5. 跟随母亲到其打工的城市生活

　　6. 跟父母一起到其打工的城市生活

0 岁	1 岁	2 岁	3 岁	4 岁	5 岁	6 岁	7 岁	8 岁	9 岁	10 岁	11 岁	12 岁	13 岁	14 岁	15 岁	16 岁

第二部分　生计与就业

201 您家共有□□人；您家共有□□人挣钱，全家的平均年收入为□□□万元。

202 您自己有□□个健在的兄弟，有□□个健在的姊妹，在所有兄弟姊妹中，您排行第□□。

203 您第一次外出务工是什么时候？　　　　　□□□□年□□月

204 您第一次在叶县务工是什么时候？　　　　□□□□年□□月

205 在来叶县之前，您是否到过其他地方务工？（请回答最远地方）　□

　　1. 否　2. 是，市内其他县　3. 是，省内其他市　4. 是，东部省份

　　5. 是，中部省份　6. 是，西部省份

206 近一年，您在叶县务工合计□□月？（刚来不足半年者问打算）

207 您经常回老家吗？（刚来不足半年者问打算）　□

　　1. 每天都回　2. 每周都回去　3. 每月都回去

　　4. 一年 4~6 次　5. 一年两三次　6. 一年一次　7. 几乎不回去

208 您外出务工的原因：　□

　　1. 求学、学手艺　2. 挣钱养家　3. 挣钱结婚　4. 照顾家人

　　5. 见世面/向往城里的生活　6. 其他（请注明）

209 您在叶县城里住的房子是：　□

　　1. 不在城里住（跳问到 214 题）　2. 自己买的房子　3. 政府提供的廉租房

　　4. 租的普通居民房　5. 单位或雇主提供，需交钱

　　6. 单位或雇主免费提供　7. 借住在亲戚朋友家

　　8. 自己搭的简易棚　9. 其他（请注明）＿＿＿＿＿＿

210 您现在住的地方是：　□

　　1. 周围是本地人的居住小区

　　2. 周围主要是外来人的居住区（如单位宿舍、工地等）

　　3. 本地人与外地人的混合居住区　4. 住农村家里

5．其他（请注明）_____

211 您现在住的房子的人均居住面积为：□□□平方米

212 您现在住处的设施情况：

212.1 煤气/液化气/天然气（没有 = 0，有 = 1）　□

212.2 厨房（包括室外合用）（没有 = 0，合用 = 1，独用 = 2）　□

212.3 厕所（包括室外合用）（没有 = 0，合用 = 1，独用 = 2）　□

212.4 洗澡设施（包括室外合用）（没有 = 0，合用 = 1，独用 = 2）　□

212.5 网络（没有 = 0，有 = 1）　□

212.6 住房用途（居住兼工作或他用 = 0，纯居住 = 1）　□

213 您以后准备在哪里长期发展或者定居？　□

1．赚钱回家，继续务农　2．学门手艺或技术，回老家找个好工作

3．回老家干个体　4．回老家办企业，当老板　5．在叶县安家立业

6．到其他城市安家立业　7．没考虑过，还没想法

8．其他（请注明）_____

214 您老家的房屋现在值□□□万元

215 您在叶县县城是否购买了房子？　□

1．否　2．是，购买时间□□□□年，现在值□□□万元

216 请根据您在叶县的生活工作情况，给出您在以下方面所感到的压力状况：

1．完全没有压力　2．不太有压力　3．一般　4．比较有压力

5．非常有压力　6．不适用

1．不好找工作、面临失业　□

2．收入低　□

3．住房条件差或不好找房子　□

4．没有家人和朋友，感情上孤独无依　□

5．养家负担重　□

6．工作强度大　□

7．婚恋问题（不好找对象或婚姻破裂）　□

8．赡养老人　□

9．子女上学难　□

217 近半年您打工的月平均收入有多少元？　□□□□□元；其中，加班费

占月收入的□□%。

218 您觉得每月最少需要多少钱才可以维持您本人在叶县城里的基本生活？

□□□□□元

219 您觉得每月最少需要多少钱才可以维持您本人在农村老家的基本生活？

□□□□□元

220 下面我们将询问您近一年平均每月的消费情况，若无此项消费，请填写"0000"元

1	自己日常花费（衣食行等）	□□□□元	2	养孩子的支出	□□□□元
3	用于住房的花费（包括房租、月供）	□□□□元	4	自己存起来	□□□□元
5	红白喜事（份子钱）支出	□□□□元	6	寄回老家	□□□□元
7	自己社会交往（如应酬、赠送礼物、话费等）	□□□□元	8	看病	□□□□元

221 近一年来，您主要的投资行为（请回答投资额最高的三项投资，若无投资，请填写"000"）　　　　　　　　□□□

1. 股票　2. 基金　3. 民间放贷　4. 国债　5. 房产投资

6. 保险　7. 入股分红　8. 其他（请注明）_____

222 您个人（或配偶）现在是否有贷款？　　　　　　　　□

1. 是　2. 否（跳问到225题）

223 您贷款的主要渠道？　　　　　　　　□

1. 农村信用社　2. 银行贷款　3. 民间贷款

4. 其他（请注明）_____

225 您个人（或配偶）现在是否欠他人的钱？　　　　　　　　□

1. 是　2. 否

受雇就业者回答226~230题

226 您是从什么时候开始从事目前的工作的？　　　　□□□□年□□月

227 您在找目前这份工作时花了多长时间？　　　　□□个月

228 您获得目前这个工作时，当时工作单位或雇主对求职者有过哪些要求？

228.1 年龄要求　　　　　　　　□

1. 没有要求　2. 有要求，在□□岁至□□岁之间

228.2 教育要求　　　　　　　　　　　　　　　　　　□

   1. 没有要求　2. 有要求，□以上教育程度

   （编码：1. 初中及以上　2. 高中及以上　3. 大专及以上

      4. 大学本科及以上）

228.3 对工作技能是否有要求？　　　　　　　　　　　□

   1. 没有明确要求（跳问到230题）　2. 有要求

228.4 您当时在技能和经验方面的情况是否符合他们的要求？　□

   1. 不符合　2. 基本符合　3. 超过他们的要求

229 您是否掌握目前工作所需的职业技能？　　　　　　□

   1. 是　2. 否

230 您在目前的工作中是否与单位签订了书面劳动合同？　□

   1. 是　2. 否

做生意/私营业主者回答 231～235 题

231 您是什么时候开始做生意的？　　　　　　□□□□年□□月

232 为什么从事这类生意（可多选）：　　　　□□□□□□

   1. 有类似经验　2. 有技术背景　3. 有亲戚朋友提供资源

   4. 开业容易　5. 没有更好的工作

   6. 其他（请注明）＿＿＿＿＿＿

233 您做生意的主要资金来源（可多选）：　　　□□□□□

   1. 个人积蓄　2. 亲朋好友借钱　3. 民间贷款　4. 银行贷款

   5. 其他（请注明）＿＿＿＿＿＿

234 您雇用□□□人。

235 您生意的类型属于？　　　　　　　　　　　　　　□

   1. 灵活就业（如小摊贩）　2. 个体户（雇员 8 人以下）

   3. 私营企业（雇员 8 人及以上）

第三部　分社会分层与流动

301 您目前的状态是什么？

   1. 就业（跳问304题）　2. 退休（跳问到304题）　3. 操持家务

   4. 失业　□

302 您目前失业/操持家务的原因是什么？　　　　　　　　□

　　1. 更换工作　2. 单位倒闭（跳问到 304 题）

　　3. 被单位辞退（跳问到 304 题）　4. 家庭原因（跳问到 304 题）

　　5. 其他（请注明）＿＿＿＿＿＿

303 您目前更换工作的原因是什么？　　　　　　　　　　□

　　1. 自己创业　2. 工资拖欠或克扣　3. 挣钱少　4. 工作太苦、太累

　　5. 合同到期　6. 受歧视　7. 其他（请注明）＿＿＿＿＿＿

304 根据您的情况请您回答以下问题：（退休和失业/操持家务者填最后一
　　份工作）

　　01. 党政机关、事业单位　02. 国有及国有控股企业　03. 集体企业

　　04. 私营企业（雇员 8 人及以上）　05. 个体工商户（雇员 8 人以下）

　　06. 土地承包者　07. 中外合资企业　08. 外资企业

　　09. 无单位　10. 其他（请注明）＿＿＿＿＿＿

| 1. 您所在的单位性质属于上述选项中的哪一种？（获得收入最多的单位） | □□＿＿＿＿＿ |
| 2. 您兼业的单位性质属于上述选项中的哪一种？（无兼业情况不回答） | □□＿＿＿＿＿ |

305 根据您的情况请您回答以下问题：（退休和失业/操持家务者填最后一
　　份工作）

　　01. 农林牧渔　02. 制造业 03. 建筑　04. 采掘　05. 批发零售

　　06. 住宿餐饮　07. 交通运输、仓储通信　08. 社会服务业

　　09. 教育、文化及广播电影电视　10. 卫生、体育和社会福利

　　11. 电/煤/水生产供应　12. 金融/保险/房地产

　　13. 科研和技术服务　14. 党政机关和社会团体

　　15. 其他（请注明）＿＿＿＿＿＿

| 1. 您所在的单位性质上属于上述哪一种行业？（获得收入最多的单位） | □□＿＿＿＿＿ |
| 2. 您兼业的单位性质属于上述哪一种行业？（无兼业情况不回答） | □□＿＿＿＿＿ |

306 根据您和家人的工作情况，回答以下问题（退休填退休前最后一份职业，
　　曾就业学生填入学前职业；失业/操持家务者填最后一份工作情况）

　　100. 党政机关、党群组织、事业单位负责人

　　10 军人【1. 连排级及以上 2. 士兵/士官】

　　200. 国有或集体企业负责人（如经理、厂长等）

300. 私营企业主（雇员 8 人及以上）

400. 专业技术人员

500. 普通公务员、办事人员

600. 个体工商户（雇员 8 人及以下）

70 商业服务业人员【1. 餐饮住宿　2. 家政保洁　3. 装修　4. 仓储物流　5. 保安　6. 旅游健身　7. 其他】

80 技术工人【1. 生产　2. 制造加工　3. 建筑　4. 运输　5. 勘测开采　6. 装配维修　7. 其他】

81 非技术工人【1. 生产 2. 制造加工　3. 建筑　4. 运输　5. 勘测开采　6. 装配维修　7. 其他】

90 农林牧渔业生产人员【1. 种植　2. 畜牧　3. 渔业　4. 林业及野生动植物保护　5. 其他】

110. 城乡无业失业半失业者　120. 从未就业的学生

130. 家务劳动　140. 其他

306.1 您从事的主要工作，属于哪种类型？（获得收入最多的工作）	□□□_____
306.2 这是您的第一份工作吗？1 是（跳问到 306.6 题）2 否	□
306.3 您的兼职工作，属于哪种类型？（无兼职者不填）	□□□_____
306.4 您外出打工前做的工作，属于哪种类型？（从事时间最久的）	□□□_____
306.5 您外出打工后，做的第一份工作属于哪种类型？	□□□_____
306.6 您配偶目前做的工作，属于哪种类型？（无配偶者不填）	□□□_____
306.7 您男/女朋友目前做的工作，属于哪种类型？（无男/女朋友者不填）	□□□_____
306.8 您父亲的职业是？（获得收入最多的工作）	□□□_____
306.9 您母亲的职业是？（获得收入最多的工作）	□□□_____
306.10 您 14 岁时，父亲的职业类型是？（获得收入最多的工作）	□□□_____
306.11 您 14 岁时，母亲的职业类型是？（获得收入最多的工作）	□□□_____

307 您每周工作□□天，每天工作□□小时，平均每天加班□□小时。

308 您在叶县打工期间，做过几份工作（包括换单位、换行业等）？□□份

309 您从事（收入最多）的工作□□年□□月了。

310 如果您失去当前的主要工作，您认为是否容易找到新工作？　　　□

　　1. 非常容易　2. 比较容易　3. 一般　4. 比较困难　5. 非常困难

311 您第一次外出打工前，每月收入约□□□□□元。

312 您第一次外出打工找的第一份工作，月收入约□□□□□元；其中，
　　加班费占月收入的□□%。

313 您参加的职业技能培训情况如何？（最多选 3 项）

　　1. 没参加过　2. 参加过，是自己找的培训班

　　3. 参加过公司/单位组织的培训　4. 参加过政府组织的培训

　　5. 其他（请注明）_____

1. 外出打工前，您是否参加过技能培训？	□□□_____
2. 除了叶县，您在其他城市是否参加过技能培训？	□□□_____
3. 在叶县打工期间，您是否参加过技能培训？	□□□_____

314 您的职业资格证书等级情况如何？　　　　　　　　　　　　□

　　1. 初级工　2. 中级工　3. 高级工　4. 技师　5. 高级技师

　　6. 无证书　7. 从事职业不适用

315 您工作中是否从事管理工作？　　　　　　　　　　　　　　□

　　1. 无管理职务　2. 基层管理人员　3. 中层管理人员

　　4. 高层管理人员　5. 自营

316 您在每次更换/找工作时，主要依靠下列哪种方式获得新工作？　□

　　01. 国家分配/组织调动　02. 参加招聘会/人才交流会

　　03. 职业介绍机构（中介）　04. 子承父业（继承）

　　05. 亲戚/老乡介绍　06. 朋友/同事介绍

　　07. 职业培训部门安排上岗　08. 刊登求职广告

　　09. 直接上门求职/应聘　10. 自己创业/个体

　　11. 其他（请注明_____）

1. 您来到叶县的第一份主要工作	□□_____
2. 您外出打工后的第一份主要工作	□□_____
3. 当前的主要工作（退休和失业/操持家务者填最后一份工作）	□□_____
4. 当前的兼职工作（无兼职者不填）	□□_____

317 有人认为当前社会的阶层如下图所示

　　1. 上层　2. 中上层　3. 中中层　4. 中下层　5. 底层

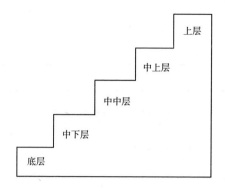

1. 您认为自己目前处于社会哪一层（级）？	□
2. 您认为自己目前收入水平在社会中处于哪一层（级）？	□
3. 您认为自己的配偶目前处于社会中哪一层（级）？（无配偶者不填）	□
4. 您认为自己外出打工前处于社会哪一层（级）？（以获得收入最多的工作衡量）	□
5. 当您第一次外出打工时，您认为自己在那段时间处于哪一层（级）？	□

318 您认为具备下列哪些特征的人，具有较高社会地位？（请按重要性程度
选三项）　　　　　　　　　　　　　　　　　　　□□□

　　1. 收入的高低　2. 受过良好教育　3. 受人尊敬　4. 有技术

　　5. 管理别人　6. 自己当老板　7. 党员　8. 城里人　9. 公务员

319 与三年前相比，您觉得自己在下列各方面有什么变化？

　　1. 上升了　2. 没变化　3. 下降了

1. 收入状况□	2. 家庭资产□
3. 职位□	4. 社会地位□
5. 居住安全状况□	

320 您是否拥有下述物品？拥有请在下表对应的□中划勾。

1. 冰箱	□	2. 全自动洗衣机	□
3. 空调	□	4. 数码相机	□
5. 热水器	□	6. 电脑	□
7. 摩托车/电动车	□	8. 家用汽车	□
9. 液晶电视	□		

321 您 14 岁时，相关户籍类型为：

    1. 农业户口   2. 非农户口（城镇户口）   3. 没有登记户口

    4. 不清楚

1. 父亲的户口类型	□	2. 母亲的户口类型	□	3. 自己的户口类型	□

第四部分　婚姻家庭

401 您认为一个家庭最理想的孩子数是：总数□（其中：男孩□个，女孩 □个，无所谓男女□）

402 您是否同意以下表述：（请将符合您认识或看法的答案题号填在相应的 空格内）

    1. 非常不同意   2. 不同意   3. 中立   4. 同意   5. 非常同意

1. 即使妻子有工作，主要的养家经济责任仍应由丈夫承担，主要的家庭照料责任应由妻子承担	□
2. 如果妻子比丈夫能赚钱，那么这个家庭中的夫妻关系很可能会出现问题	□
3. 当丈夫和妻子都在全职工作时，夫妻双方应该共同分担家务活	□
4. 男人应该是刚强、有能力的，女人应该是温柔、听话的	□
5. 男人挣钱养家、女人照料家庭对每个人都是很好的安排	□
6. 丈夫应在外工作，妻子应守在家庭	□
7. 一般来讲，女人的工作能力和效率总归不如男人	□
8. 女人干得好不如嫁得好	□
9. 当男性娶了女性，他有权利使用暴力让女性服从	□

403 如果政策允许，假如您第一个孩子是女孩，您想怎么做？　□

    1. 停止生育   2. 再要一个，不管男女

    3. 不管怎样，直到有一个儿子为止

404 您的婚姻状况是（说明："初婚"指只结过一次婚，且目前尚存在婚 姻关系）　□

    1. 从未结过婚   2. 初婚   3. 再婚   4. 丧偶（跳问至第五部分）

    5. 离婚

    本部分题项（即 U401~U416 题）请从未结婚者回答

U401 您现在有男/女朋友吗？　□

1. 有　2. 没有（跳问到 U414 题）

U402 您男/女朋友的出生日期：　　　　　　　□□□□年□□月

U403 您男/女朋友的受教育程度是：　　　　　　　　　　　□

　　1. 不识字或很少识字　2. 小学　3. 初中　4. 高中　5. 技校/中专

　　6. 大专　7. 本科及以上

U404.1 您男/女朋友的职业是：　　　　　　　　　　　　　□

　　1. 专业技术人员　2. 政府管理人员　3. 企业管理人员

　　4. 商业/服务业雇员　5. 非技术工人　6. 技术工人　7. 个体户

　　8. 务农　9. 其他

U404.2 您男/女朋友的平均月收入：　　　　　　　□□□□元

U405 您男/女朋友的户口是：　　　　　　　　　　　　　□

　　1. 农村户口　2. 非农户口（城镇户口）　3. 不清楚

U406 您是哪的人？_____ 省 _____ 市 _____ 县（区）

　　　_____ 乡（镇）_____ 村

U407 您男/女朋友是哪的人？_____ 省 _____ 市 _____ 县

　　（区）_____ 乡（镇）_____ 村

U408 您家距离您男/女朋友家大约有多远？　　　□□□□公里

U409 您男/女朋友目前在哪里生活？　　　　　　　　　□

　　1. 在我家　2. 在他/她家　3. 在叶县　4. 在其他城市

U410 您和现在的男/女朋友是怎么认识的？　　　　　　□

　　1. 在学校自己认识　2. 在单位自己认识　3. 网上认识

　　4. 同学/同事/朋友介绍　5. 婚介介绍　6. 父母安排

　　7. 其他（请注明）_____

U411 您和现在的男/女朋友什么时候确定恋爱关系的？□□□□年□□月

U412 您和现在的男/女朋友是什么时候开始共同生活的（没有共同生活

　　填 0）□□□□年□□月

U413 您是否认为现在的男/女朋友是将来的结婚对象？　　　□

　　1. 是　2. 不是　3. 还没决定

U414 您希望自己什么时候结婚？　　　　　　　　□□岁

U415 如果有机会，您愿意和城里人结婚吗？　　　　　□

1. 愿意　2. 无所谓/中立　3. 不愿意

U416 您希望您的配偶是什么地方的人？　　　　　　　　　□

  1. 同村　2. 同镇（乡）　3. 同县　4. 同市　5. 同省

  6. 外省　7. 国外　8. 地方不重要

本部分题项（即 M401 ~ M422 题）请已婚者回答

M401 您配偶的婚姻状况为：　　　　　　　　　　　　　□

  1. 初婚　2. 再婚

M401.1 您本次结婚的时间是：　　　　　　　□□□□年□□月

M402 您现在的配偶的出生日期：　　　　　　　□□□□年□□月

M403 您的配偶是否曾经外出打工？　　　　　　　　　　□

  1. 是　2. 否（跳问到 M405 题）

M404 您的配偶在外地共工作了多久？　　　　　　□□年□□月

M404.1 您的配偶总共去过几个城市工作？　　　　　　□□个

M405 您配偶的受教育程度是：　　　　　　　　　　　　□

  1. 不识字或很少识　2. 小学　3. 初中　4. 高中　5. 技校/中专

  6. 大专　7. 本科及以上

M406 您的配偶目前平均每周工作□天，每天工作□□小时

M406.1 您现在的配偶近半年的平均月收入：□□□□□□元

M407 您与配偶每天平均花在干家务的时间是？

  M407.1 您□□小时　M407.2 您的配偶□□小时

M408 您婚前是哪的人？_____省_____市_____县（区）
_____乡（镇）_____村

M409 您配偶是哪的人？_____省_____市_____县（区）
_____乡（镇）_____村

M410 您家距离您配偶家大约有多远？　　　　　　□□□□公里

M411 您的配偶目前在哪里生活？　　　　　　　　　　　□

  1. 在我家　2. 在他/她家　3. 在叶县，同居　4. 在叶县，分居

  5. 其他城市（请注明）_____

M412 您与现在的配偶是怎么认识的？　　　　　　　　　□

  1. 在学校自己认识　2. 在单位自己认识　3. 网上认识

4. 同学/同事/朋友介绍　5. 婚介介绍　6. 父母安排

7. 其他（请注明）＿＿＿＿＿＿＿＿

M413 您与现在的配偶什么时候开始以下行为/关系？

1. 确定恋爱关系□□□□年□□月	2. 开始共同居住□□□□年□□月
3. 第一次怀孕　□□□□年□□月	

M414 在以下家庭事务中您大概承担了多少？

1. 远不到一半　2. 一半　3. 远超过一半

1. 家庭财产管理　□	2. 孩子的抚养教育　□
3. 家庭娱乐活动　□	4. 亲属关系处理　□

M415 在处理各种家庭事务中，谁做最后的决定多些？

1. 自己　2. 配偶　3. 一样多　4. 不适用

1. 家庭日常开支　□	2. 贷款或借钱　□	3. 买房子或盖房子　□
4. 外出打工　□	5. 生育（生几个孩子等）　□	

M416 您和现在的配偶有几个孩子？（没有孩子的填 0）　□

第一个孩子：	1A 性别：1. 男 2. 女　□	1B 生日：　□□□□年□□月
第二个孩子：	2A 性别：1. 男 2. 女　□	2B 生日：　□□□□年□□月
第三个孩子：	3A 性别：1. 男 2. 女　□	3B 生日：　□□□□年□□月

M417 请回答结婚前，您以及您的下列亲人的户口状况：

1. 农业户口　2. 非农（城镇）户口　3. 不清楚

1. 本人	□	2. 父亲	□
3. 母亲	□	4. 配偶	□
5. 配偶父亲	□	6. 配偶母亲	

M418 结婚前，您的平均月收入□□□□元，您配偶的平均月收入 □□□□元

M419 结婚前，与配偶父母家相比，您父母家的经济状况怎么样？

1. 更好　2. 差不多　3. 更差　□

M420 下面询问一下您的初婚花费情况：

1. 结婚时，总共花了多少钱？	男方□□□□□元，女方□□□□□元
2. 婚礼（摆酒、改口费等）大约多少钱？	男方□□□□□元，女方□□□□□元
3. 感谢中间人（媒人）大约多少钱？	男方□□□□□元，女方□□□□□元
4. 准备新房（盖新房或装修新房）大约多少钱？	男方□□□□□元，女方□□□□□元
5. 彩礼（现金和实物，如汽车）大约多少钱？	□□□□□元
6. 嫁妆（现金和实物，如家电）大约多少钱？	□□□□□元

M421 您对婚姻关系满意程度如何： □

    1. 很不满意　2. 不满意　3. 一般　4. 较满意　5. 很满意

M422 你是否觉得自己曾经遭遇过成婚困难？ □

    1. 是　2. 否

本部分题项（即 D401～D411 题）请婚姻状况为再婚和离婚的回答

D401.1 您是什么时候和前夫/前妻结婚的？ □□□□年□□月

D401.2 您是什么时候和前夫/前妻离婚的？ □□□□年□□月

D402 您前夫/前妻的出生日期： □□□□年□□月

D403 您前夫/前妻的受教育程度是： □

    1. 不识字或很少识　2. 小学　3. 初中　4. 高中 5. 技校/中专

    6. 大专　7. 本科及以上

D404 您和前夫/前妻是？ □

    1. 同村　2. 同镇（乡）　3. 同县　4. 同市　5. 同省　6. 外省

D405 您前夫/前妻在离婚前是否曾经外出工作过？ □

    1. 是　2. 否

D406 请回答结婚前，您本人及以下家人的户口状况 □

    1. 农村户口　2. 非农（城镇）户口　3. 不清楚

| 1. 您前夫/前妻的户口是　□ | 2. 您前夫/前妻父亲的户口是　□ |

D407 刚结婚时，您当时的收入与前夫/前妻的收入相比，是好还是差？ □

    1. 更好　2. 差不多　3. 更差

D408 刚结婚时，与前夫/前妻家相比，您家的经济状况是好些还是差些 □

    1. 更好　2. 差不多　3. 更差

D409 您离婚时，最小的孩子多大了？

    1. 没有孩子 2. 有孩子，□□岁

D410 您觉得以下因素是否造成您婚姻破裂？（按重要程度选择前三项）

□ □ □

    1. 婚外情 2. 婚外性行为 3. 两地分居 4. 经常吵架

    5. 夫妻冷战 6. 他/她经常打我 7. 婆媳关系不好

    8. 性格不合 9. 夫妻间不信任

    10. 婚前相处时间太短，不太了解对方

    11. 其他（请注明）_____

D411 谁先提出来离婚的？ □

    1. 自己 2. 前夫/前妻

第五部　分家庭代际关系

501 您认为在您老的时候最好的养老保障是什么？ □

    1. 儿子 2. 女儿 3. 儿子女儿无所谓

    4. 兄弟姐妹或他们的孩子 5. 养老保险 6. 政府救济或补助

    7. 自己存款 8. 没有任何准备 9. 其他（请注明）_____

502 您老的时候会选择和谁居住在一起？ □

    1. 儿子 2. 女儿 3. 儿子女儿无所谓 4. 兄弟姐妹或他们的孩子

    5. 自己住 6. 去敬老院 7. 没有任何准备

    8. 其他（请注明）_____

503 在对待老年父母上您是否同意以下的观念：

    1. 非常同意 2. 同意 3. 既不同意也不反对 4. 不同意

    5. 非常不同意

1. 自己的一些想法和活动应该让父母知道，并让父母参与进来	□
2. 如果子女住的地方离父母较近，子女每周至少应该看望父母一次	□
3. 为了给父母提供帮助，已婚的子女住的地方应该离父母近些	□
4. 有时为了给年老父母提供帮助，子女可以牺牲一些自己孩子的利益	□
5. 老年父母可以依靠子女来帮助他们做一些自己想做的事情	□
6. 父母为子女做出了牺牲，有权要求一些回报	□

504 父亲出生年份□□□□年　母亲出生年份□□□□年（健在跳问到506 题）

505 父亲去世年份□□□□年　母亲去世年份□□□□年（均去世跳问到531 题）

父母双方健在或一方健在则 506~530 题必填，谢谢！

	父亲	母亲
506 您父亲/母亲的婚姻状况是： 　1. 从未结过婚　2. 初婚　3. 再婚　4. 丧偶　5. 离婚	□	□
507 您父亲/母亲的健康状况是： 　1. 很好　2. 好　3. 一般　4. 不好　5. 很不好	□	□
508 您父亲/母亲的教育程度是： 　1. 不识字或很少识字　2. 小学　3. 初中 　4. 高中　5. 技校/中专　6. 大专　7. 本科及以上	□	□
509 您父亲/母亲的政治面貌是： 　1. 共产党员　2. 群众　3. 民主党派	□	□
510 您现在和父亲/母亲一起住吗？ 　1. 是　2. 否	□	□
511 您的父亲/母亲现在住的地方是： 　1. 本县　2. 本市其他县　3. 本省其他市 　4. 外省（请注明）＿＿＿＿＿＿	□＿＿	□＿＿
512 您与您的父亲/母亲共同参加消遣娱乐活动（如散步/逛街/下棋等）、小型家庭聚会等的频率： 　1. 每天　2. 每周至少1次　3. 每月至少1次　4. 每年至少1次 　5. 从不	□	□
513 您与您的父亲/母亲见面的频率： 　1. 每天　2. 一周几次　3. 一周1次　4. 一月几次　5. 一月1次 　6. 一年几次　7. 一年1次　8. 从不	□	□
514 您与您的父亲/母亲联系（通过电话/视频/邮件等）的频率是： 　1. 每天　2. 一周几次　3. 一周1次　4. 一月几次 　5. 一月1次　6. 一年几次　7. 一年1次　8. 从不	□	□
515 从各方面考虑，您觉得自己和父亲/母亲（感情上）亲近吗？ 　1. 很亲近　2. 比较亲近　3. 一般　4. 不太亲近　5. 不亲近	□	□

	父亲	母亲
516 您与您父亲/母亲在对待同一事物的看法上 1. 非常相似　2. 比较相似　3. 一般　4. 不太相似　5. 很不相似	☐	☐
517 您觉得自己孝顺父亲/母亲吗？ 1. 非常孝顺　2. 比较孝顺　3. 一般　4. 不太孝顺　5. 很不孝顺	☐	☐
518 您认为您父亲/母亲对您的关心程度是？ 1. 很不关心　2. 不太关心　3. 一般　4. 比较关心　5. 很关心	☐	☐
519 您认为您父亲/母亲了解您吗？ 1. 很不了解　2. 不太了解　3. 一般　4. 比较了解　5. 很了解	☐	☐
520 您的父亲/母亲会批评或指责您吗？ 1. 从来不　2. 很少　3. 一般　4. 经常　5. 总是	☐	☐
521 您的父亲/母亲会对您的言行、工作或生活提出各种要求吗？ 1. 从来不提要求　2. 基本不提要求　3. 一般　4. 经常提要求 5. 总是提要求	☐	☐
522 在过去 3 个月里，您与父亲/母亲是否有冲突、压力或意见不合？ 1. 总是有　2. 经常有　3. 一般　4. 很少　5. 从来没有	☐	☐

523 在过去 12 个月里，您为您自己的父母提供的经济帮助（含现金和实物）共 ☐☐☐☐☐ 元。

524 在过去 12 个月里，您自己的父母为您提供的经济帮助（含现金和实物）共 ☐☐☐☐☐ 元。

525 在过去的 12 个月中，您帮助自己的父母做家务的频率？　☐

　　1. 每天　2. 一周几次　3. 一周 1 次　4. 一月几次　5. 一月 1 次

　　6. 一年几次　7. 一年 1 次　8. 从不

526 在过去的 12 个月中，您的父母帮助自己做家务（比如打扫卫生、洗衣服、做饭、洗碗）的频率？　☐

　　1. 每天　2. 一周几次　3. 一周 1 次　4. 一月几次　5. 一月 1 次

　　6. 一年几次　7. 一年 1 次　8. 从不

527 您的父母近一年的收入大约为多少元？　☐☐☐☐☐ 元

528 您父母现在的生活来源主要靠什么？　☐

　　1. 子女收入　2. 父母自己的收入　3. 集体和政府补贴

　　4. 其他（请注明）_____

529 在过去 12 个月，您自己的父母是否帮您照顾子女： □

    1. 是 2. 否（跳问 531 题）

530 您父母帮您照看孩子的时间是： □

    1. 每天从早到晚 2. 每天有段时间（但不是全天）

    3. 每星期至少一次 4. 每月几次 5. 大约每月一次 6. 很少

531 请您介绍参加养老项目的情况并对参加的项目做出评价：

    1. 非常不了解/非常不满意 2. 不了解/不满意 3. 一般

    4. 了解/满意 5. 非常了解/非常满意

养老项目	您了解该养老项目吗？	您是否参加了该项目？ 1. 是 2. 否	参与时间	对于您参加的项目，您每年缴费多少元？	您对该养老项目满意吗？
1. 新农保	□	□	□□□□年	□□□□元	□
2. 城镇职工基本养老保险	□	□	□□□□年	□□□□元	□
3. 商业养老保险	□	□	□□□□年	□□□□元	□
4. 其他（请注明）_____	□	□	□□□□年	□□□□元	□

532 您现在每月可以承担的最高养老保险费用为多少元？ □□□元

533 按照当前物价水平不变，您希望将来每月最少领取多少养老金？

    □□□□元

534 您认为养老金缴费年限为多少是合理的？ □□年

535 您是否同意以下观点？

    1. 非常同意 2. 同意 3. 既不同意也不反对

    4. 不同意 5. 非常不同意

1. 我现在的生活基本上和我理想的生活一致	□
2. 我的生活条件很好	□
3. 我对我现在的生活很满意	□
4. 到现在为止，我已经得到了生活中我想要的东西	□
5. 如果可以再活一次，我基本上不会改变我的人生	□

536 您在过去一周里有下面的感觉吗?

　　1. 没有　　2. 有时　　3. 经常

1.（过去一周里）我觉得自己心情很好	☐
2.（过去一周里）我觉得寂寞（孤单）	☐
3.（过去一周里）我觉得心里很难过	☐
4.（过去一周里）我觉得自己的日子过得很不错	☐
5.（过去一周里）我有时会睡不好觉（失眠）	☐
6.（过去一周里）我觉得人们对我是友好的	☐
7.（过去一周里）我觉得自己是个有用的人	☐
8.（过去一周里）我觉得自己和其他人过得一样好	☐
9.（过去一周里）我觉得生活中有着很多的乐趣（有意思的事情）	☐

第六部分　市民化政策

601 您目前在叶县参加社会保险的情况:　　☐

　　1. 参加了（在下表划勾）　　2. 未参加（跳问 602 题）

	1 养老保险	2 医疗保险	3 工伤保险	4 失业保险	5 生育保险	6 住房公积金
1 单位为您缴纳的社会保险						
2 您自己参加的保险						
3 您的配偶参加的保险						

602 您的家庭在老家拥有的土地情况是:

	自己拥有的面积（没有填 "0"，都为 "0" 则跳问 605 题）	租出去的面积（没有填 "0"）	从他人承包来的面积（没有填 "0"）	每年从中获得的净收益
1 耕地（如小麦、烟叶）	＿＿＿＿亩	＿＿＿＿亩	＿＿＿＿亩	☐☐☐☐元
2 水域面积（如鱼塘）	＿＿＿＿亩	＿＿＿＿亩	＿＿＿＿亩	☐☐☐☐元
3 林地面积	＿＿＿＿亩	＿＿＿＿亩	＿＿＿＿亩	☐☐☐☐元

603 您在过去的一年里抽出了多少时间回老家进行土地耕种？（不包括春节
回家的日子）　□

　　1. 过去一年没有回去干农活　2. 一周以下　3. 一周到一个月

　　4. 一个月以上

604 您觉得保留您在家乡的土地是不是很重要？　□

　　1. 不重要，无所谓　2. 很重要，耕地是我家的主要粮食来源

　　3. 很重要，耕地是我家的部分收入来源

　　4. 很重要，如果我失去工作，还要靠耕地生活

　　5. 很重要，老了还得回家　6. 其他

605 您最希望以后土地如何调整？　□

　　1. 土地确权，永久不变　2. 可以按照需要定期进行调整

　　3. 在 30 年的承包期限内，最好不要调整土地

606 请根据您所知道的关于中央以及河南省政府的土地确权政策如实回答
您对以下一些问题的认识或看法

政策名称	您是否知道？ 1=没听说 2=听过但不清楚 3=知道一点 4=比较了解 5=非常清楚	您赞成吗？ 1=非常不赞成 2=不赞成 3=一般 4=赞成 5=非常赞成
1. 保障农民的耕地、宅基地和集体资产权益	□	□
2. 农民可以使用或流转承包地，获得一定收益	□	□
3. 农村的集体经营性建设用地（如乡镇企业用地）可以出租、入股等	□	□
4. 农村的宅基地可以抵押、担保、转让等	□	□
5. 土地承包经营权需确权到户到地	□	□
6. 农民承包地的地块、面积、年限不改变	□	□
7. 土地确权后，承包地依然是农地，用来种粮食	□	□
8. 土地确权要尊重农民的想法	□	□
9. 土地确权要及时通知在外打工的农民工	□	□
10. 土地确权后，也可以入股农村合作社	□	□

607 您觉得在农村生活最吸引您的是哪些方面（按重要性高低选三项）

　　　　　　　　　　　　　　　　　　　　　　　　□□□

　　1. 可以保留土地　2. 亲戚朋友在农村

　　3. 现在政策好，农村也能享受基本公共服务　4. 农村生态环境好

　　5. 农村生活压力小　6. 不适用　7. 其他（请注明）＿＿＿＿＿＿

608 如果在叶县县城生活，您觉得最吸引您的是哪些方面？（按重要性高低

　　选三项）？　　　　　　　　　　　　　　　　　　　　□□□

　　1. 社会保险水平高　2. 有低保、下岗扶持等措施　3. 就业稳定

　　4. 城市生活条件好　5. 子女接受更好的教育

　　6. 城市比农村福利高很多　7. 不适用　8. 其他（请注明）＿＿＿＿

609 满足以下条件，我就愿意放弃农村户籍（按重要性从高到低选三项）

　　　　　　　　　　　　　　　　　　　　　　　　□□□

　　1. 在城市里有稳定职业　2. 子女可以在本地接受教育

　　3. 购买当地住房　4. 能够享受基本的公共服务

　　5. 农村的土地、宅基地和集体资产给了适当补偿

　　6. 不再受歧视　7. 有一定积蓄　8. 无条件放弃农村户口

　　9. 不愿意（跳问 701 题）

610 如果能够选择，您希望在什么地方的城市获得户口？　　　　□

　　1. 平顶山市　2. 河南其他城市　3. 其他省份的城市

611 如果您打算获得叶县的城市户口，希望未来多少年内获得？　□□年

612 如果您获得了城市户口，希望目前在老家承包的土地如何处置？　□

　　1. 保留承包地，自家耕种

　　2. 保留承包地，有偿流转（获得经济收入）

　　3. 入股分红　4. 有偿放弃　5. 无所谓，随便处理

613 如果你获得了城市户口，希望如何处置宅基地或房产？　　　□

　　1. 保留农村的宅基地和房产，备将来用　2. 有偿转让或有偿放弃

　　3. 置换城里的房　4. 无所谓

614 如果你获得了城市户口，希望如何处置农村集体资产的所有权？　□

　　1. 保留所有权利，继续获得收益　2. 有偿转让或有偿放弃

　　3. 无所谓，随便处理

第七部　分公共安全、社会融合与社会网络

701 在叶县，您是否被城里人看不起过？　　　　　　　　　　□

　　1. 是　　2. 否

702 请根据您的实际情况回答以下问题。

活动类型	您是否有过以下行为/经历 1 是　2. 否 （跳问下一题）	最近一次参加时间（哪一年）	当时参加的总人数（人）	参加原因：1. 经济纠纷 2. 权益受损 3. 伸张正义 4. 其他	您的问题是否得到解决？填 1~5（数字越大，解决的越好）
1. 不合作、磨洋工表示抗议	□	□□□□	□□□	□	□
2. 打官司、向政府投诉	□	□□□□	□□□	□	□
3. 集体上访	□	□□□□	□□□	□	□
4. 签名请愿、静坐抗议	□	□□□□	□□□	□	□
5. 罢工、集体抗议	□	□□□□	□□□	□	□
6. 围攻政府机关	□	□□□□	□□□	□	□
7. 与亲戚朋友一起去讨公道	□	□□□□	□□□	□	□
8. 通过网络和媒体曝光问题	□	□□□□	□□□	□	□

703 如果单位出台规定延长上班时间，或拖欠工资，损害您的权益时，您
　　是否会采取下列行动解决？

　　　1. 是　　2. 否

1. 不合作、怠工来抗议	□	2. 打官司、向政府投诉	□
3. 集体上访	□	4. 签名请愿、静坐抗议	□
5. 罢工、集体抗议	□	6. 围攻政府机关	□
7. 与亲戚朋友一起去讨公道	□	8. 通过网络和新闻媒体曝光	□

704 假如包括您在内的一大批人受到严重不公正的待遇。请回答以下问题：

704.1 这时如果有人想叫上大家一起去找相关部门讨个说法，叫您一起去，
　　　您会怎么办？　　　　　　　　　　　　　　　　　　　□

　　1. 大力支持，积极参与　　2. 可以参与，但不出头

　　3. 看看形势发展再做决定　　4. 无论如何也不参与　　5. 其他

704.2 您认识的人中有多少人参加，您也会加入其中？ ☐

　　1. 所有人　2. 多数人　3. 一半人　4. 几个人

　　5. 有这样的事就参加　6. 不参加

704.3 下列哪些人的参与行动最可能会促使您也加入其中？ ☐

　　1. 家人　2. 亲戚　3. 朋友　4. 一般熟人

　　5. 陌生人　6. 均不参加

704.4 下列哪些人号召您一起参加集体抗议、罢工等活动，您最有可能选

　　择参加？ ☐

　　1. 领导　2. 同事　3. 均不参加

705 假如出台了一些明显不合理的规定，给其他人造成了损失，但是跟您

　　并没有直接关系。当发生群体冲突时，您会如何应对？ ☐

　　1. 号召同事去声讨　2. 参与声讨，但不出头

　　3. 看看形势发展再做决定　4. 与我无关，不参与

　　5. 其他

706 假如您被卷入群体冲突中，您是否同意以下观点？

　　1. 很不同意　2. 不同意　3. 一般　4. 同意　5. 很同意

1. 当政府出面调解，我会停止参与该活动	☐
2. 当政府（企业）满足我的要求，我会停止参与该活动	☐
3. 当惊动了警察，我会停止参与该活动	☐
4. 考虑到群体冲突可能会产生人身伤害，我会停止参与该活动	☐
5. 此时如果家人或朋友出面劝诫，我会停止参与该活动	☐

707 您对合同法、治安管理处罚法、刑法、婚姻法等法律知识了解多少？

☐

　　1. 非常熟悉　2. 比较熟悉　3. 了解一些　4. 不是很了解

　　5. 完全不了解

708 当面临单位拖欠工资或出台不合理规定等不公平遭遇时，您认为有地

　　方能解决您的问题吗 ☐

　　1. 有　2. 没有（跳问到 710 题）

709 当面临单位拖欠工资或出台不合理规定等不公平遭遇时，请给以下渠

道的解决能力打分（1~10 分，分数越高，解决问题越好）

1. 打官司	☐	2. 找政府相关部门（如信访）	☐	3. 向上司/老板直接抗议	☐
4. 找地方势力或帮会	☐	5. 媒体和网络曝光	☐	6. 找熟人私下解决	☐

710 过去的五年，在农村的村委会选举中，您是否参加过投票？ ☐

　　1. 是　2. 否，但希望参与　3. 否，也不想参与

711 如果您面临严重侵权（如工资拖欠、不平等规定）时，请回答下列问题。

711.1 您是否同意以下观点？

　　1. 十分不同意　2. 不同意　3. 一般　4. 同意　5. 十分同意

1. 我跟同行/同事一起行动，可以讨回工资、改变规定	☐
2. 我跟同行/同事可以集体讨薪、反对这项规定	☐
3. 我跟同行/同事有权利站出来反对相关部门管理者	☐
4. 我跟同行/同事的抗议可以影响他们的规定	☐

711.2 如果您面临严重侵权（如工资拖欠、不平等规定），请为您的态度打分。

1 分（不高兴）——　　——（分数越高，越生气）——10 分（暴怒）	☐

712 您是否同意以下表述？

　　1. 非常不同意　2. 不同意 3. 一般　4. 同意　5. 非常同意

1. 我跟自己的同行/同事非常相似	☐
2. 我是工作集体中的一分子	☐
3. 我为自己是工作集体中一分子感到高兴	☐
4. 我跟自己的同行/同事紧密相连	☐
5. 社会对我是公平的	☐
6. 我对政府出台的规定、政策比较关注	☐

713 您觉得将户口划分为农业户口和非农户口对您公平吗？ ☐

　　1. 公平　2. 不公平

714 您觉得叶县政府工作人员在执行公务的时候，能够平等地对待城里人和农村外来人口吗？ ☐

1. 能 2. 不能

715 您觉得叶县政府为农民工和农村外来人口办同一件事的时候，程序是一样的吗？ □

1. 是 2. 不是

716 根据您的第一反应，回答下面的问题：

1. 比较好 2. 差不多 3. 比较差

1. 与其他农村外来人口相比，目前您的家庭经济状况怎么样？	□
2. 与您身边的叶县城里人相比，目前您的家庭经济状况如何？	□
3. 总的来说，与叶县城里人相比，目前农村外来人口的家庭经济状况如何？	□

717 您觉得叶县政府在以下方面能够为农民工提供与城里人相同的服务和待遇吗？

1. 能 2. 不能

717.1 子女义务教育□ 717.2 公共事务参与权□ 717.3 就业保障□

717.4 医疗保障□ 717.5 养老保障□ 717.6 住房保障□

718 您是否同意以下表述？

1. 非常不同意 2. 不同意 3. 中立/无所谓 4. 同意 5. 非常同意

1. 像我这样的人，无权评价政府	□
2. 政府官员不太在乎我这样的人有何想法	□
3. 在同一个城市工作和居住的人就应该享有同样的权利、承担同样的义务	□
4. 凡是政府的政策和规定我都必须服从	□
5. 政府官员所做的事情一般都是对的	□
6. 政府的领导就像一家之长，我们应该服从他们的决定	□
7. 服从政府总是不会错的	□
8. 父母即使错了，子女也应该听从	□
9. 学生不应该怀疑老师	□
10. 如果和邻居发生矛盾，最好的解决办法是满足对方要求	□

719 您是否同意？

1. 十分不同意 2. 比较不同意 3. 一般 4. 比较同意 5. 十分同意

1. 在这里，大多数人是可以信任的	☐
2. 私人关系比正式合同重要得多	☐
3. 老家政府是值得信任的	☐
4. 叶县政府是值得信任的	☐

720 叶县政府开展了很多工作，如为老百姓提供司法援助、解决农村外来人口工资拖欠等。对此您的看法是：

    1. 没有   2. 有小部分   3. 一半   4. 绝大多数   5. 全是

1. 您认为叶县政府做的事情有多少是对的？	☐
2. 您认为叶县政府处理农村外来人口问题有多少是公平的？	☐
3. 您认为叶县政府能够多大程度上保护农村外来人口的利益？	☐
4. 叶县政府领导在电视或报纸上发言时，您觉得他们说的多少是真的？	☐
5. 您觉得叶县大多数政府工作人员在工作中是否诚实可靠？	☐
6. 您觉得叶县多少政府工作人员能够胜任他们的工作？	☐

721 您在叶县县城里的家人、亲属有☐☐人，关系较好的朋友☐☐人，关系一般的熟人☐☐☐人；其中，叶县城里人☐☐人。

722 在过去的几个月里面，由于私事而不是工作的原因与您经常联系（通过见面、电话、短信或邮件）的下面各类人的数目是多少？

    家人、亲属有☐☐人，关系较好的朋友☐☐人，关系一般的熟人☐☐☐人；其中，叶县城里人☐☐人

723 您如果要借东西，或请人帮助做些小事，下面的几类人群中分别有多少人可以寻求帮助？

    家人亲戚有☐☐人，关系较好的朋友☐☐人，关系一般的熟人☐☐☐人；其中，叶县城里人☐☐人

724 如果您需要借一大笔钱，下面的几类人群中分别有多少人可以寻求帮助？

    家人亲戚有☐☐人，关系较好的朋友☐☐人，关系一般的熟人☐☐☐人；其中，叶县城里人☐☐人

725 您如果遭遇工资拖欠等重要困难需要帮助时，下面的几类人群中分别

有多少人可以寻求帮助？

家人亲戚有□□人，关系较好的朋友□□人，关系一般的熟人□□□人；其中，叶县城里人□□人

726 在叶县，您的亲属、朋友中有没有下列职业的人（有的话在①、②列相应位置打√）？他们中间有没有城市户口的人（有的话就在③列上打√）？他们是不是来叶县以后认识的（是就在④列上打√）？

职业名称	亲属①	朋友②	叶县市民③	来县城后认识的④	职业名称	亲属①	朋友②	叶县市民③	来县城后认识的④
01 政府机关局长					11 会计				
02 公司经理					12 小企业厂长				
03 大学老师					13 包工头				
04 医生					14 银行职员				
05 工程师					15 律师				
06 中小学教师					16 建筑工人				
07 国家机关普通职员					17 小餐馆厨师				
08 个体户					18 保姆				
09 民警					19 种田农民				
10 车间主任					20 无业、失业、半失业人员				

727 在叶县，您的亲戚中有人曾经或正在政府任职吗？　　　　　　□

　　1. 有　　2. 没有

728 总的来说，您目前对叶县政府满意吗？　　　　　　　　　　　□

　　1. 十分不满意　2. 不满意　3. 一般　4. 满意　5. 十分满意

729 您对目前叶县公共服务（如计生服务、就业指导服务、法律援助等）满意吗？　　　　　　　　　　　　　　　　　　　　　　　　□

　　1. 十分不满意　2. 不满意　3. 一般　4. 满意　5. 十分满意

730 叶县政府发布的信息，您觉得可信吗？　　　　　　　　　　□

　　1. 十分不可信　2. 不太可信　3. 一般　4. 比较可信　5. 十分可信

731 您觉得自己属于哪一类人？　□

　　1. 农民　2. 城市外来人口　3. 市民

732 请根据您在叶县的实际情况如实回答以下问题

组织名称	您是否参加了以下组织？ 1. 是，组织里有市民； 2. 是，组织中没有市民； 3. 否	参与组织活动的频率是： 0. 从未　1. 几个月一次 2. 一月一次　3. 一周一次 4. 一周2~3次　5. 每天一次
1. 党团组织	□	□
2. 工会	□	□
3. 基督教、佛教、道教等宗教组织	□	□
4. 非正式组织，如老乡会、广场舞组织等	□	□

733 您是否同意以下观点？

　　1. 十分同意　2. 比较同意　3. 一般　4. 比较不同意

　　5. 十分不同意

1. 我与周围邻居之间几乎彼此都认识	□
2. 我认为我周围的邻居待人都是非常友好的	□
3. 我总是担心会发生什么不测	□
4. 当我遇到困难的时候可以顺利请邻居帮忙	□
5. 我非常乐意给邻居们提供帮助	□
6. 社会整体上还是充满了正能量	□
7. 我感到自己无力应对和处理生活中突如其来的危险	□

734 根据您的第一反应，回答下面的问题：

　　1. 十分同意　2. 同意　3. 一般　4. 不同意　5. 十分不同意

1. 我愿意与叶县城里人共同居住在一个街区（社区）	□
2. 我愿意叶县城里人做我的同事	□
3. 我愿意叶县城里人做我的邻居	□
4. 我愿意叶县城里人做我的朋友	□
5. 我愿意叶县城里人做我（或我子女）的配偶	□

735 与老家农村相比，我更喜欢生活在叶县城区 ☐

    1. 是   2. 否

736 在您家附近，您是否曾经有过害怕或者担忧的感受？ ☐

    1. 非常不担心   2. 比较不担心   3. 一般   4. 比较担心

    5. 非常担心

736.1 您是否担心性骚扰？ ☐

    1. 十分不担心   2. 比较不担心   3. 一般   4. 比较担心

    5. 十分担心

737 当您夜晚独自走在大街上的时候，是否会感觉到不太安全？ ☐

    1. 十分不安全   2. 比较不安全   3. 一般   4. 比较安全

    5. 十分安全

739 您在叶县是否遭遇如被拖欠工资等不公平对待或权益受侵害？ ☐

    1. 是   2. 否

740 当你自己在家时，您觉得安全吗？ ☐

    1. 非常不安全   2. 比较不安全   3. 一般   4. 比较安全

    5. 非常安全

741 在叶县城里，您是否听说或看见在您住所附近发生过以下事件？

    1. 经常   2. 有时   3. 很少   4. 从未

    741.1 聚众赌博☐   741.3 偷窃、抢劫☐   741.5 邪教传播☐

    741.2 打架斗殴☐   741.4 卖淫嫖娼 ☐   741.6 封建迷信☐

742 您对下列问题的担忧程度是：0~10 分（分值越高，影响程度越大）

1. 城市生活拥挤混乱、治安差	☐
2. 自然灾害	☐
3. 物价大幅上涨	☐
4. 环境污染问题（雾霾、垃圾堆放、水质问题）	☐
5. 食品安全问题（地沟油、农药激素乱用）	☐
6. 大规模流行病（MERS、非典）	☐
7. 官员贪污腐败	☐

743 请根据您的实际遭遇和想法回答下列问题。

项目	您是否遭遇过？ 1. 是 2. 否	估计自己 将来遭遇 的可能性	如果遇到 这些事情， 您是否有 能力解决	您认为这 些事情的 严重性	这些事情 是否会让 您感到担 忧或焦虑
		0~10分（分值越高，程度越大）			
1. 收入低					
2. 养老问题					
3. 看病太贵、太难					
4. 上学花费太贵					
5. 被偷、被抢					
6. 被打、被侮辱					
7. 工作难找或失业					
8. 雇主拖欠工资					
9. 城市房价、消费太高					

744 您的家庭在遭遇以上事件时，当时您及家人采取的主要应对措施是？

（如果没有遇到，则可能采取的措施，按重要性从高到低选 3 项）

□□□

1. 动用自家储蓄　2. 向亲戚朋友借贷　3. 向银行借贷

4. 变卖家产　5. 多打份工赚钱　7. 减少开支　8. 让孩子辍学

9. 寻求政府救济　10. 向亲朋求助　11. 维持现状，听之任之

12. 其他行动（请注明）_____

745 如果您的家庭在未来 2~3 年陷入贫困，或陷入贫困的可能性很大，您

可能采取的措施是？

1. 很大可能　2. 可能　3. 无所谓　4. 不太可能　5. 很不可能

1. 增加加班时间□	2. 多打几份工□	3. 听之任之 □
4. 寻求政府救济□	5. 铤而走险　□	6. 发展多种经营□

746 如果您的家庭在未来 2~3 年陷入贫困，或陷入贫困的可能性很大，您

认为您家庭多久能恢复到现在的水平？　□

1. 1 年以内　2. 1~5 年　3. 5~10 年　4. 10 年以上

5. 觉得恢复不了了

747 您是否同意以下观点？

　　1. 十分同意　　2. 比较同意　　3. 一般　　4. 比较不同意

　　5. 十分不同意

1. 县领导离我们很远，对我们的需要漠不关心	☐
2. 叶县县城社会秩序混乱	☐
3. 政府倡导的目标很难实现	☐
4. 我常常觉得生活没有意义	☐
5. 我遇到困难时，指望不上任何人能给我帮助	☐

图书在版编目（CIP）数据

城镇化进程中农民工的非制度化利益表达 / 牛静坤，
杜海峰著. -- 北京：社会科学文献出版社，2020.1
（新型城镇化与可持续发展）
ISBN 978-7-5201-6074-2

Ⅰ.①城…　Ⅱ.①牛… ②杜…　Ⅲ.①民工-社会行
为-研究-中国　Ⅳ.①D669.2

中国版本图书馆 CIP 数据核字（2020）第 026253 号

·新型城镇化与可持续发展·

城镇化进程中农民工的非制度化利益表达

著　　者 / 牛静坤　杜海峰

出 版 人 / 谢寿光
组稿编辑 / 周　丽　王玉山
责任编辑 / 王玉山
文稿编辑 / 胡安义

出　　版 / 社会科学文献出版社·城市和绿色发展分社（010）59367143
　　　　　　地址：北京市北三环中路甲 29 号院华龙大厦　邮编：100029
　　　　　　网址：www.ssap.com.cn
发　　行 / 市场营销中心（010）59367081　59367083
印　　装 / 三河市东方印刷有限公司

规　　格 / 开本：787mm×1092mm　1/16
　　　　　　印张：16.5　字数：259 千字
版　　次 / 2020 年 1 月第 1 版　2020 年 1 月第 1 次印刷
书　　号 / ISBN 978-7-5201-6074-2
定　　价 / 98.00 元

本书如有印装质量问题，请与读者服务中心（010-59367028）联系